UnRead
–
文艺家

[美]
凯特·安德森·布劳尔 Kate Andersen Brower —————— 著　　李鹏程 —————— 译

FIRST WOMEN

第一夫人

从 Jacqueline Kennedy 杰奎琳·肯尼迪 到 Michelle Obama 米歇尔·奥巴马

权力与光环背后的白宫第一配角群像

北京联合出版公司
Beijing United Publishing Co.,Ltd.

The Grace and Power of America's Modern First Ladies

第一夫人

[美] 凯特·安德森·布劳尔 著
李鹏程 译

图书在版编目（CIP）数据

第一夫人 / （美）凯特·安德森·布劳尔著；李鹏程译. —北京：北京联合出版公司，2018.2

ISBN 978-7-5596-1301-1

Ⅰ. ①第… Ⅱ. ①凯… ②李… Ⅲ. ①女性—传记—美国 Ⅳ. ① K837.128.5

中国版本图书馆CIP数据核字（2017）第285853号

FIRST WOMEN: The Grace and Power of America's Modern First Ladies

by Kate Andersen Brower

北京市版权局著作权合同登记号 图字：01-2017-8921 号

作　　者	[美] 凯特·安德森·布劳尔
译　　者	李鹏程
选题策划	联合天际
特约编辑	米　罗
责任编辑	夏应鹏
美术编辑	晓　园
封面设计	@broussaille 私制

UnRead
文艺家

出　　版	北京联合出版公司 北京市西城区德外大街 83 号楼 9 层　100088
发　　行	北京联合天畅发行公司
印　　刷	三河市冀华印务有限公司
经　　销	新华书店
字　　数	240 千字
开　　本	889 毫米 × 1194 毫米 1/32　10 印张
版　　次	2018 年 2 月第 1 版　2018 年 2 月第 1 次印刷
I S B N	978-7-5596-1301-1
定　　价	49.80 元

关注未读好书

未读 CLUB
会员服务平台

本书若有质量问题，请与本公司图书销售中心联系调换
电话：(010) 5243 5752　(010) 6424 3832

献给

我们家的第一夫人、我出色的母亲

瓦莱丽·安德森

以及我无与伦比的父亲

克里斯托弗·安德森

题　词

你无论如何也搞不清楚在这里生活会是什么样。

——希拉里·克林顿谈白宫生活

第一夫人

杰奎琳·肯尼迪	1961—1963
小瓢虫·约翰逊	1963—1969
帕特·尼克松	1969—1974
贝蒂·福特	1974—1977
罗莎琳·卡特	1977—1981
南希·里根	1981—1989
芭芭拉·布什	1989—1993
希拉里·克林顿	1993—2001
劳拉·布什	2001—2009
米歇尔·奥巴马	2009—2017

CONTENTS 目　录

引　子

两个女人都戴着太阳镜。一个头顶棒球帽，头发扎成了马尾辫，看起来光鲜亮丽；另一个戴着一顶缠着黑蝴蝶结的草帽，头发被海风吹得乱七八糟，看起来不那么雍容华贵。但当美国总统给她们拍照时，两人看起来同样春风满面。

时间是 1993 年 8 月 24 日，希拉里·克林顿正在和杰奎琳·肯尼迪·奥纳西斯摆姿势拍照，地点在“雷勒玛号”上——一艘 20 米长的白色豪华游艇，其所有者是前第一夫人的长期伴侣、钻石商莫里斯·坦普斯曼。这个阳光明媚的周日上午，杰姬邀请了七个月前刚刚入主白宫的克林顿夫妇，乘游艇沿葡萄园海湾游览，终点是玛莎葡萄园岛西端有着红土断崖的盖伊角，全程历时五小时。杰姬在附近拥有一座占地约 1.6 平方千米的庄园，而克林顿夫妇对夏天时霸占着葡萄园岛的贵族精英就没那么熟悉了。不过，这场游览不只是兜风享乐，杰姬·肯尼迪是当时仍然健在的六位前第一夫人之一，她想给希拉里提一些建议，告诉她如何挺过白宫的生活。杰姬知道希拉里十分关心女儿切尔西的健康成长，所以作为前第一夫人这个精英姐妹会的成员之一，她想要解答一下自己如何在聚光灯下培养出了适应力良好的卡洛琳和小约翰·肯尼迪。几个月前，希拉里曾私下同杰姬在她那座位于纽约第五大道 1040 号的典雅公寓中吃过午饭，当时会面时，她们讨论的正是如何保护切尔西不受媒体的骚扰。

希拉里在白宫的新闻秘书丽莎·卡普托记得，杰姬和她的子女都同希拉里和克林顿总统讨论了“如何长大并仍然保持正常的心态。这对当时的总统和克林顿夫人来说，是非常重要的”。在写给那个高级姐妹会的另一位成员贝蒂·福特的信中，希拉里说，那次旅行“及时地给了我们全家几天时间，调剂了一下我们的生活节奏”。杰姬和希拉里有过很多次这样的会面，让她们不断巩固了二人之间的深厚情谊。杰姬很高兴她能帮助希拉里，不仅仅为她提供子女教育的建议，还领着她学会了如何在玛莎葡萄园岛那个人人都有祖传遗产的复杂社交世界中游刃有余地行走。杰姬想办法把希拉里介绍给了那些富豪朋友，并鼓励她把娱乐宾客作为白宫里的头等大事来抓。(她觉得自己的某些继任者——尤其是小瓢虫·约翰逊、帕特·尼克松和罗莎琳·卡特——本可以多做点儿事，把娱乐人士请到白宫里来，让全国人民多接触一些艺术。)

时年64岁的杰姬，对克林顿夫妇颇有好感，部分原因是比尔·克林顿十分崇敬肯尼迪总统，并称其为他的英雄。她尤其喜欢一张著名的合影，其中，随某公民组织来访华盛顿特区的少年比尔·克林顿，正站在玫瑰园中同肯尼迪总统握手。(克林顿夫妇毫不掩饰他们对肯尼迪夫妇的仰慕。1993年就职典礼的前一晚，他们来到阿灵顿国家公墓，在肯尼迪总统和他弟弟罗伯特的坟墓前献上了白玫瑰。) 其他民主党出身的总统——约翰逊和卡特——就没有如此忠诚于肯尼迪的遗产了。其他第一夫妇也没能同杰姬建立起真正的关系。她们二人——在竭力寻找属于自己声音的新晋第一夫人希拉里和看起来泰然自若的前第一夫人杰姬——在那天的会面，在此后克林顿当政的八年中，深刻地影响了希拉里对她十几岁女儿的培养。

刚开始时，总是羞于拍照的杰姬待在船舱内，让她的小叔子、参议员泰德·肯尼迪去迎接克林顿夫妇。“哈喽，欢迎来到马萨诸塞州！”

穿着笔挺的橙红色裤子的克林顿和穿着短裤的希拉里到来后，肯尼迪参议员喊道。“很荣幸能来这儿！”总统边上船边大声回应道。

跟在“雷勒玛号”之后的是一条15米长的船，上面载着白宫新闻秘书迪迪·迈尔斯和十几位期待能一睹这群著名乘客风采的记者和摄影师。杰姬在希拉里身旁坐了一会儿，但和笑容满面的希拉里不同，多数时候都生活在聚光灯下的杰姬似乎非常痛恨媒体的侵扰。

游艇驶入巴泽兹湾，经过葡萄园海湾后，在另一处安静、沐浴在阳光中的小海湾里停留了三个小时，包括切尔西·克林顿、卡洛琳·肯尼迪在内的客人们吃过午餐后，开始轮流站在游艇上最高的那块十米跳板上，往冰冷的水里跳。轮到自己时，希拉里爬到跳板上，站在那里，看起来十分害怕。

“跳啊！”克林顿总统喊道。“别做胆小鬼啊，希拉里！跳！”勇敢的肯尼迪家族的其他男性成员也开始喊，但突然间，希拉里听到下面的水中传来一个女人的声音——是杰姬在喊。

“别跳，希拉里，别跳！不要因为他们激你你就跳，不用非要跳！”

希拉里犹豫了一会儿，考虑了一下杰姬的建议，然后转身爬下来，到了一个不太让人害怕的高度。世界上没有哪个女人能比杰姬更理解希拉里那一刻感受到的无助了。站好之后，希拉里从那儿纵身跃入了冰冷的深蓝之中。

在一封写给第一夫人贝蒂·福特的信中，一个得克萨斯州的女人一本正经地写道:“你本质上必须要完美无缺。”人们对于这些女性的期待非常高，但是她们所扮演的这个角色定义却非常模糊。小瓢虫·约翰逊说，第一夫人必须要是“演员和推销员，晾衣架和宣传回音板，还要有颗善心，对人民真正有兴趣”，不管是来自哪个地方，不管是富还是穷。实在是任重道远。

我为彭博新闻社报道奥巴马政府时，曾受邀参加过一场为十几名被安排跟随报道米歇尔·奥巴马的记者举办的午餐会。这场宴会的主题本来和她的消灭儿童肥胖的运动有关，但吃饭时，第一夫人却提到她丈夫已经戒了烟。任何一丁点儿有关第一家庭的消息都传得很快，并且会迅速成为大新闻，盖过她的健康饮食运动的消息。我有些好奇她对于把这样私人的信息分享给世人有什么感受，她是否已经接受了自己已经成为全球名人的事实。

以前还从没有人写过第一夫人之间的关系，以及这些魅力四射的女性如何在快乐和难过时向对方寻求帮助。在本书里，我采访了两百多名人士，包括第一夫人的办公厅主任、新闻秘书和其他高级政治顾问，还有第一夫人的亲朋密友，希望能揭示出她们在白宫的真实生活。她们的子女也分享了一些发人深省的故事，让我们更加了解了她们的个人挣扎和不屈不挠的精神。

从杰姬·肯尼迪到米歇尔·奥巴马，这些女性中的每位在为自己闯出一条路的同时，还要养育子女，做丈夫最强大的保护者和密友，协调自己在东翼的员工和丈夫在西翼的顾问之间的矛盾关系。而除了这些责任外，家人的安全也是时常让她们揪心的问题。

几位第一夫人之间此前从未公开的通信，揭示了她们之间有多么同情对方，也提供了一个观察她们的复杂关系和私人世界的窗口。正如总统属于一个终身俱乐部一样，第一夫人也有自己的俱乐部：总统是全世界最挑剔的兄弟会的成员，第一夫人是世界上最精英的姐妹会的成员。许多从未接受过记者采访的官邸员工，包括我在我的第一本书《白宫往事》中采访过的男仆、女佣、招待、主厨和花卉师，谈及了他们与这些出色女性之间的独特关系。为了这本书，我采访到了更多此前不同意接受采访的员工。能见识到第一家庭最私密的时刻的人，正是这些在官邸工作的员工。此外，我还与罗莎琳·卡特（采访了两次）、芭芭拉和劳拉·布什进行了坦诚的交流，正是她们协助打好了本书的基础。

历史塑造了这些女性的人生。贝蒂·福特的儿子斯蒂夫回忆道：1963年，某天放学回家后，他看到母亲正独自在客厅里哭。“你为什么哭了，妈妈？”他问她。“肯尼迪总统遇刺了。”她柔声回答。南希·里根则最先是从车上的广播里得知了肯尼迪遭遇枪击的消息，当时她正行驶在洛杉矶的圣文森特大道上。不过，贝蒂和南希都不知道她们有一天会成为这个第一夫人姐妹会的成员，也不知道各自的丈夫将来会成为刺杀行动的目标。

自1961年以来，从杰姬·肯尼迪到米歇尔·奥巴马，总共有十位第一夫人在白宫生活过。她们的丈夫有五位是共和党，五位是民主党，而她们自己也都是完全不同的女性。让她们如此不同寻常的，是她们共有的人性和不完美。“我妈妈，”斯蒂夫·福特骄傲地说，“一直都认为自己只是一个伟大时代中的平凡女人。”这些女性是不“完美”，但也正因如此，她们才显得更加动人。

I

The Political Wife 政治贤内助

对第一夫人的理解？重要的是王，不是后。

——康妮·斯图尔特，第一夫人帕特·尼克松的办公厅主任和新闻秘书

第一夫人是现代女性，有着现代的问题、乐趣、职业、疑问、惶恐和危机。她们是妻子，是有各自工作的母亲，是政治顾问，只是因为她们选择了嫁给谁，才变成了国际名人。她们通常备受爱戴，偶尔也会遭到诋毁，但几乎总是丈夫最信任的顾问。尽管选总统需要全国投票，劳拉·布什说，“但我们却是被一个人选出来的”。她们的职位没有被庄严地载入宪法之中，但是考虑到她们曾帮助丈夫赢得了选举，然后又被安排在东翼办公时，这种毫无报酬的配偶角色似乎就与今天的世界显得格格不入了。不过，罗莎琳·卡特早在几十年前就意识到了第一夫人拥有的隐秘权力。“我后来发现，”她说，“你其实想干什么就可以干什么。”

“第一夫人”这个头衔中携带着一种棘手的组合：会受到密切的关注，拥有极好的平台，可又没有任何官方权力。虽然第一夫人对于美国总统制度而言，有着至关重要的意义，而且是美国女性和美国母亲的象征，但她们并不总是对此感到开心。玛莎·华盛顿自称是一名“国家囚犯”。杰奎琳·肯尼迪则宣称：“我唯一不希望的就是被称为‘第一夫人’。听起来像匹驯马。”米歇尔·奥巴马也说，生活在白宫里，就像生活在一座“非常不错的监狱”里。不过，南希·里根倒是自豪地把“第一夫人”写在了她的纳税表中的职业一栏——她确实为这个头衔付出了许多。她曾告诉自己的新闻秘书希拉·泰特：“我心想，我丈夫当过加利福尼亚州的州长，我们已经有了不少经验，或许在白宫会再艰难五十倍。可谁知道，原来要艰难一千倍。”面对这个充满压力的独特职位，她们有各自的应对方式：有些人要更成功，有些则不然；有些人互相嫉妒，有些人互相仇视，有些人则互相帮助对方挺过白宫里的生活。在每位伟大总统的背后，都站着一位伟大的女性。

这些女性之间的关系错综复杂，时常让人惊讶不已，但这在大多数时候要归因于不同女性的个性，而不是她们所属的政党或者同她们的名字联系在一起的政策。她们之间有让人意想不到的竞争，比如南希·里根和芭芭拉·布什，有出人意料的友谊，比如劳拉·布什和米歇尔·奥巴马，有一辈子的纽带，比如小瓢虫·约翰逊和贝蒂·福特结下的情谊。当然，也有那种充斥着受伤情感和怨恨的关系，比如希拉里·克林顿和米歇尔·奥巴马。翻看她们之间的私人通信，可以发现她们之间的关系有多么复杂：在父母、丈夫、朋友去世后——甚至在某些尤其是悲剧的情况下，子女去世后——她们总是会互相安慰对方。然而，这些女性在经历所有的人生时，却又只能生活在白宫这座鱼缸里，周围还有一群看起来有些吓人的男女特勤人员，戴着耳机，直视着前方。希拉里曾在 1995 年接受采访时说：“你无论如何也搞不清楚在这里生活会是什么样。”白宫里的生活有时会出人意料地有一种幽闭感。虽然白宫共有 132 间屋子 6 个楼层，其中包括两个夹楼层，但贝蒂·福特曾幽默地将它比作自己的“一居室公寓”，因为她基本上就生活在二楼，而工作的话则在总统和第一夫人卧房边上的一间更衣室里。对于这些女性来说，生活的改变来得太快。罗莎琳·卡特回忆道，和家人搬进白宫后不久，她拿起电话，请一位白宫接线员帮她接通“吉米”，结果接线员顿了顿，问道：“吉米是谁？”这让她惊讶不已。从那以后，她不得不提醒自己，在特定的情况下，必须要称自己的丈夫为

"总统"。他们的生活已经永久地发生了改变，但根本没有时间来适应。

1945 年 4 月 12 日，富兰克林·德拉诺·罗斯福总统在他位于佐治亚州温泉镇的小别墅中去世时，第一夫人埃莉诺·罗斯福正在华盛顿忙着工作。听闻丈夫的死讯后，她立即打电话给四个全都在服役的儿子，然后换上了一件黑色的丧服。而告诉副总统哈里·杜鲁门这个消息的人，也是埃莉诺。"哈里，"她平静地说道，"总统去世了。"震惊不已的杜鲁门问她有没有什么需要他帮忙的事情。她摇摇头，反而问杜鲁门："我们能为你做点儿什么吗？因为现在你才是那个有麻烦的人。"

在 19 世纪，一个女人的名字只有在三种场合会被写下来：出生时、结婚时和去世后。起初，总统配偶只被认为是一个女主人，直到詹姆斯·布坎南总统的外甥女哈丽特·莱恩开始陪他出席各种活动后，"第一夫人"[1] 这个非官方头衔才开始出现。布坎南是唯一终生未婚的总统。1958 年，《哈珀周刊》（*Harper's Weekly*）曾将莱恩称为"我们的白宫夫人"，两年之后，《弗兰克·莱斯利画报》（*Frank Leslie's Illustrated Newspaper*）在刊登她的照片时，添加的图注则成了："插画中的人物……公允地说，应该被称作本国的第一夫人。"到玛丽·托德·林肯在 1861 年入主白宫时，"第一夫人"一词已经进入了美国的日常词汇。（她有时候会被丈夫及其顾问称为"总统夫人"。）当内战英雄尤利西斯·辛普森·格兰特将军在 1868 年当选总统后，女记者热切地报道了他的妻子朱莉亚，不过，她们中的很多人都要使用笔名写作，

---

1 First Lady 中的 lady 也有小姐的意思，因此在莱恩身上，译作"第一小姐"可能更合适一些。不过为统一起见，全书均使用"第一夫人"的译法。迄今为止，美国历史上至少出现过十二位与总统无夫妻关系的"第一夫人"，她们大多数是总统的朋友或者亲眷，在总统夫人已经去世或者无法履行第一夫人职责的情况下，承担起了这一非官方职位。（本文脚注均为译者所加）

因为在19世纪时，记者被认为是一种非常不淑女的职业。（朱莉亚喜欢待客——一共举办过二十九次宴会——但因为她的外表受到了尖刻批评：她是斗鸡眼，所以在画像中，她会以侧脸示人来掩盖这一点。）

总统的妻子一直以来都拥有着看似微小但实则有效的权力。玛丽·托德·林肯曾想方设法让她的一些盟友进入了丈夫的内阁，威尔逊总统的第二任妻子伊迪丝·宝琳·哥尔特·威尔逊则被认为，曾在1919年丈夫中风（离任前十八个月）后，事实上承担了许多总统的职责。从1933年到1945年这十二年间，埃莉诺·罗斯福曾不辞劳苦地为人权和女权奔走呼号，极大地挑战了公众此前对第一夫人的期待。埃莉诺的影响非常大，以至于资深的白宫记者萨拉·麦克伦敦曾写道："她为之后所有的第一夫人树立了一个她们必须要去比照的榜样。"在埃莉诺和魅力无穷的杰姬·肯尼迪之间，还有贝丝·杜鲁门和玛米·艾森豪威尔。贝丝·杜鲁门恨死了华盛顿（她和丈夫、女儿均把白宫称作"白色的大牢"），不但尽可能多地回他们位于密苏里州独立城的家，还拒绝接受任何采访。她特别害怕媒体会曝光他父亲多年前的自杀。接受记者采访时，贝丝答道："你们不需要了解我。我只是总统的妻子和他女儿的母亲。"玛米·艾森豪威尔是20世纪50年代那种风姿迷人的家庭主妇和慈母的典型代表，但她很清楚自己的影响力。饱受争议的威斯康星州共和党参议员约瑟夫·麦卡锡，因其"非美活动调查委员会"而臭名昭著，玛米对此人厌恶至极，会亲自确保某些白宫晚宴不邀请他。在公开场合，她对女性问题所做的评论中规中矩，比如她曾说过，"为人妻是生活能赋予女性的最好的职业生涯"，并且补充说她"只有一份职业生涯，而他的名字就叫艾克"，所以，她在暗中对权力的运用就显得更让人好奇了。

从1961年1月20日到她丈夫在1963年11月22日遇刺，杰奎琳·肯尼迪在白宫里生活了一千多天。约翰·肯尼迪当上总统时，年仅43岁——是美国历史上最年轻的总统。而31岁的杰姬，则是美国历史上第三年轻的第一夫人和20世纪以来第一位入主白宫时仍是一个婴儿母亲的第一夫人。她改变了第一夫人的角色，成了全球瞩目的大明星，并且凭着一己之力对白宫进行了大规模的改造，而目标则是让它成为全美“最完美的房子”。杰姬出身名门，从小在纽波特罗得岛上一座拥有28间屋子的维多利亚时代风格的豪宅中长大，又在康涅狄格州法明顿的波特女子学校受过教育。但她却做出过一个相当平等主义的决定，在1962年2月14日开放白宫，带着当时所有能看到电视的人浏览了官邸。节目的收视人数达到了前所未有的5600万，更加提升了她的知名度。

不过，杰姬最大的遗产，却是她面对丈夫死亡时的勇敢态度。随着时间的推移，她越来越痛恨作为美国人集体悲伤的对象，迫切地想生活有些隐私。她回到华盛顿，去阿灵顿国家公墓为丈夫和两个孩子——早产两天后死亡的帕特里克和胎死腹中的阿拉贝拉——扫墓时，她叫司机故意绕开了白宫这座她曾悉心复建的房子。她不想看到这个地方，因为它承载了自己与两个孩子卡洛琳和小约翰·肯尼迪的太多苦乐。

约翰逊夫人来到白宫时，这里还在悼念亡人，吊灯、窗户、门廊上全挂着黑布，悲痛欲绝的肯尼迪幕僚，正震惊不已地在走廊中穿梭。上一位在类似的黑暗形势下继承了第一夫人头衔的女性，是西奥多·罗斯福的妻子伊迪丝：1901年，威廉·麦金利总统遇刺后，她取代了艾达·麦金利成为第一夫人。但少在公众前露面且患有癫痫的艾达不是杰姬·肯尼迪，约翰逊夫人到来时正值电视时代的黎明，第一夫人早已无法再保持相对于艾达·麦金利那样的隐私。约翰逊夫人竭力想让自己有别于她那位光鲜亮丽的前任，但她还是叹息道：“人们看到的是活人，渴望的却是死人。”不过，约翰逊夫人虽然比杰姬年长近20岁，也没她那么光鲜，却成了一位影响很大的第一夫人，她在帮助丈夫赢得1964年的大选中扮演了重要角色。

1960年，帕特·尼克松原本已经准备好做第一夫人，但丈夫败给了肯尼迪后，她一点儿都不想他在1968年再次参选。因为到那时，她已经在二十多年中陪着尼克松参加过七场政治选举。在白宫中，她被人们戏称为“塑料帕特”，原因就是她早已厌倦了扮演政客夫人的角色。水门事件摧毁了尼克松的总统生涯，让他成了历史上唯一辞职的总统，但在那些艰难岁月中，她一直站在丈夫身边支持他。他们黯然离开白宫的那天，夫妇二人默默坐在直升机上，从南草坪起飞后，经过了国家广场。这时，帕特喃喃自语道:“好难过啊。好难过啊。”她的个人痛苦触及了人们的神经，1990年，也就是她离开白宫16年之后，帕特在杂志《好管家》(*Good Housekeeping*) 评选的最受敬佩女性排行榜上名列第六，甚至排在了传奇女星凯瑟琳·赫本前面。这是她连续第二十年排名前十。

尼克松夫妇在白宫的最后一天，把帕特送上直升机的是她的朋友贝蒂·福特。作为尼克松的副总统杰拉尔德·福特的妻子，贝蒂这些年对帕特的喜欢日渐加深，所以很是替她难过。那天，贝蒂把胳膊搭在朋友的后背上，扶着她一边走，一边听帕特略带忧伤地说:“我的天，他们竟然为我们铺了红地毯，真是没想到，不过你以后还会见到很多这种事情……多到让你讨厌。”帕特那厢是痛苦不已，贝蒂这边则对自己突然荣升至白宫而焦虑不安。前一天晚上，贝蒂和丈夫攥着对方的手，一起做了祈祷。送尼克松夫妇坐上总统直升机“海军陆战队一号”后，往白宫走时，福特总统拉住妻子的手，悄声对她说道:“我们能行的。”

官邸或许不像肯尼迪总统遇刺后那样缀着黑纱，但福特夫妇搬进去时的气氛几乎一样沉重。贝蒂说不出什么能抚平帕特的伤痛或者耻辱的话来，但她成为第一夫人之后，很快便发现了她的新名人地位所具有的力量。在接下来的两年半里，她不但经受住了两次针对丈夫的暗杀企图的考验，还发声支援《平等权利修正案》，并且通过公布自己被诊断罹患乳腺癌，用现身说法协助抹去了与这一疾病有关的耻辱。不过，贝蒂最大的贡献，却是在离开白宫之后：她令人震惊地坦陈自己曾对酒精和处方药上瘾。这一真相的披露，让她的私人痛苦转化为了许多人的新生。

罗莎琳·卡特是个精明的政客。虽然她说话时拖着甜腻的南方长音，让人低估了她的个人野心，但在白宫的四年中，她不仅旁听过许多内阁会议，还是1978年签署的《戴维营协议》的重要参与者——当时，在总统度假地举行的峰会陷入僵局后，她为丈夫出谋划策，想办法让埃及总统安瓦尔·萨达特和以色列总理梅纳赫姆·贝京回到了谈判桌旁，最终，经过十三天的努力，该协议成为以色列与其阿拉伯邻居之间签署的第一份和平协定。在竞选期间，她意识到，在和选民互动时，她能做到丈夫做不到的许多事。在他竞选佐治亚州州长以及后来竞选总统时，她会从围在他身边的人群中溜出来，去和支持者攀谈。人们很愿意与她谈论他们的问题。“她在竞选期间、成为第一夫人之后以及现在依然在扮演的角色之一，便是做丈夫的眼睛和耳朵，”罗莎琳的白宫项目主任凯瑟琳·凯德说，“她的举止会给人一种很温暖的感觉，充满了关爱之情，在街上遇到民众时，他们会和她有一说一。”她的助理也说，在阅人识人方面，她要胜过她丈夫。吉米·卡特在1980年再次竞选总统时，罗莎琳有一次曾单独出去为丈夫拉票，回来后，她把情况报告给了丈夫。“那个州长挺不错的，对吧？”总统高兴地问她。

“你为什么觉得他不错？”她回道。

“呃，我去那儿的时候，他确实请来了不少人。”

“呵，你去那儿的话，任谁都能请来不少人，”她说，“他根本不会组织，我能看出来。整个活动办得很差。”

罗莎琳依然对她丈夫输给罗纳德·里根的事耿耿于怀——几乎在四十年之后，单届总统的耻辱仍然萦绕在她心头。当被问及离开华盛顿几十年后，对于白宫里的生活，她最怀念什么时，她回答:“我最怀念的是吉米在椭圆形办公室里为国操劳。他在那儿的时候，是我感觉最安全的时候。”不过，卡特总统的后白宫生涯，却也比任何其他总统都长，而罗莎琳正是他这份成功的关键所在。她与丈夫联合创立的卡特中心（Carter Center），一直在全球各地协助消灭疾病和监督选举。

南希·里根在 1981 年到 1989 年期间是第一夫人。“她是人力资源部。”针对南希参与决定谁加入丈夫的内阁的问题，里根的政治顾问斯图尔特·斯宾塞如此说道。南希和其他第一夫人的关系不怎么亲近，而且也因丈夫在任职第一年期间遭遇的刺杀企图而深受创伤——当时没几个人知道的是，里根其实离死亡边缘非常近。她自认为是一个容易担心的人和完美主义者，所以有时候会对白宫的员工提出近乎无法完成的要求。(1981 年，坐飞机横跨大西洋去参加查尔斯王子和戴安娜的婚礼时，她甚至还派了专人看管她的粉色雪纺礼服。）但是，除杰姬·肯尼迪外，她比其他任何第一夫人都更理解行政官邸所具有的那种象征力量。1987 年，在苏共中央总书记米哈伊尔·戈尔巴乔夫和妻子赖莎对华盛顿的那场历史性访问期间，南希曾跟官邸员工摆明说，她要白宫看起来比以往任何时候都要好。她留下的永恒遗产之一，是她对丈夫那种深深的奉献，即便在他晚年罹患阿尔茨海默病时，她也一直坚定地陪伴左右。

在成为第一夫人之前，芭芭拉·布什曾为乔治·赫伯特·沃克尔·布什当过八年的副总统夫人。她和南希·里根的关系一直不怎么好，南希在她的回忆录中对芭芭拉甚少提及，并且说她从来都不是很了解她。这可能是由于布什夫妇很少会被邀请去官邸的二三楼。当芭芭拉在 1989 年到 1993 年期间生活在白宫时，她深受在那里工作的男仆和女佣的热爱，不过，她那些尖刻的话语有时候会惹怒总统助理。芭芭拉·布什说，第一夫人如果不抓住交给她的“大机会”，给人们的生活带来点儿真正的变化，是不对的。但就连她也承认，这份工作很艰巨，她说：“不用承担第一夫人之责的话，我倒是很想再回去，住在(白宫) 里面。”

希拉里·克林顿是唯一竞选过公职的第一夫人。她曾担任过参议员和国务卿，并且两次参选总统，想要再次回到白宫。在 1993 年到 2001 年期间担任第一夫人时，她在西翼设立了自己的办公室，并在主要政策决策中扮演了更主动、更强硬的角色，想要重新定义人们对第一夫人的理解，但这一努力最终失败了。克林顿夫妇在白宫生活的八年中，一直丑闻缠身，在 1994 年的一场新闻发布会上，希拉里被记者们连珠炮似的问题纠缠了一个多小时。问题从她在丈夫担任阿肯色州州长期间做出的公牛期货交易，到他们的白水房地产开发公司，再到白宫副法律顾问文斯·福斯特自杀后，文件从他办公室被人拿走，不一而足。“如果有些人每天起来就是想着摧毁，而不是修剪的话，我也没办法。”她说。在同一场新闻发布会上，她还把自己描述为一个“过渡性”角色，一生都在工作，并且很惊讶于人们竟然会对她担任第一夫人的那种雄心勃勃的方式感到那么不舒服。

希拉里非常佩服埃莉诺·罗斯福，在白宫时，曾在脑子里和她交流，“想看看她要是我的话，会怎么做。”希拉里说，“她通常会回答，振作起来，或者至少让皮肤变得像犀牛皮一样厚。”1994 年 11 月某个灰蒙蒙的清晨——当年，她的医改计划失败，民主党在中期选举中也失去了众议院和参议院——她在椭圆形办公室和丈夫开完会，回到自己的办公室时，看到了她摆在桌上的一张埃莉诺的照片，她便问自己：

埃莉诺会怎么做？她非常喜欢生活在埃莉诺曾经住过的这座房子里，而且尤其欣赏埃莉诺的参政曾经让罗斯福政府的某位官员非常慌神，以至于对方后来说她应该远离丈夫的公事，“只管织毛衣就好”。埃莉诺的建议，希拉里心想，肯定会是奋勇前进，不要被挫折拖住。希拉里认为，她对医保议案的失败负有责任，并且明白对于中期选举的灾难性结果，她也扮演了一定的角色。她给“敌人”壮了胆，她在自己的回忆录《亲历历史》中这样写道。

罗斯福的曾孙女安娜·菲尔斯特，小时候曾见过埃莉诺，并且记得埃莉诺在位于纽约哈得孙谷的小别墅时，曾在晚餐桌上和大家谈笑风生，但她觉得，埃莉诺不一定会喜欢希拉里。“我觉得她会觉得希拉里·克林顿有点儿不耐烦。因为希拉里身上有太过强硬的一面，这倒没什么，我不是在批评她，她的性格如此而已。”希拉里自己也承认，她确实给人一种强硬的感觉，并且说：“我可能是所有名人中你最不了解的那个。”助理声言，她其实是个“情感丰富”和“温柔热情”的人，他们说，在担任第一夫人期间，她去医院看那些生病的孩子时，有很多次都泪眼模糊。

希拉里想比南希·里根和埃莉诺·罗斯福都更有影响力；她想要在桌旁有个自己的位置，而她丈夫也很愿意给她。在担任第一夫人时，她在西翼的办公室里悬挂着一张她在演讲台前讲话的大幅照片，下面的题词则来自她最大的支持者：“你太棒了，爱你的比尔。”希拉里不仅和埃莉诺在雄心和智慧上有相似之处，还和她一样有着丈夫不忠的痛苦经历，讽刺的是，这个共同点，还被莫妮卡·莱温斯基提到过。从21岁担任白宫实习生时起便和克林顿发生过多次性关系的莱温斯基，在1997年9月30日写给克林顿总统的一封信里，恳求总统和她见面时写道：“哦，帅气的（对克林顿的昵称），别忘了，FDR可从来不会拒绝露西·默瑟（罗斯福总统的长期情妇）的来访！”1992年，比尔·克林顿在第一次竞选总统时，曾毫不羞涩地以“买一送一”的口号为他和希拉里打广告，并且说，他认为希拉里会比她的偶像扮演更重要的角色。“如果我当选总统，那这将会是前所未有的搭档关系，超越了富兰克林·罗斯福和埃莉诺。他们是两位伟人，但走在两条不同的轨道上。而如果我当选的话，我们却会一如既往地一起做事。”

劳拉·布什说起话来给人一种温柔、体贴之感，而她承担第一夫人这个角色的方式也要比前任更为传统一些。当被问及她和婆婆芭芭拉的关系时，劳拉答道：“我觉得乔治和我搬进白宫时有一个很大的优势，就是我们曾陪他父母在那儿住过很多次，见识了他们当总统和第一夫人的样子；这对我们而言，是个巨大的优势。此前出现过这种情况的第一家庭只有一个——约翰·昆西·亚当斯和路易莎·亚当斯。”芭芭拉·布什很有理由喜欢劳拉。她让小布什戒掉酒瘾的事众所周知，也让她深受芭芭拉和丈夫老布什的感激。劳拉说：“我让他明白了我认为他可以成为一个更好的人。”劳拉的白宫办公厅主任阿妮塔·麦克布莱德说：“在老布什夫妇眼里，劳拉从来不需要他们担心。”她对他们的儿子有着很好的影响，而且他们也知道，如果没有她的话，他不可能成为总统。芭芭拉说，她的儿媳妇追随着“一种伟大的生活哲学——你可以喜欢一件事，也可以不喜欢一件事，所以你还不如喜欢这件事”。不过，她们之前的关系其实要比这更复杂。有一次，芭芭拉·布什在官邸里的时候，评价了一件家具上的新豹纹套子。“你有过你的机会了，”劳拉告诉她，“这现在是我的家了。”

2001年9月11日的恐怖袭击后，劳拉肩负了一个十分艰巨的任务：慰问遇难者家属和在灾难之后承担起希望的象征。“9·11”事件之后，她找到了一个新声音，开始为阿富汗及世界其他地方的女性和女孩遭受的待遇发声。不过由于丈夫在伊拉克战争上的处理方式，她离开白宫时，头上顶着一大片批评的阴云。

作为美国的第一位黑人第一夫人，米歇尔·奥巴马占据着一个独特的地位。从小在芝加哥南区一个工薪阶层家庭长大的她，到白人占多数的普林斯顿大学后，一直在挣扎着寻找她的自我认同感，但最终，她在 1985 年以三级优等成绩毕业，并在三年之后，又从哈佛法学院毕业。朋友们说，在白宫里，她觉得只要迈错一步，评论人士就会朝她扑上来。曾任白宫通信主任的阿妮塔·邓恩则说："她是个上班族妈妈，一位职业母亲。希拉里也工作，但她也是州长的夫人。她有庞大的基础设施。但米歇尔·奥巴马的基础设施，就是她母亲。"

相比起来，米歇尔在很多方面更接近劳拉·布什，而不是希拉里·克林顿。她初到白宫时，自称是身穿 J. Crew[1] 的"总妈妈"，一心扑在两个女儿身上是她的头等要务。"人们问我最近怎么样的时候，"米歇尔说，"我会说，'我只能和我最不开心的孩子一样好'。"她不喜欢政治；事实上，她讨厌那种虚情假意的挥手致意和筹措资金的活动。而且，她也不喜欢把喜怒哀乐写在脸上，她哥哥和母亲都说，她从来没有一次流着眼泪给他们打过电话。她最自在的时候，是与一屋子背景各异的学生在一起时，看到他们，她就仿佛看到了曾经的自己和丈夫。"或许你们觉得自己的命运从出生那天起就被写好了，所以应该降低自己的期望，约束自己的梦想。但如果你们有人这么想的话，我现在就来告诉你们，打住。别那么想。"她告诉安娜斯科舍地区某所高中（被认为是华盛顿特区最差劲的学校之一）的 158 名毕业生，"永远不要约束你们的梦想。"这些学生基本上都是非洲裔美国人，其中一些家庭十分贫困，或者十几岁时就成了父母，米歇尔知道该怎么和他们说话，完全不同于某些嘴上抹了蜜一样的政客，表面上说自己对他们的经历感同身受，可实际上却一无所知。"你们不能这么干坐着，"她告

1 美国中高档服饰品牌。

诉他们，“别指望会有谁来帮你一把。那行不通。”不过，华盛顿的政治氛围和总统职位对她的持续要求，已经让她身经百战。她觉得，一名加利福尼亚州的大学生很好地概括了第一夫人的角色，那就是“政治与不疯之间的平衡”。因此，米歇尔才一次又一次坚决地要为她和女儿努力制造一种近乎正常的生活，虽然这种抗争很是累人。

搬进白宫之后，这些女性每个人都要面对隐私的丧失，以及越来越大的私人压力和——说来也怪——经济压力。罗莎琳·卡特说，得知第一家庭吃的食物要自己出钱买时，她非常震惊。她仍然记得管理行政官邸的总招待，给她看他们一家人在白宫第一个月的食品账单时的情景。“总开销是600美元，现在听起来没多少，但那时候是1976年，对我来说简直是天文数字。招待完我的家人、吉米的家人和朋友之后，我就收到了那张600美元的账单，差点儿吓死。”为了省钱，如果只是自家人吃饭的话，罗莎琳会要求厨师热一下之前吃剩的晚饭。杰姬·肯尼迪面对越来越高的食物开销，选择的是重组员工队伍，让新人来负责家政。相较之下，曾经做过八年副总统夫人的芭芭拉·布什，就很清楚她的家人要负担自己的食物和洗漱用品开销。“要是她们（其他第一夫人）惊讶的话，那是她们自己的问题，”她严厉地说，“我们经常请客，乔治·沃克尔也是，这些私人请客都是我们自己付的钱。账单来了之后，上面还会写着：‘一个鸡蛋：18美分。’某某夫人吃了一个鸡蛋和一块吐司。其实在白宫吃饭便宜多了。”

虽然总统一职会带来各种各样的好处，但在礼物方面，如果其价值超过一定金额的话，第一家庭是不能收的。比如卡特一家在白宫时，就不能接受任何超过100美元的东西。他们的女儿艾米，曾经不得不泪眼汪汪地放弃了一个用珊瑚雕刻的基督头像（去梵蒂冈参见教皇若望·保禄二世时对方送给她的礼物），以及一条刻着她名字的黄金小手链（估价约为150美元，意大利总统亚历山德罗·佩尔蒂尼送她的礼物）。罗莎琳说，他们无权购买这些礼物，就算是按照零售价买也不行。不过，这位第一夫人偶尔也能绕过规矩——有一次，在带人参观他们位于佐治亚州普兰斯的家时，她跟记者讲到了对日本进行国事访问时，裕仁天皇送给他们的一个小碗。她开心地说："他们估价这个碗值 99 美元，所以我才得以留下它。"这时，卡特总统赶紧插了一句："顺便说一下，我们都没留过几件东西，这是其中一件。"

隐私的彻底丧失，是最常见的抱怨。罗莎琳·卡特回忆说，第一次搬进白宫时，惊讶地发现，特工处在一家人的私人居住区门外的楼梯井边上安排了一名特工，在楼梯脚安排了一名，在一楼安排了"好多"。"我们心想：'这哪儿是家啊！'所以吉米才把门外的那个撤掉。"白宫招待克里斯·艾莫里回忆说，他是在里根时代来的白宫，第一周上班时，官邸的紧急警报突然响了起来，他心想：天哪，糟了，总统心脏病发作了！艾莫里当时正坐在招待办公室的桌子后面，看到特工处的人都跑到了门口。一位特工说："克里斯，你真的应该在我们上去之前先上去看看。里根夫人不喜欢我们进她的房间。"于是，艾莫里便跑到楼上，敲了敲第一夫人的门。"里根夫人，我是招待办公室的克里斯。"没人应之后，他推开了门，看到第一夫人正躺在床上，脸上抹着冷霜，眼睛下面抹着凡士林。"里根夫人，对于刚才警报响起来我很抱歉，所以上来看看有没有事。"她回答："什么事都没有。"然后也没有再进一步解释。他离开后，脑子里想到的全是有关第一夫人训人的那些报道。虽然后来再也没有人提起这次事故，但很显然，就连南希·里根也无法在白宫里拥有绝对的隐私。

尽管南希很欣慰丈夫被视作一位重要的历史人物，但并不喜欢候选人——无论是左派的还是右派的——出于各自的政治目的而利用他的政治遗产。"她不觉得这些人有哪一个是她丈夫的化身。"里根的儿子罗恩如此说道。此外，她还会毫不犹豫地打电话给朋友们，提出她对共和党的状况有什么看法。罗恩说，他母亲对唐纳德·特朗普有很明确的看法:“她认为，特朗普和其他人一样愚蠢。”

南希对丈夫有着强烈的保护欲，这一点超过了其他任何第一夫人。著名艺术家阿伦·席克乐曾受白宫历史学会（White House Historical Association）的委托，为里根夫妇画像，但他为里根总统画的两幅官方肖像都被她拒绝了。(一幅直接被销毁了，另一幅曾在白宫里悬挂过很短时间。）之后，里根夫妇又找到曾为福特总统画过很多幅肖像的埃弗雷特·雷蒙德·金斯特勒来重新画。金斯特勒给他们看自己的四幅素描时，意识到:“毫无疑问，她才是我要取悦的那个人。”起初，南希有点儿不满，她不是很喜欢丈夫穿着棕色正装的那张草稿，还着急地问金斯特勒:“你打算怎么处理他的肩膀？”当总统最终坐下来，让金斯特勒画他的官方肖像时，南希在金斯特勒背后坐了三个小时，一直看着他画——贝蒂·福特可没干过这种事。“太让人分心了。”他回忆道。金斯特勒问南希，她是不是更想去客厅坐着？对此，她回答:“不了。你工作的时候，我很愿意在这儿待着。”

《美联社风格手册》中建议，第一夫人的英文要全都小写，因为这并不是官方头衔。她的丈夫卸任后，余生中都会被人唤作“总统”，但她却永远只会被称作“前第一夫人”。对于第一夫人的预期，会随着女性在社会中不断变化的角色而变化，但她们也有一个一成不变的核心任务，那就是终身要做丈夫的主要保护者。“如果说她们犯了什么错，那一定是因为爱她们的丈夫。”曾任小布什总统白宫新闻副秘书的托尼·弗拉托说，“她们都不可能完美胜任这份工作，或者说是满足我们对这份工作的期许。”

第一夫人的办公室在白宫东翼二楼一条安静的走廊里——旁边是书法师的办公室，他们专门为白宫的正式活动撰写典雅的请柬。帕特·尼克松和南希·里根更愿意在官邸二楼第一家庭私人生活区的办公室工作，但米歇尔·奥巴马却更喜欢使用第一夫人的正式办公室。对她而言，在东翼办公室里工作，能让她的工作和官邸的家庭生活互不干扰。

东西翼的员工之间经常会发生较量。东翼里基本上都是忠于第一夫人的女性员工，而西翼则以男性为主。没有哪届政府能避免这种由来已久的冲突。当米歇尔在白宫正式启动了她的“行动起来”健康饮食活动时，恰巧和总统原计划就医疗改革发表的电视讲话冲突了。于是，东翼的助理打电话给西翼，要求把总统的计划稍微调整一下，结果，总统的顾问表现得就好像给他们添了多大麻烦一样。曾任白宫新闻秘书的罗伯特·吉布斯曾竭力避免过一场潜在的公关噩梦：法国出版的一本书声称，米歇尔告诉时任法国第一夫人的卡拉·布吕尼-萨科齐，住在白宫里简直是“地狱”。在平息了相关报道后，据说吉布斯在开会时，听闻第一夫人对他处理问题的方式不太满意，还咒骂了她。虽然第一夫人当时并未与会，但助理们却被他的反应吓到了。第一夫人和吉布斯之间的紧张关系，据说在一定程度上导致了他在2011年最终辞职，虽然此前他已经为总统工作了六年多。后来，情况甚至还糟糕到了某位咨询师被请到白宫对面的布莱尔国宾馆，开了一场调解会，来专门讨论东翼员工对西翼的憎恶。

如果没有丈夫的首肯或者幕僚的允许，米歇尔能做的事情其实非常少。社交秘书德斯蕾·罗杰斯，曾因两人设法溜进奥巴马夫妇举办的第一场国宴引发的争议，在奥巴马入主白宫十四个月之后最终离职。但在那之前，她和米歇尔关系很亲近，并且明确表示过对行政主厨克里斯塔·科莫福德的不满。2005年，科莫福德被劳拉·布什任命为行政主厨，成为第一位担任这一风光职位的女性。一位不愿透露姓名的前官邸员工说，由于在米歇尔身边参谋的人只有几个，所以她被罗杰斯对科莫福德的意见蒙蔽了。后来，这位员工被第一夫人和罗杰斯叫到二楼家庭私人生活区开会时，米歇尔直截了当地说："克里斯能力不行，告诉她，她从现在起转为试用，为期六个月。"米歇尔想把科莫福德换成夫妇二人在芝加哥的老朋友、私人厨师萨姆·卡斯。

历史上，新的第一家庭一般都会带来新的行政主厨，比如希拉里·克林顿就曾用年轻的美国厨师沃尔特·沙伊伯换掉了法国厨师皮埃尔·钱柏林。但科莫福德在官邸员工中深受爱戴，不光是第一位女性，还是第一位担任这个崇高职位的有色人种——她是菲律宾人。"她脸上的表情让我心都碎了，"那位官邸员工回忆起科莫福德听到自己转为试用时的情景，"德斯蕾就是故意和她过不去。"五个月之后，该员工再次被叫到二楼去见第一夫人和罗杰斯。罗杰斯告诉他："克里斯不行了。"

"我差点儿就跪下了。"这位员工说。科莫福德近来拼了命地工作，经常加班到半夜，收拾厨房，准备第二天的食物。过了一会儿，第一夫人插话进来："我和巴拉克说了，他告诉我这么做不太好。"总统很有理由担心，解雇科莫福德被媒体曝光的话，会招来麻烦。米歇尔顿了顿，转头对这位员工说："我猜这次你赢了。"虽然第一夫人对于官邸员工有着最直接的领导权，但要做出任何改变，米歇尔其实什么权力都没有。

帕特·尼克松担任第一夫人的五年半中，东西翼之间的冲突最为明显。尼克松十分信任的办公厅主任 H. R."鲍勃"·豪德曼，就曾轻蔑地在帕特的背后叫她"西尔玛"。（帕特出生时的名字叫西尔玛·凯瑟琳·瑞恩，但她后来选了帕特这个名字，这是她爱尔兰裔的父亲对她的昵称，因为她出生在圣帕特里克节前夜。）在 1970 年 11 月 4 日的日记中，豪德曼写道："坐回特区的飞机上，帕特·尼克松训斥我和 P（豪德曼在日记里以 P 来简称尼克松总统），说西翼干涉社交安排。觉得我们否决了露西（帕特的社交秘书露西·温切斯特），拖慢了决策速度等等。想完全控制东翼。”西翼男性和东翼女性之间的冲突，在尼克松政府期间尤为显著，部分原因是帕特深受那些为她工作的女性爱戴。西翼的那些男员工和帕特的员工沟通时，经常会说，“告诉尼克松夫人”，而东翼员工的标准反驳是，“我们从不告诉尼克松夫人任何事，我们是请示尼克松夫人”。总统的顾问想让人写一本有关帕特的书，在 1972 年重新选举前软化一下她的形象。一位记者来白宫和她见了好几次面，但进行到一半时，她却突然叫停了整个项目。她很讨厌被人关注，也不喜欢谈论她自己。

帕特的员工称她为“分钟人”，因为她从来不会让别人等她，做事就像军队一样准时（迥然不同于她的前任贝蒂·福特，贝蒂曾被她的员工戏称为“已故[1]的福特夫人”，因为她从来都没准时过）。“我喜欢团队协作，原来也是这么以为的，”帕特的社交秘书露西·温切斯特说，“所以意识到根本不是团队协作之后，我非常震惊。”不过，帕特反击得很猛。温切斯特说：“她绝对是个百折不挠的女性。”

由于还没有女性担任过总统、副总统，甚至是白宫办公厅主任（这一职位设立于 1946 年），所以，第一夫人就成了白宫里由女性担任的最显要的职位。官邸员工对第一夫人的保护心理，几乎和东翼员工一样强。在私人生活区内，如果员工说某个决定来自“二楼”，意思就是说直接来自第一夫人。由于官邸员工会和第一夫人及其社交秘书直接打交道，因此，他们会密切关注选举的情况；2004 年时，他们最害怕的是约翰·克里会赢得大选，而他们要和选举期间因为口无遮拦而被称为“大炮”的特蕾莎·海因兹·克里打交道。曾在 1979 年到 2008 年中担任行政管家的克里斯汀·利默里克说：“如果第一夫人们

1 The late Ms. Ford，late 在这里是迟到的意思，但也可以被理解为已故，因而是戏称。

高兴，那我才能高兴。”在楼上工作时，看到南希·里根双腿交叉着躺在床上，正和某个密友聊天后，利默里克松了一口气。“她会像小姑娘那样打电话。我们看到这个，就知道她情绪不错，没什么问题。”当希拉里和切尔西一起大笑，或者劳拉·布什的女儿们从大学回家的时候，官邸员工就知道一切都没什么问题了。白宫里的生活大部分时候都让人觉得窒息、焦虑，因此，这类轻松的时刻会焕发出全新的意义。利默里克说:“每当这种时候，我们就知道，这是他们所能拥有的最接近正常的生活了，所以，我们也会努力帮助他们做到这一点。”

每位第一夫人都是丈夫的终极保护者。谁有可能危及丈夫的政治生涯，她都会把那个人查出来。众所周知，南希·里根曾协助炒掉了丈夫的办公厅主任唐·雷根。杰姬·肯尼迪也十分清楚丈夫计划除掉联邦调查局局长J. 埃德加·胡佛。贝蒂·福特不喜欢丈夫手下那位强硬的演讲撰稿人罗伯特·哈尔曼。劳拉·布什则对小布什的高级顾问兼竞选顾问卡尔·罗夫颇有微词。米歇尔·奥巴马和丈夫的第一位办公厅主任拉姆·伊曼纽尔也有所不和。伊曼纽尔是出了名的暴脾气，用奥巴马某位前工作人员的话来说就是，“身上有股欠抽的劲儿”。在2008年的竞选期间，米歇尔的民调支持率要比丈夫高很多，在各地竞选期间，人们会兴奋地跑到奥巴马竞选的工作人员面前，问他们:“你们见过米歇尔吗？”所以，伊曼纽尔希望她能多参加一些政治活动，但这超过了她的忍耐限度。她不喜欢到处竞选。据一位白宫前官员回忆，米歇尔曾说，2008年的竞选期间给她安排的飞机和丈夫的比起来又小又不舒服。“真是太典型了，女人就该受这种待遇？”她说。

米歇尔常驻芝加哥的发型师迈克尔·拉尼·弗拉沃斯回忆说，人们对她外表的每个细节都要吹毛求疵，让她很恼火。在竞选之前，她的头发做过挑染，但竞选助理认为，挑染显得“有伤风化”。每个肤浅的批评，都会增加一分米歇尔的烦恼。2013年，在同劳拉·布什参加一个非洲的峰会时，米歇尔谈到了随第一夫人带来的权力和对那些鸡毛蒜皮之事的关注有多么荒唐，比如她在2013年留刘海的决定。(在八国集团峰会的演讲期间，她的长刘海挡到了眼睛，甚至还引发了强烈反应——刘海失败的标签，很快出现在推特上。)“人们对我们的鞋子、我们的发型、我们该不该剪头发、我们该不该留刘海……指指点点时，我们顶着自己的刘海，站到世界需要看到的那些重要事情面前，最终，人们就不再关注那些刘海了，而是会开始注意到我们站在什么东西前面。”

最终，这位第一夫人没有让伊曼纽尔横行霸道。她憎恨一些民主党参议员不支持她发起的终结儿童肥胖症的运动，所以她才不会想尽办法帮他们的忙。奥巴马的前助理说:“她不是很喜欢政治，这也就是为什么你很少见到她去各地给民主党的候选人奔走呼号。她不喜欢参加募捐活动或者别的事，哪怕是为了总统本人也不愿意。”相比之下，1998年的中期选举期间，希拉里·克林顿曾为民主党大力助选，走访了20个州，而2014年的中期选举中，米歇尔·奥巴马只去了几个。

让第一夫人到全国各地为丈夫和其他党内的重要竞选官员助选，一直以来便是意料之中的事。虽然希拉里很愿意为其他民主党人助选，但和伊曼纽尔的关系也同样矛盾重重。伊曼纽尔担任她丈夫的高级顾问时，曾在没有和她的办公室预先通气的情况下，在最后一刻安排她与国会议员共进晚餐，这让她非常愤怒。因为她那晚已经有计划在先，她便拒绝了。她打电话给伊曼纽尔，表达了自己的不快，对方答应说，这种事情以后不会有第二次，并且补充说她只需要参加这一次之后，她才勉强答应下来。(希拉里越来越讨厌伊曼纽尔这种横行霸道的风格，后来甚至曾想办法把他从丈夫的政府中解雇。)

1992年时，芭芭拉·布什非常受欢迎，便被派去新罕布什尔州，为丈夫提交第二次竞选总统的材料。与丈夫比起来，她在各州助选的时间还要更多。她对丈夫的忠诚一直都收到了回报：当老布什在 1980 年第一次竞选总统时，一群支持者强烈建议芭芭拉染一下头发。她的头发白得很早，28 岁时，布什夫妇的小女儿罗宾被确诊为白血病，在病床边陪伴罗宾时，看着这个三岁的小姑娘忍受一轮又一轮的输血和痛苦的手术，她的压力全写在脸上，最终把她的黑发变成了银发。1970 年之后，她便放弃了染头发这种琐事，当时她才四十多岁。但是老布什却拒绝跟她提这件事，并且把那位被安排去他办公室提建议这项没人艳羡的任务的亲戚，赶了出去。

这些女性中有一些和丈夫达成过协议，其中之一便是保守不忠行为的秘密。杰姬·肯尼迪和希拉里·克林顿是这种心理区隔的最著名案例，在很多方面，她们是各自丈夫的绝配：聪明、机智，而且最重要的是，谨慎。肯尼迪夫妇和克林顿夫妇的那种复杂婚姻，并不罕见。约翰逊总统就从不掩饰他的拈花惹草行为，经常在宴会上围着最漂亮的女孩转。到晚宴接近尾声时，他的脸上会到处都是口红印子。有时候约翰逊夫人也在场的话，会央求他不要再让她难堪了。“去那边看看吧，林登，”她会这么告诉他，“你冷落其他一些朋友了。”特拉菲斯·布莱恩特曾任白宫的电工，也照顾过第一家庭的爱犬，他说，约翰逊还从肯尼迪总统那里“继承了”两个女记者。他跟我提起其中某一个时，会说她们是“理想型的女人”或者“女人味十足”，甚至还给她们冠以他通常夸奖爱犬雪儿（Yuki）时才会用到的终极赞美，告诉我说她们“美得跟黑足雪貂似的”。

约翰逊夫人知道丈夫非常想要个儿子，为了给他生一个，她前后经历了四次流产（约翰逊只有两个女儿：莉迪亚，生于 1944 年；露西，生于 1947 年）。看到他和年轻女性在一起时，她尤其感到受伤，因为她担心她们能给他她给不了的东西。约翰逊一家离开白宫很久之后，已经成为寡妇的约翰逊夫人曾接受了电视节目《今天》(*Today*) 的采访，当主持人芭芭拉·沃尔特斯直截了当地问起林登·贝恩斯·约翰逊的风流史时，她笑了笑，给出一个显然是临时想出来，但也很明智的回答:“啊，林登喜欢所有的人。这当然就不能排除世界上所有人中的另一半了——女人。”

很多第一夫人为了仍能成为丈夫生活的一部分，会愿意忍受很多难以置信和一再发生的背叛。杰姬告诉她的朋友、美国驻联合国大使阿德莱·史蒂文森二世:“我不在乎（杰克睡过）多少女孩子，只要我知道他知道那么做是错的就行，而且我觉得他现在也知道了。无论如何，就目前来讲，那事儿已经结束了。”阿拉斯泰尔·格兰维尔·福布斯爵士是杰克和杰姬的密友，1956 年，他曾安排了某种干预，警告杰克说，如果他想当总统的话，就不要再那么明目张胆地寻花问柳了。“杰克非常非常喜欢那些非常喜欢他的女人。”福布斯如此评价肯尼迪，他认为，由于杰克和杰姬都是天主教徒，不相信离婚，所以，他们觉得不需要非常努力地经营他们的婚姻。

杰克·肯尼迪对待他的私生活，就好像自己正在参战一样，行为毫无顾忌，仿佛每个时刻都可能是他人生的最后一刻。肯尼迪的朋友查尔斯·斯鲍丁说，总统的慢性腰痛问题和健康不佳，让他对人生有一种很高大的视角:“我们大多数人都没有意识到时间流逝得有多快，但他有。”[难怪总是忠心耿耿的斯鲍丁在肯尼迪图书馆做口述史的采访时，被问到“他（肯尼迪总统）对性在美国生活中的态度，有什么是让你觉得印象深刻的”之后，立即终止了采访。]

福布斯就坦诚多了。“我认为他很清楚，他的婚姻中所谓的相配二字，指的是他要娶的是一个非常漂亮的天主教女孩。他的家人很欣慰。”福布斯说，“我觉得他是对杰姬意乱情迷，但我觉得他自己也清楚，他要娶的这个人基本上与他并不合拍。”杰姬知道他的外遇行为，也深感不安。在提到肯尼迪竞选总统前他实施的那场干预时，福布斯说：“他确实有些惊讶，没想到自己的疏忽竟然到了尽人皆知的程度。”

贝蒂·福特不如杰姬那么有耐性。福特夫妇的婚姻很美满，也没有任何证据表明福特总统曾经背叛过贝蒂，不过他很喜欢和别人调情。在一次国宴上，墨西哥裔美国歌手维姬·卡尔来表演，贝蒂看到他们两个人在一起嘻嘻哈哈，非常愤怒。晚宴结束时，她看着总统亲自把卡尔送出了白宫，并且听到那位歌手问福特最喜欢的墨西哥菜肴是什么。听到丈夫的回答——“就是你”——之后，她实在忍无可忍了。“那个女人永远别想再来白宫。”她宣布道。

所有这些第一夫人，从杰姬·肯尼迪到米歇尔·奥巴马，对丈夫的奉献都是非常彻底的，她们常常会牺牲各自的职业生涯，矢志不渝地忠于她们嫁给的男人。比尔·克林顿和希拉里相识时，对她的才智倾慕不已，他们共同的朋友还警告他，小心自己玩女人的行为。苏珊·托马西斯是克林顿夫妇的老朋友，她告诉比尔，死了娶希拉里的心吧。“你配不上她，”她说，“她人又好，又有才华，而且那么坦荡。”但他们的政治搭档关系成功了，因为希拉里爱上了比尔，对他有着彻底的忠诚。1992 年的总统竞选期间，托马西斯给了克林顿一个警告，就像三十六年以前，福布斯给肯尼迪的警告那样：“你这个人能蠢到精虫上脑，让整个竞选总统的事都付之东流。所以事情如果真会那样，兄弟，那我就回家了，还要把人一起带走。”托马西斯说，克林顿总统在竞选期间没有背叛希拉里，是因为他“知道我会用两只脚踩住他的脖子”。

但克林顿的过去在他入主白宫后又幽灵般地冒了出来。克林顿夫妇的某位客人在白宫过夜时，听到官邸二楼走廊的电话在半夜突然响了起来。总统接起电话，一会儿之后，跺着脚大吼道：“该死！”然后把电话摔了回去。克林顿整理了一下自己，然后跟个没事儿人似的，继续招待宾客一直到了凌晨。第二天上午，宾客们——克林顿当总统期间，总有人在白宫过夜——起床后，去了阳光明媚的“阳光浴室”，在这座装着落地窗的房间，一边俯瞰华盛顿纪念碑和国家广场，一边静静地吃早餐。《华盛顿邮报》《纽约时报》《华尔街日报》正摊在桌子上，所以，宾客们马上就明白了总统在前一晚不高兴的原因：宝拉·琼斯刚刚提起诉讼，指控他在担任阿肯色州州长时，曾对她提出过性要求。

这才仅仅是开始。和杰姬不同的是，希拉里除了以一种非常公开的方式来面对丈夫的不轨行为之外，别无选择。1995 年 11 月到 1997 年 3 月，克林顿总统同莫妮卡·莱温斯基曾发生过多次性关系，1998 年 1 月，此事最终被曝光后，给他们的婚姻带来了沉重打击。“二人的关系岌岌可危。”托马西斯说。他让希拉里受到了羞辱，不过到最后，她并没有离开他。和水门事件期间的帕特·尼克松一样，在丑闻最凶的时候，她已不再阅读报纸，而是转而责怪他人，在这件事上，是共和党，说他们是想把丈夫搞下台。“她找到了一个她能接受的解决方案。”托马西斯说。雪莉·萨格瓦是希拉里担任第一夫人期间的办公室副主任，她说，莫妮卡·莱温斯基是件“麻烦事儿”，希拉里的小圈子“当时全都很生气……当时情况非常复杂，但她处理得很大度”。这件事给希拉里的打击很大，尤其是知道他们的女儿切尔西已经看过详细记述了丈夫所有过失的《斯塔尔报告》之后。切尔西是把他们黏合在一起的胶水，总统向全国承认他的外遇之后第二天，正是切尔西拉着他俩的手走过草坪，登上“海军陆战队一号”，前往玛莎葡萄园，像往年一样在那里度过他们的暑期休假。比尔·克林顿还有生以来第一次为自己的鲁莽行为寻求帮助，把心理咨询师偷偷请进了白宫。

希拉里对离婚的厌恶，部分是因为多年以来，她曾目睹了离婚对朋友们造成的影响。传言说，得知比尔在阿肯色时曾有不忠行为之后，她的呼吸变得急促起来，引起了过度换气。一个老朋友告诉她，自己正在考虑离婚，希拉里说："那你可要做好准备……如果你没准备好为自己争，那你老公得了便宜，你就吃亏了。"然后，她列举了一连串她们认识的那些离了婚的女性朋友，这些人离婚之后，在经济上全都很挣扎。

既然离婚不在考虑之列，希拉里便把她的愤怒和恼火转嫁到了她所谓的"巨大的右翼阴谋"。在1999年《对话》（*Talk*）杂志刊登的一篇采访中，当记者说她丈夫的外遇是"一种上瘾行为"时，她并没有反对。但当被问及她是否同意这确实是一种瘾时，她回答："这是你的说法。我会选择'弱点'。但不管是什么，这都只是复杂整体的一部分而已。"她会为他找借口，说莱温斯基绯闻发生在一段很艰难的时期，那时，比尔的母亲、父亲和他们的朋友文森特·福斯特刚刚去世不久。她认为，丈夫的不忠是一种"弱点之罪"，而非"恶意之罪"。他甚至还把他们的情况比作彼得曾三次背叛耶稣。"耶稣知道，但还是爱他。"

在白宫的生活区里，弥漫着深深的痛苦。1992年，此前已经经历过这些的希拉里，甚至在首次接受《60分钟》采访时，精心安排了摄像机的位置。当时，她坐在丈夫身旁，而丈夫被问到传言说他和阿肯色州政府的雇员兼卡巴莱歌手詹妮弗·弗拉沃斯曾经有过十二年的外遇时，此次采访最大的头条不是他说的话，而是希拉里的临场发挥。"我不会坐在这儿，像什么小女人，像塔米·怀内特一样，站在丈夫身旁支持他。"她对他的不忠一清二楚，但不会让这事儿毁掉他们赢得总统大选的机会。但六年之后，她就没那么宽容了。曾任白宫服务生领班的乔治·汉尼说："莫妮卡·莱温斯基那事儿真的让她痛不欲生。"希拉里自己也说，最大的问题是，在莫妮卡之前的十年里，他曾试着改过自新，但改得"不够深刻"或者说努力得"不够辛苦"。招待沃辛顿·怀特回忆了白宫在那段时间的紧张气氛，他说，他觉得自己就像个父母差点儿离了婚的小孩。“有很多不好过的日子，但爸妈吵架的那些日子，我们避而不谈。我们都是这样的感觉，我们努力地逗他们笑。全都以各自的方式，想迫切地给那里注入一点儿人性。”白宫里的生活还在继续——就算独立检察官肯尼斯·斯塔尔正在向总统取证时，官邸员工也依然在布置下午茶。

希拉里小圈子里的一个女人曾被人听到抱怨双重标准。“如果她那么做（对比尔不忠）的话，那她就成全宇宙的婊子了！”对于在白宫二、三楼工作且以谨慎为荣的六位男仆来说，那是一段压力重重的时光。“我们对那事儿讳莫如深，”汉尼说，“你根本不知道该说什么。”汉尼甚至还接受了斯塔尔的质询，据调查报告，他证实自己曾见过白宫实习生莱温斯基，她在与克林顿总统的绯闻期间，曾出现在西翼。在克林顿政府期间，乔尼·斯蒂文斯曾在第一夫人办公室对面的军事事务办公室工作过，她回忆了一位在西翼工作的朋友的经历。一天，这个朋友突然便不在白宫工作了。“她去哪儿了？”斯蒂文斯问一个同事。“她被调到别的部门了。因为她不巧撞到了总统正和一个实习生在家庭电影院里。”那时是1996年秋天，也就是克林顿和莱温斯基的绯闻开始大约一年之后。“军事事务办公室的人一直都守口如瓶。”斯蒂文斯说。

不过，汉尼也记得克林顿夫妇更快乐的那些时光。1993年的就职日那天，他告诉了希拉里·克林顿一些令人担心的消息。“克林顿夫人，楼下的黄色椭圆厅里有个坐轮椅的白人男子，跟我要罗纳德·里根的纪念品。他说他是共和党人，不是民主党的。”这位新晋的第一夫人大笑起来：“嗯，我知道，乔治，那是我爸爸。”休·罗德姆从来没有放弃他女婿会像他一样加入共和党的希望。（念高中的时候，希拉里曾经支持共和党的总统候选人巴里·戈德华特，她甚至还有一套牛仔服和草帽，草帽上面印着“Au H_2O”——“黄金”和“水”的化学符号，戈德华特的姓氏拆成两半后，意思分别是黄金和水，一些热情的支持者会把这两个符号穿在身上。当时，希拉里是威尔斯利学院的大一新生，同时还是青年共和党人俱乐部的主席，但到1968年时，她已经退出了他父亲的政党，开始为民主党人尤金·麦卡锡的竞选活动做志愿服务。)

希拉里通常是唯一可以让丈夫集中精力的人，甚至在他自己相信之前，希拉里便已经认定丈夫可以赢得1992年的总统大选了。由于希拉里的东翼员工知道她在他的政治生涯中对他有多忠诚，所以，他们中的大多数从未完全原谅总统与莱温斯基之间的绯闻。“在白宫记者协会晚宴上，他开玩笑说，为什么（莫妮卡·莱温斯基丑闻）还没入选协会的去年五十大新闻事件名单？而希拉里就在他边上呢，”曾是希拉里发言人的玛莎·贝利说道，“她会有什么感觉？”所谓的“希拉里王国”里的十几位女性——1992年时克林顿的一位竞选助理为她们起的绰号，而这个关系紧密的小圈子似乎很愿意鼓励别人这么叫她们——非常忠诚。“我的员工以她们的谨慎、忠诚、友情为荣，我们有自己特殊的理念。”希拉里如此说道，并且还认为，丈夫的助理“经常会泄密”，可“希拉里王国从来不会”。曾任希拉里新闻秘书的尼尔·拉提莫说：“我觉得，‘希拉里王国’的成员至今都没就她们的经历写过书，已经很说明问题了。”希拉里的朋友们对她愿意再经历一次竞选感到很惊讶。如果克林顿总统成为第一位男性的总统配偶，她们说，她很可能会派他为特使，去世界上某个热点地区，比如中东。她们还说，如果希拉里当选，她会选择一位经验丰富的社交秘书和礼宾长，来做大多数与宴会菜单和花卉有关的决定，因为比尔不太可能对这些较为传统的任务感兴趣。鉴于并没有那种第一配偶应该做什么的规定，她们说，所以他没有感觉受到限制的理由。希拉里自己也说，在为国宴挑选瓷器和选择花卉布置的事情方面，她已经“排除”了丈夫。她说，如果她当选总统的话，会“派他去进行一些特别任务，因为在为我们的国家做事方面，他是独一无二的”。切尔西也被认为会接过某些传统上属于第一夫人的职责。上一次白宫里的女主人不是总统的配偶，还是一百多年前，当时，伍德罗·威尔逊总统的第一任妻子艾伦死后，他们的女儿玛格丽特承担了第一夫人的角色，一直到父亲再婚。

在2007年的阿斯彭思想节（Aspen Ideas Festival）上，比尔·克林顿开玩笑地说起了开创新领域。“我的一些苏格兰朋友建议，我应该被称作‘第一小伙’(First Laddie)。这最容易与之前的名称联系起来。”(因为Laddie听起来接近First Lady中的Lady。）希拉里王国的成员丽莎·马斯卡廷，曾是希拉里在白宫的演讲撰稿人，在希拉里担任国务卿时，又曾任首席撰稿人和高级顾问，她说，她觉得比尔·克林顿会很喜欢担任第一绅士。“他会想办法做好的……他本能地就可以和别人在瞬间产生联系，”她说，“我认为他会有一大群东翼员工来处理很多社交上的事情。很显然，他是不会坐在那儿为晚宴挑选花卉的。”

比尔·克林顿的听力下降得很厉害，后来甚至学会了读唇语，但即便如此，他也没放松下来，而且被认为将会在希拉里的政府中扮演极为重要的角色。不过，第一绅士确实是史无前例的（甚至都不清楚这会不会是他的官方头衔)，而克林顿又是一个很独特的人物。曾任副总统的沃尔特·蒙代尔是克林顿夫妇的朋友，他在一次访问中曾若有所思地说道:“这要怎么安排？……比尔是个不太有条理的人……”

第一夫人即使离开华盛顿，政治也不会远离她们，而且不光在希拉里·克林顿身上是这样。无论是共和党人还是民主党人，她们对其他人经历的事情，都有一份独特而又共通的理解：折磨人的竞选活动，看着丈夫挣扎着处理各种危机的漫长日子，生活在世界上最公开的私人住宅中那种可怕又奇怪的孤独感，保护和保存各自家庭在历史上的地位的强烈欲望。无论她们在公开场合做什么，都会进行一些政治上的计算和内心的讨论，看看这会帮助还是会伤害丈夫的遗产。

第一夫人没有什么岗位说明，在21世纪，这个头衔本身就显得过时，毕竟，现在的女性大多数都会工作，也会抗拒仅仅为了丈夫的工作就放弃自己的工作这种想法。但要说第一夫人这份工作本身是过时的，这些女性是19世纪的老古董，那就是对她们一点儿都不了解了。尽管她们并不是都能相处得来，但毫无疑问，她们拥有的这份独特经历，还是将她们联系在一起。她们都知道每天生活在丈夫有可能无法活着回家的恐惧中是什么样。（白宫的门卫普雷斯顿·布鲁斯说，即使在肯尼迪总统遇刺之前，官邸的员工也明白，看到总统的直升机从南草坪起飞后，就很有可能再也不会见到他。）奥巴马总统当选之后，威胁的数量急剧上升，不过那之后已经下降了许多，据特工处的统计，基本上和前任所受威胁的数量一致。米歇尔·奥巴马，同她之前的第一夫人一样，也很清楚整日为自己和孩子们的性命担惊受怕是什么感觉。至少在一次出访外国时，第一夫人的飞机上还携带了运尸袋。很多官邸员工都说，即便第一家庭在白宫里的时候，他们也会担心其安全保障。

她们中的大多数人不会公开承认，但所有这些女性都会运用她们的权力，尤其是看到自己的民调数据超过丈夫之后。每晚睡在总统旁边的枕头上，她们有时候可以影响国家的政策。一次，在一次小型晚宴上，福特总统想起了一位曾经的女友，她的家族拥有一家名叫世楷家具（Steelcase）的公司，其总部就在他的家乡——密歇根州的大急流城。“哎呀，杰瑞，想想吧，你要是娶了玛丽·皮尤，那就不用当美国总统，而是可以去当世楷家具的总裁了。”贝蒂眨着眼睛对他说道。如果没有妻子的力量、支持和纯粹的明星效应，这些男人根本无法企及美国政治的巅峰。

II

Sisterhood of 1600 1600号姐妹会

人们喜欢她是有理由的。因为她……不怎么……你知道吧，火上浇油。

——米歇尔·奥巴马谈劳拉·布什

第一夫人之间有一种深切的共鸣感，这在她们互相写给对方的信中非常明显。这些在艰难时刻、辞职之后或者与病魔做斗争期间写的信，大多数在边角上都会注明:“不必回信！”这样，收信人就不会觉得一定要回信了。在父母、丈夫甚至是最悲剧的孩子令人痛心的亡故时，她们总会互相支持着对方。她们之间的几百封信——很多从未公之于众——展现了她们的关系在离开白宫之后发生了怎样的变化，以及她们如何跨越了政党之间的界线。在这个电子邮件遍地的时代里，看到这些女性经过深思熟虑写给对方的信着实很有意思。它们不但揭示了担任第一夫人的普遍真相，且不论服务的是民主党人还是共和党人，还展现了她们作为现代女性同时又兼具妻子、母亲、女儿、姐妹和朋友身份所要承担的职责。有些信极度私人化，内容也直白得惊人，为了解这些生活在公众视野内的女性的内心所想提供了一个窗口。

她们之间的关系，在白宫岁月过去之后还会一直持续下去，在很多信件里，询问各自的孙辈或者曾孙辈，拿变老说笑，（比如小瓢虫·约翰逊就曾写信给劳拉·布什说:“我现在甚至都不买绿香蕉了！”）庆祝各自丈夫的总统图书馆开馆。她们会互相同情对方，虽然丈夫已经卸任，但各自的日程依然十分累人，她们会在接受电视访问后，互相为对方鼓劲加油，还会为对方最喜欢的慈善事业捐款（多年以来，小瓢虫·约翰逊给贝蒂·福特中心捐款无数，支持朋友创建的这家世界著名的成瘾治疗中心)。在1983年的一封信中，约翰逊夫人告诉贝蒂:“不久以前，我碰见了一位我们都认识的朋友，她曾直言不讳地告诉我，她决定直面酗酒问题——戒酒。现在跟她在一起，有意思多了！”贝蒂在给中心筹款方面非常活跃，会主动邀请有钱的捐款者到福特的家里，有时候还会带丈夫一起去，并且宣布:“这个是我的，不能捐给你。”

她们中的每一位入主白宫的时间，都是全美历史上的一段艰难时期，而对于女性权利和第一夫人的角色不断变化的视角，也让她们每一位都受到了限制。1990年，希拉里·克林顿的母校威尔斯利女子学院的抗议者，曾反对芭芭拉·布什担任她们的毕业演讲嘉宾，理由是，她们认为她的成就完全依附于她的婚姻。1992年，在比尔·克林顿竞选总统期间，全职妈妈们对希拉里·克林顿那句著名的嘲讽义愤填膺:“我猜我本可以待在家里，做饼干、喝茶，但我决定，我要完成自己的职业使命。”看起来，她们无论做什么，都会招致另一方的反对。但一些小小的善意，比如卡特夫妇邀请露西·贝恩斯·约翰逊去梵蒂冈观看教皇的就职典礼——这次旅行对于约翰逊的小女儿意义非常之大，因为她转信了天主教——以及邀请她去白宫，体现了这些家庭之间一种特殊、持久的情感纽带。罗莎琳·卡特和贝蒂·福特的关系就变得越来越亲近，甚至贝蒂的女儿苏珊后来还加入了位于亚特兰大的卡特中心的咨询委员会。

1979年，肯尼迪图书馆开馆时，在庆祝典礼上，和杰姬一同坐在前排的约翰逊夫人写信给她，坦陈了当天的复杂情绪:“这肯定是既让你骄傲，又让你情绪疲惫的一天吧……请记得，有很多人都希望你能幸福、美满。我就是其中一个。”1990年，芭芭拉·布什曾写信邀请帕特·尼克松带她的女儿和孙辈回白宫一次:“你要是哪天能带朱莉和特蕾西亚，还有她们的孩子来白宫吃午饭就太好了，然后他们就可以在你的帮助下，带着孙辈逛逛。大家肯定都会很开心。”在另一封私人信件中，芭芭拉告诉帕特，自己经常想起她，尤其是经过她那幅挂在白宫里的画像时。“你的优雅与宽厚，是我们所有人的杰出榜样。”她们甚至还会给对方寄那种很蠢的贺卡，比如 1998 年，芭芭拉·布什给贝蒂·福特寄了一张政治主题的生日贺卡，正面是一堆戴着派对帽的动物。“我们原来准备为你的每个生日征集一个签名，结果我们还没反应过来呢，一下子就成了联名请愿活动，你现在有资格在 23 个州竞选公职啦！！！”芭芭拉最后在卡片上告诉贝蒂，“你永远都是我们的第一夫人！生日快乐，怀着尊敬与热爱的芭芭拉·布什。”

她们中的一些人，会利用自己的正式头衔和彼此之间的友谊，来帮助私人朋友。小瓢虫·约翰逊曾写了一封激情洋溢的信给克林顿总统，央求他赦免她的朋友，也就是 1989 年背叛银行诈骗罪的得克萨斯州银行家鲁本·约翰逊（与小瓢虫没有亲戚关系）。她写道：“用一个老派的词来说，鲁本真的是一位绅士。”克林顿满足了她的请求，在他总统任期的最后日子里签署的一系列赦免令中，鲁本·约翰逊赫然在目（赦免了法庭命令约翰逊缴纳的 456 万美元罚款）。

这些了不起的女性，不只是在正式场合摆摆样子的花瓶——她们在外交中还扮演着重要角色，抹平了粗粝的棱角，安抚了受伤的心灵。在无数次的正式晚宴上，她们都会被安排坐到重要的政治人物身边，负责传递政府的议程，如果走运的话，就会争取到晚宴对象的支持。通常情况下，她们会在当晚或者第二天早上向丈夫报告情况。在冷战期间，帕特·尼克松被安排在脾气不好的苏联领导人阿列克谢·柯西金身旁陪坐，在晚宴上与他谈笑风生，应付自如。据她的新闻秘书康妮·斯图尔特说，帕特在苏联问题上是强硬派，“但她也觉得，对话总比不对话好”。在宴席上担任翻译的“美国之音”播音员，留下了他们的聊天记录。柯西金问第一夫人参议院中有多少女议员，然后说：“美国的女事业狂高傲自大、野心勃勃、残酷无情，但在苏联，占议员总数三分之一的女议员，却是严肃、勤勉、理性的官员。”他接下来还嘲笑了美国媒体，尤其是女性记者。对此，第一夫人为她们进行了辩护。但是，快到聊天结束时，帕特转身面向他，表达了对苏联人民的同情，她说，苏联人民在第二次世界大战中遭受了严重的苦难，还说她尤其为那些在德军围困列宁格勒时死去的苏联人感到惋惜。柯西金的态度几乎一下子就变了。“我当时就在那儿，”他轻声说，“太可怕了。”

她们比任何人都更了解总统这个职位的压力。贝蒂·福特的私人助理南希·切顿·福斯特回忆说，在那些宁静无事的夜晚，贝蒂会打电话给小瓢虫·约翰逊。“而约翰逊夫人有时候也会打电话给她，尤其是媒体上爆出什么事，约翰逊夫人觉得她可以帮上忙的时候。”当被问及在伊朗人质危机期间，有没有哪位前第一夫人提供帮助时，罗莎琳·卡特说:“约翰逊夫人经常会关心询问。”约翰逊夫人在第一夫人中很有声望，她写的信也十分优美。1995年6月5日，她曾写信给芭芭拉·布什，当时布什夫妇是白宫的主人，她说:“我一直在惦记着你，心中满是同情与挂念。我希望你已经成功地劝服了总统，请他不要让办公室那无孔不入的指责完全吞噬掉他的时间和能量。”芭芭拉·布什担任第一夫人时，曾感谢贝蒂·福特在白宫西翼的南边修建了室外游泳池。那个泳池，她写道:“救了我的命。”劳拉·布什带米歇尔·奥巴马第一次参观白宫时，热情地向米歇尔保证，在这里可以为他们的女儿创造一份生活。虽然米歇尔还随身带了一位工作人员，但劳拉希望这是一次特别且私人的参观，因此，她告诉米歇尔的助理:“这真的是为了米歇尔和我安排的，你可以去和我的工作人员聊聊，但这是我们的私人参观。”总统在离任前，会为继任者留下一封建议信件，同他们不同，第一夫人不会留信件，而是通过参观二、三楼来传授一些智慧之言。当被问及她有没有给南希·里根留信时，罗莎琳·卡特说:“我没有给她留什么信。我都没想到这事儿。贝蒂·福特也没给我留。”劳拉·布什同样也没有给米歇尔·奥巴马留信。

这些女性中的每一个,从杰姬·肯尼迪到劳拉·布什,似乎真的很享受做第一夫人的方方面面。就连杰姬·肯尼迪也一样,虽然她非常讨厌看到媒体上刊登自己两个小孩的照片,但也慢慢爱上了第一夫人的生活。唯一与众不同的是米歇尔·奥巴马。(尽管帕特·尼克松在白宫过得不开心,但她喜欢旅行。随行记者说,她在去华盛顿之外的地方旅行时,开心得两眼放光。)在几十个采访中,友人和政治助理纷纷表示,米歇尔在白宫里非常不开心。她不属于克林顿夫妇欣然接受的那个华盛顿社交圈,多数往来的人都是她在芝加哥时交的朋友,包括惠特克和奈斯比特两家人,各家子女的年龄和奥巴马的女儿萨莎和玛莉亚接近,并且就住在奥巴马在芝加哥海德公园的家附近。(决定参选后,奥巴马夫妇请求老朋友答应,无论输赢,他们都要继续支持他们。)就职典礼结束后,前男仆领班乔治·汉尼在全家的私人生活区为侍奉总统和第一夫人时,告诉他们:“你们将踏上这一生中最难忘的旅程。今天,你们的人生就全变了。不用再等飞机。除了露面之外,什么都不用再做,一切都已经为你们准备好了。”米歇尔的眼睛睁得大大的,然后笑了起来,但汉尼感觉,她似乎并没有全然理解他们的人生将会发生多大的变化。

现在,她已经等不及要离开。“他们准备好了,他们已经受够了!”奥巴马总统的前通信主任阿妮塔·邓恩如此说道。有一次和总招待斯蒂芬·罗尚开会时,米歇尔·奥巴马告诉他:“真的叫我米歇尔就行了。”他回答:“我不能这么做,奥巴马夫人。”这不仅仅是因为他所受的军事训练,更是因为他对总统一职的效忠不允许他免去这些繁文缛节。米歇尔渴望再次被当作一个普通人对待。在2015年9月的《斯蒂芬·科贝尔深夜秀》(*The Late Show with Stephen Colbert*)中接受采访时，米歇尔说，她正在掰着指头一天天数，想赶紧逃离特工处那种紧张、警惕的目光。“我想做那些小事情，比如打开（车）窗户这种。”她说，“有一天，我的特工给了我一个惊喜，去戴维营的路上，允许我们打开车窗。出发五分钟之后，他说：‘窗户开了。请享受吧！’我回答说：‘谢谢你，艾伦。’”她最怀念的就是日常的小事。不过，她仍然会抽时间在晚上放松一下。漫长的一天过后，她尤其喜欢看 Bravo 电视台的《亚特兰大娇妻》(*The Real Housewives of Atlanta*)。

希拉里深有同感。在 1995 年的一篇专栏文章中，她写道：“最近去阿肯色时，我突然想开开车。我跳到一辆车的方向盘后面，尽管让我的特工小组很不舒服，但我开着车在城里到处逛了逛。”如此简单的事情，她说，“对我来说奢侈”。有时候，希拉里会戴上一顶棒球帽，在乔治城四处走走，迫不及待地想逃离白宫。偶尔有人拦住她，说她长得很像希拉里·克林顿时，她会笑笑，然后回答：“经常听人这么说。”贝蒂·福特的新闻秘书希拉·拉伯·维登菲尔德记得她接过一个白宫记者打来的电话，对方说：“她在纽约干什么？”维登菲尔德说：“福特夫人不在纽约。她在楼上自己的卧室呢。”记者说：“根本不是。有人在第七大道看见她了。”原来，贝蒂突然跑到纽约去和闺密南希·豪逛街去了。维登菲尔德恼火地回答：“行吧，我先查一下。”像个被当场逮到把手伸进饼干盒的小孩子一样，贝蒂答应下不为例。她的私人助理南希·切顿·福斯特回忆说，因为担心被发现，贝蒂没法按照原计划享受纽约的夜晚时，非常难过。“所以我们只好回到套房，直接睡了。”

米歇尔·奥巴马的东翼办公室在提供信息方面不太合作。“现在越来越难接触到第一夫人了！”从 1981 年便开始报道白宫的哥伦比亚广播公司新闻频道资深记者比尔·普朗特懊恼地说：“递交到第一夫人办公室的采访请求，通常都会被礼貌地拒绝。”第一夫人的员工会留心白宫之内任何自我抬高的苗头，然后确保将其消灭。友人和顾问说，米歇尔的办公室之所以态度那么强硬，原因之一就是她当第一夫人当得很不开心。

发型师迈克尔·“拉尼”·弗拉沃斯和生意搭档达里尔·威尔斯一起开的范克里夫发廊，坐落在芝加哥市中心一座重新装修过的教堂里，专门服务有钱的非洲裔美国人客户。弗拉沃斯从米歇尔还是个少女时便开始给她做头发，她会跟着母亲玛丽安·罗宾逊一起来。拉尼说：“以我们对她的了解，这些全部是她想要的。”米歇尔是个“不爱胡闹”的人，但也不会自视甚高，他补充道。发廊里的气氛很轻松。拉尼回忆说，他和这位未来的第一夫人，会聊他们对培根的共同热爱。(2008年接受美国广播公司的《观点》节目采访时，她承认：“我们是爱吃培根。”)而威尔斯则会叫她“布”(Boo)。奥巴马当选总统后，威尔斯逗她：“我是不是应该叫你‘第一夫人布’？我要叫玛丽安‘第一布妈’。”现在，她的整个世界都不同了，朋友们都没法直接联系到她。丈夫赢得总统选举后，弗拉沃斯和威尔斯想对外宣布她在他们的发廊做头发，但她请他们不要这么做。“我只是去那儿做头发罢了，”她说，“不想人们站起来鼓掌。”

米歇尔和两个小女儿搬进白宫时，是她成年以来第一次失业。在她开始减少自己的工作量，腾出时间为丈夫助选之前，她是芝加哥大学医学中心外事部的副总监，年薪近27.5万美元。成为第一夫人时，她45岁，是自杰姬·肯尼迪以来最年轻的第一夫人。“别忘了，她是他的导师在先。”比尔·普朗特如此说道，指的是她在芝加哥的盛德国际律师事务所工作时，曾经带过时年27岁的暑期实习生奥巴马，而她当时才25岁。(她一开始拒绝了他的约会请求，因为觉得如果事务所仅有的“两个黑人”开始约会的话，有点儿太“没品”了。但她也承认，两人初遇时，她便“深深喜欢上”他了。)她明白，帮助女儿玛莉亚和萨莎过渡的任务——她们搬进白宫时，分别为十岁和七岁——肯定会落到她的肩上。在2008年8月接受《女性家庭杂志》(*Ladies' Home Journal*)的采访时，她说:“她们即将离开自己唯一熟悉的那个家。总得有人来担任这种过渡的管事，但那个人肯定不会是美国的总统，只能是我。”她的第一任办公厅主任杰姬·诺里斯说:“我感觉刚开始的时候，肯定有很多人告诉她这不行那不行。‘不行，对不起，你不能做这个。不行，对不起，你不能做那个。’比如出去散个步，或者‘我就想去塔吉特百货转转’，或者‘我就想开车送孩子上学去’，你来到一个新环境，不但有很多东西限制你，还有很多双眼睛在盯着你的时候，这些肯定很难。去各地竞选的时候，盯着你的人更多。”

2010年，米歇尔带着女儿萨莎和一些密友去西班牙旅行了一趟。当时正值经济衰退期，这场四天的奢华旅行花掉了纳税人近50万美元，因为要支付特工大队的高额费用和第一夫人随行工作人员的差旅费用。奥巴马一家支付了酒店的费用和相当于头等舱价格的机票费用。《纽约每日新闻》(*New York Daily News*)的头条吼道:“当代玛丽·安托瓦内特。”一年之后的2011年，米歇尔终于去了一次塔吉特。美联社的一位摄影记者拍到了她在弗吉尼亚州亚历山大市市郊的一家塔吉特百货商店购物，穿着休闲服，上身是领尖带扣印花衬衫，戴着耐克棒球帽和太阳镜。不过，这次购物并没有表面那么简单，早在第一夫人走进商店三十分钟之前，特工已经先到了。第一夫人办公室拒绝谈论为何只有一位美联社的摄影记者会恰巧拍到米歇尔结账的照片，但那些照片最终平息了对她品味奢侈的愤怒。

2015年5月，在亚拉巴马州特斯基吉市参加特斯基吉大学的毕业典礼时，米歇尔以前所未有的直白谈到了公共生活给她带来的烦恼。她告诉大部分学生都是黑人的毕业班:“我丈夫刚开始竞选总统时，人们对我有各种各样的问题:我会成为什么样的第一夫人?我会关注哪些问题？我是会更像劳拉·布什，还是希拉里·克林顿，还是南希·里根？……但，作为潜在的第一位黑人第一夫人，我同时也是另一堆问题和猜测的焦点；这类对话有时候植根于对他人的恐惧和误解之中。我说话声音太大吗？我显得太愤怒吗？我太强势吗？或者我太软弱，妈妈有余，职业女性不足？”针对丈夫的私人攻击，尤其是那些翻来覆去对他公民身份的质疑，让她愤怒不已。在2000年的竞选期间，小布什曾攻击过比尔·克林顿的道德。但与奥巴马一家不同的是，克林顿夫妇和布什夫妇，是政治伤害游戏中的老手。“对奥巴马总统的评头论足，会很容易往心里去，是因为人们都不喜欢听到别人谈论你爱的人。”劳拉·布什的办公厅主任阿妮塔·麦克布莱德说，“布什一家和克林顿一家已经见怪不怪了，他们知道自己只能不去理会。”事实上，丈夫宣布就任得克萨斯州州长十二天之后，劳拉曾被邀请到白宫，参加一年一度的全国州长协会会议上的一项活动，与州长配偶共进午餐。但是，当她发现自己被安排坐在瑞亚·柴尔斯身旁时，并没有感到惊讶，虽然在秋天时，瑞亚的丈夫、佛罗里达州州长劳顿·柴尔斯和劳拉的小叔子杰布之间曾经有过相当激烈的竞争。“座位安排是有意还是无心，”劳拉·布什在回忆录中写道，“瑞亚和我都只能礼貌地交谈。”

米歇尔一直都不习惯政治交易的世界，朋友们说，她觉得很难不让一些事情往心里去。她坦承自己曾经有过很多不眠之夜，纠结人们到底是如何看到她的，虽然这些人她从来没见过，但是通过媒体对她的报道有了自己的看法。在《纽约客》(*The New Yorker*) 的一幅漫画里，她顶着爆炸式发型，穿着军靴，肩膀上扛着一挺卡拉什尼科夫冲锋枪的样子，和丈夫在椭圆形办公室里互相击拳庆祝。这幅漫画原本是为了说明他的批评者有多么荒唐，却伤到了她。她告诉《纽约时报》：“你有时候会惊讶于一些谎言到底有多深。”她对特斯基吉的学生说，最后，她不得不无视那些批评。“我意识到，如果我不想疯掉，不让别人来定义我，那我能做的事只有一件，那就是对上帝为我安排的计划充满信心。”

奥巴马曾经的私人助理雷吉·洛夫——被人称作奥巴马的“身边人”，对奥巴马夫妇而言，就像他们的第三个孩子——说，他认为，对于政治体制，总统是个不可救药的乐观派，但他妻子是个现实派。她说自己是维尼熊动画里的“屹耳”，而总统是“快乐先生”。自从奥巴马在 2004 年的民主党全国代表大会上发表了主旨演讲，一下子登上了全国的舞台之后，米歇尔便一直在试着降低他对自己可以纠正华盛顿一切不正之处的期待，不过，在 2007 年的竞选期间，她也解释说，“他身上有一种很特别的东西”。和希拉里·克林顿不一样，米歇尔拒绝别人拿她丈夫和肯尼迪总统，拿她的风格和杰姬·肯尼迪的风格做对比，虽然她是唯一可以撼动杰姬时尚偶像地位的人。“在我看来，卡米洛时期行不通，”米歇尔说道——卡米洛时期是杰姬对自己全家在白宫里的一千多天的浪漫化描述——“那是个童话故事，事实证明也并不完全是真的，因为没人能做到那种程度。我也不想那样活着。”

米歇尔在白宫里的懊恼，部分是因为她不得不放弃自己的职业生涯。“她不能起身离开，然后去欧洲或者芝加哥工作，”洛夫说，“某个地方有某件事对她真的很有吸引力，她是没法去做的。”此外，她也不善于掩饰自己的情绪。比如她给负责总统行程安排的阿丽莎·马斯特罗莫纳科发邮件时，说话一点儿都不拐弯抹角，搞得马斯特罗莫纳科不知道该怎么回应，后来不得不向同事征求意见。(在白宫里，员工收发邮件时，措辞通常会很委婉，因为他们知道，这些邮件有一天会公之于众。)

奥巴马总统知道妻子不开心。2013 年接受《时尚》杂志访问时，总统谈到了米歇尔，说他有些内疚。“她是个好妈妈，但确实，公平来说，米歇尔也得容忍”——他停顿了一下——“一种”——又顿了一下——“不是她为自己设想的生活。她要忍受我的很多东西。我的日程安排，我的压力。她在这方面做得很好。但是，以为我妻子在我走进家门时，会对我说，嘿，亲爱的，你今天怎么样呀？我给你按按肩吧，那就大错特错了。米歇尔想的并不是，我该怎么满足我丈夫的需要？”总统告诉《纽约时报》记者乔迪·坎特尔，他的员工“更担心第一夫人怎么想，而不是我怎么想”。洛夫对此也有同感。“他是自由世界的领袖，她是他的妻子。我觉得就算是自由世界的领袖，也得想办法让所有人都开心。”米歇尔是个有话直说的职场女性，是一个“有话不会掖着”的母亲，洛夫如是说。如果有人想要质疑她，她会简单地说:“我又不竞选什么。”一位不愿透露姓名的奥巴马政府官员说，她不会对别人批评丈夫的政策而感到生气，但会被个人攻击激怒。她还痛恨泄密，在丈夫的第一任期初期，有关内讧的消息被泄露之后，她想要有人出来解释清楚。“这到底是怎么发生的？”她想知道。“我们可以说华盛顿就是这个样子，”那位奥巴马官员说，“但她在言语中会有办法让你知道这不是借口。”

米歇尔对丈夫的政府里发生的事情一清二楚。奥巴马的一位幕僚说，他以前在一个不太高级别的职位上工作多年，后来他得到了一个高层职位，每天都有机会和总统接触后，觉得应该向第一夫人做个自我介绍。“哦，我知道你的。”她说，然后随口说了有关他的五件事。根据白宫前副新闻秘书比尔·波顿的说法，米歇尔会一边锻炼（每次九十分钟，每周五次），一边看 MSNBC 的《早安，乔》(*Morning Joe*)，还经常会和夫妇二人的密友、白宫顾问瓦莱丽·嘉瑞特聊天。“她消息很灵通，”伯顿说，“她是个信息消费者，知道发生了什么。”(经米歇尔介绍给奥巴马后，瓦莱丽在他的政治生涯中起到了至关重要的作用。)

在丈夫还是参议员时，她对于丢下女儿和自己的重要工作，飞到华盛顿和其他参议员夫人参加为时任第一夫人劳拉·布什举行的午宴这种事，考虑都不考虑。她现在仍然不喜欢做事毫无目的。成为第一夫人之后，她提出要求，她可以花四个小时参加年度国会俱乐部午宴——一项自1912年开始的传统，专为向第一夫人致敬——但作为交换，那些有钱有势的与会者要花一天时间做志愿工作。她告诉那些穿着莉莉·普利策服装的议员夫人："不管是去食物银行还是流浪者救助站，外面需要做的有很多。"在员工会上，顾问建议她参加某些活动时，她会问："但是为什么？我不想为了露面而露面。"她一直都对员工说得很明白，她不是希拉里·克林顿。她会嘲笑那种叫她以后竞选公职的建议，不喜欢促成医保改革的战斗和通过总统经济刺激计划的斗争。和希拉里不同的是，女权主义并不在米歇尔的个人认同感中占很大部分，她曾经说过，尽管她认同女权主义者的大部分议题，但她"对贴标签没那么感兴趣"，也不认为自己是个女权主义者。

对米歇尔而言，她所做的一切都是为了让丈夫个人更杰出，无关党派忠诚。在某种程度上，她和南希·里根很像。南希对认识其他共和党的第一夫人毫无兴趣，甚至就连老布什为里根担任副总统的八年时间里，和芭芭拉·布什的关系也一直都很坏。有时候，米歇尔的顾问会忘记她其实是更宏大传统的一部分。2013年，奥巴马夫妇在白宫举办了精神健康大会，但是在宾客名单上，却漏掉了曾在1980年推动精神健康法规的通过，并使之成为自己作为第一夫人的标志性议题的罗莎琳·卡特。"我特别生气。"卡特以前的一位助理说，他打电话给一位为奥巴马夫妇工作的朋友，把这个疏忽告诉了她。对方随即打电话给第一夫人的办公厅主任蒂娜·陈，结果她回答："老天爷，我忘了。"不过据卡特总统的助理说，罗莎琳并不相信他们的话，认为自己是故意被排除在外。在一次采访中，当被问及鉴于她在精神健康问题方面有过丰富的工作经验，那么希拉里·克林顿是否在起草医保法案时向她征询过意见，或者米歇尔·奥巴马抑或奥巴马总统在全面修订医保方案时有没有询问过她的看法，罗莎琳淡淡地回答道："两个问题的答案都是没有。"

刚搬到白宫时，奥巴马夫妇有些不知所措，花了很长一段时间才适应了一百人的员工队伍。就职典礼后的第二天，奥巴马总统来到东大厅，向员工做自我介绍。不过，白宫的花匠鲍勃·斯坎伦回忆说，总统和第一夫人在分别接见员工时，还是感到很惊讶。"他们没有意识到白宫需要这么多人来打理。那个时候，你无法完全明白你可能有两个水暖工、三个木匠，你会有花匠，会有八个勤杂工，因为他们要清理的不光是私人区域，而是从上到下都要清理。这些勤杂工里有一半的人除了死人区以外，要清理白宫的所有其他地方。"奥巴马夫妇前面的乔治和劳拉·布什搬进来时，十分清楚会有什么，所以他们很是享受重新和男仆、女佣以及其他那些亲切地将小布什的父亲乔治·赫伯特·沃克尔·布什唤作"布什老头子"的员工们在一起相处。

米歇尔·奥巴马周围有一个女性团队，替她和媒体打交道。所以，她的助理很容易去传统媒体，通过社交媒体和选择性的采访（通常是深夜电视节目）来掌控人们对她的印象。她同之前那些第一夫人的疏远，一直是让其中一些第一家庭恼火的源头。鲍勃·波斯托克曾在尼克松辞职之后为夫妇二人工作，后来又去了尼克松总统图书馆和博物馆，他得知图书馆的副馆长理查德·"桑迪"·奎恩去见了第一夫人的员工，商讨要把2012年春季游园会参观活动献给已故的帕特·尼克松，纪念她诞辰100周年时，兴奋坏了。1972年，帕特开创了每隔两年向公众开放一次白宫花园的传统。他建议道，可以举办一个简短的仪式，请朱莉·尼克松·艾森豪威尔和特蕾西亚·尼克松·考克斯及其子女来参加，并在宣传册上为尼克松夫人写一小段致辞。"或许还可以放一幅尼克松夫人在第一次春季游园会时的照片，"奎恩提出，"我敢肯定，如果你们以这种方式纪念尼克松夫人，她的女儿会非常感动。毕竟，她们是少数几个知道第一夫人和总统的家人到底付出有多大的人。”两个月后，他们接到了第一夫人的办公室副主任梅丽莎·温特尔的一条简短回复，她感谢了奎恩的建议，说奥巴马夫人“很荣幸能继续白宫游园会参观的传统”，但拒绝了举行仪式的主意。“我们的办公室没有把游园会献给谁的惯例，”她说，“不过我们很感谢你提出了如此周到的请求。”尼克松图书馆的员工感到他们完全被人打发了，非常失望。不过，米歇尔有没有看到奎恩的原始请求或者温特尔的回应，并不清楚。

希拉里·克林顿则恰恰相反，读了很多有关米歇尔不太感兴趣的那些前任第一夫人的书。她在参与医保方案的制订时，曾向贝蒂·福特寻求过建议，因为她曾不辞劳苦地为戒毒募集过大量资金。希拉里和副总统阿尔·戈尔的夫人蒂珀邀请贝蒂进行了面谈。在 1993 年 3 月 24 日的一封信中，她感谢了贝蒂的建议，并写道，她希望自己的医保计划能体现“对阻止药物滥用的新承诺”。

与希拉里关系最亲密的第一夫人是杰姬·肯尼迪，但是工作的压力有时候会引来意想不到的盟友。根据希拉里的白宫新闻秘书尼尔·拉提莫的说法，虽然希拉里和南希·里根没有什么共同之处，但她告诉员工，她认为批评南希花 20 万美元（私人捐助）为白宫买了一套新瓷器是不公平的。南希那种女王风范的第一夫人形象——她曾被媒体轻蔑地称作“女王南希”——被这次购置进一步放大（后来又爆出她在就职典礼服装上花了 2.5 万美元，单是一件晚装就价值 1 万美元，更是火上浇油）。但克林顿夫妇刚来到白宫时，希拉里要为国宴挑选瓷器，里根的那套是当时唯一完整、可用的瓷器。（南希对她购买新瓷器的决定毫无歉意：“我们没有足够的瓷器来操办国宴，所以我们就买了瓷器。看在老天的分儿上，白宫总得有瓷器吧。”）还是年轻律师时，希拉里曾在众议院司法委员会参与过尼克松总统的弹劾调查，并逐渐对尼克松的妻子默默承受的痛苦和她在面对每一天时表现出的勇敢产生了同情。克林顿一家入主白宫五个月之后，帕特·尼克松去世了，当时，某个员工说了一句不太好听的话，结果被希拉里顶了回去。“那不是真的，你要感激帕特·尼克松在这个白宫里所做的一切。”（不过，克林顿夫妇并没有参加帕特的葬礼。）作为第一夫人，帕特为盲人和残疾人安排了特殊的参观活动，好让盲人参观者可以抚摩某些家具，而且她还安排了白宫在晚间向公众开放，为工薪阶层提供了便利。

希拉里可以从帕特谦卑的童年和她在丈夫颜面尽失的辞职期间表现出的坚忍不拔中找到共鸣。在 1979 年的一次采访中，希拉里明确表示，她非常同情政治家的配偶，说：“我认为，与政治家结婚的人，面临着巨大的压力，因为除非你有一种强大的自我认同感，不然你会很容易被你丈夫周围的人左右。那些给他建议的人，想要他帮忙的人，想和他、为他、对他做事的人，而且在很多时候，这些人不喜欢政治家的妻子或家庭成员在一旁，因为这会挤占他们的时间。”

希拉里的朋友、前撰稿人丽莎·马斯卡廷说，希拉里坚信，无论是在工作上还是和家人在一起，妇女都应当有为自己的生活做出正确选择的自由。“她对第一夫人的角色也是同样的看法，第一夫人各不相同，有不同的需求和兴趣，也有不同的经历。她们只是需要自由，让她们做出对她们而言可行、对她们的丈夫和总统职位而言也可行的决定，”她补充说，“这不是一个定义明确的工作，所以，就让人以各自需要的方式去定义就好。”2000 年大选后，希拉里建议劳拉·布什，不要让她新角色的责任干扰她的决策。希拉里曾婉拒了杰姬·肯尼迪邀请她和切尔西去纽约看芭蕾舞，因为她说自己太忙。这件事让她一直很遗憾，因为杰姬在几个月后便去世了。

希拉里按照惯例带劳拉参观官邸时，两人来到第一夫人的更衣室后，希拉里说：“你婆婆曾经站在这里告诉我，你可以从这个窗户直接看到玫瑰园和椭圆形办公室。”八年后，当米歇尔·奥巴马第一次来白宫参观时，劳拉也把她带到了同一个地点，在那里，曾有许多第一夫人悄悄地在阴影中，望向正在工作的丈夫。

令人惊讶的是，比起希拉里，米歇尔和劳拉的关系要更亲近。尽管她们分属不同政党，但劳拉和米歇尔在性格上有相似之处。在2008年的总统竞选中，米歇尔因为在密尔沃基发表演讲时的一句话而备受批评指责。“我成人以来，”她说，“第一次为我的国家感到骄傲，因为她让人觉得希望终于又回来了。”虽然她原本没有打算这么说，但这句话却成了她在竞选期间被谈论最多的一句引言。四个月后，劳拉·布什在接受采访时，捍卫了米歇尔。当时，她刚刚在阿富汗慰问那里的美军，然后连夜坐飞机去了斯洛文尼亚，和前总统布什参加一个年度峰会。到达斯洛文尼亚后，她和她的助手休息了几个小时，洗了个澡之后，接受了美国广播公司新闻台的乔恩·卡尔的采访。劳拉没有预料到几个月之后还会被问到米歇尔说的那段话，但她马上就替她做了辩护。“我觉得，她很可能是想说‘更自豪’，这才是她真正的意思，”她同情地说，“你说什么话时，必须要小心谨慎。我很了解这一点，这是竞选总统期间和做总统的配偶时真正困难的部分之一，换句话来说就是，你说的一切都会被人拿来解读，而且在很多情况下，还会被误解。”

一个星期后，米歇尔在接受采访时表示，劳拉的话让她很“感动”。“人们喜欢她是有理由的，”她说，“因为她……不怎么……你知道吧，火上浇油。”劳拉已经习惯了总统政治那个混乱吵闹的世界，她回忆说，四年前，当时的总统候选人约翰·克里的妻子特蕾莎·海因兹·克里曾对一家报纸说，她都不知道劳拉·布什这辈子有没有做过“一份真正的工作”——忘了劳拉曾在1968年到1977年担任过得克萨斯州一些公立学校的图书管理员。米歇尔和劳拉之间的关系显然很和睦，比如2015年9月，在一次促进妇女权利的会议上，她们就曾互相赞扬过对方。“我认为，看到美国分属不同政党的女性可以就这么多问题能达成一致意见，对于全世界而言，也是一个很好的榜样。”劳拉说，“我们国内目前正在进行一项政治活动，大家都知道，总统竞选，你看电视时，会觉得美国的每个人都和其他人意见不同，但事实上，我们美国人意见一致的事情要比意见相左的更多。”米歇尔补充道：“有劳拉这样的人和她的团队协助，我向这个办公室的过渡容易了很多……不仅仅是劳拉和我，不仅仅是布什总统和奥巴马总统，我们的工作人员也一样。我的办公厅主任仍然定期会和劳拉的办公厅主任沟通，正是这种分享，免去了我们重新发明轮子的必要，允许我们能够在那些已经行之有效的事情上继往开来，使得国家能在我们从一个政党过渡到另一个时继续获益。”

米歇尔的第一任办公厅主任杰姬·诺里斯表示，她“永远不会忘记第一夫人之间和第一夫人的团队成员之间那种强大的同志情谊和忠诚态度”。奥巴马总统当选后，诺里斯曾和劳拉的东翼团队，包括办公厅主任阿妮塔·麦克布莱德，在劳拉·布什的办公室坐下来聊过。米歇尔的工作人员相当于获得了一张蓝图，因为劳拉的工作人员跟他们讲了自己在这一路上曾犯过什么失误，哪个派对和午宴重要，哪些可以放心缺席。“他们想做的，是完全抛开政治不谈，帮助我们取得成功，帮助米歇尔·奥巴马做一位成功的第一夫人。他们都对她的角色会有多么艰难有着独一无二的了解。”希拉里·克林顿的前办公厅主任梅兰妮·维维尔在一家专门从事全球妇女权利的非营利组织工作时，曾领着一群阿富汗妇女去会见劳拉·布什。会后，劳拉送她们从外交接待厅出去。但维维尔落在她们后面，正在和劳拉的办公厅主任说话。劳拉走到她们身边后，维维尔意识到自己也得走了，便说道：“啊，对不起，但我们属于一个小俱乐部。”劳拉笑着回答：“我完全理解，我也属于一个小俱乐部。”

1971年2月一个安静的日子里，帕特·尼克松把她的办公厅主任兼新闻秘书康妮·斯图尔特拉到一旁，低声说："杰姬要来。还没人知道，我只会告诉几个人，她明天要来。"帕特邀请了杰姬和她的孩子卡洛琳、约翰-约翰来白宫访问，参加阿伦·席克乐为肯尼迪总统和前第一夫人所绘的肖像揭幕仪式。传统上，每个第一家庭都要出席这样的揭幕仪式，但自从她丈夫被暗杀之后，杰姬还没有回过白宫。之前帕特邀请她回白宫时，她曾告诉帕特，她自己还没准备好，但她知道"时间会让事情变得容易起来，到那天，当他们再长大一点儿，我再老一点儿之后，我肯定会带卡洛琳和约翰回到他们曾与父亲生活过的地方"。暗杀后不久，她便离开白宫，搬到了纽约，所以，她对自己虽然仍在白宫保护委员会任职，却从没参加过会议感到十分内疚。肯尼迪总统遇刺一年之后，她告诉一位请求采访她的记者："我还在哀悼。"1964年4月13日，暗杀过去还不到五个月的时候，杰姬的前社交秘书和终生密友南希·塔克曼给她发了一份备忘录，问她想不想看海军在她丈夫葬礼上拍摄的片子。"我可以等等吗？"杰姬在字条的下方写道。杰姬在生活中经历了太多的痛苦，帕特·尼克松十分理解，告诉她，自己知道为肖像公开揭幕肯定会太过伤感。帕特答应，活动到时候绝对会很私密。

尼克松夫妇和肯尼迪夫妇已经相识多年——当年理查德·尼克松还是德怀特·艾森豪威尔的副总统，约翰·肯尼迪还是参议员时，这两个男人的办公室就在各自对面。肯尼迪夫妇1953年举办婚礼时，还邀请过尼克松夫妇参加（不过他们没有去）。帕特写信说肖像已经准备好悬挂在白宫里之后，杰姬一定对收到由塔克曼亲手送来的信件感到很惊讶。杰姬会来，但是她有条件。"虽然和他们的父亲有关，但我真的没有勇气在这种令人不快的情况下参加官方仪式，把孩子们带回到他们曾经唯一熟悉的家中。"她想把新闻界挡在"他们渺小的生活"之外，但是说她可以考虑私人参观这个想法。帕特立即让塔克曼打电话给杰姬安排时间。一周之后，杰姬回到了这所她曾悉心整修过，并且和丈夫度过了很多幸福时光的家中。

哪怕杰姬隐隐有新闻界会知道她来访的感觉，那她也肯定不会去。(退伍军人联合通讯社的国际白宫记者海伦·托马斯不知怎么知道了这次访问，威胁要写一篇报道，但得到承诺，如果她答应不张扬出去，可以和帕特做一个独家专访。) 在这个顶级秘密会议期间，白宫被全面封锁。那条连接东西翼、通常人来人往的走廊上空无一人。大多数官邸员工都不知道谁要来，因为总统和第一夫人的日程安排上都没有写。就连他们的社交秘书露西·温切斯特也不知道发生了什么。只有四名工作人员被告知了访问，而且他们还不得不发誓会绝对保密。

1971 年 2 月 3 日，尼克松夫妇派了一架飞机，去纽约把杰姬、10 岁的约翰 - 约翰和 13 岁的卡洛琳接到了华盛顿。尼克松在外交接待厅私下接待了肯尼迪一家，而知道白宫复原工作对杰姬意义有多重要的帕特，则带着她去看了自己给房子增添的一盏英国摄政时期风格的枝形吊灯。尼克松的两个女儿——24 岁的特蕾西亚和 22 岁的朱莉——带着穿校服的卡洛琳，以及约翰 - 约翰去了阳光浴室（这里曾经是卡洛琳的幼儿园)，欣赏国家广场的全景。然后，尼克松的女儿们站在椭圆形办公室外面的走廊里，让肯尼迪姐弟俩独自在里面待了一会儿。这里是他们的父亲曾经工作过无数个小时的地方，而两岁的约翰 - 约翰从他父亲的办公桌下面探出头来的那张照片，已成为肯尼迪白宫时期最具标志性的照片之一。他们来到十字大厅里悬挂的肯尼迪总统肖像前，杰姬没多说什么，只是感谢了帕特把它挂在如此显著的位置。尼克松的女儿们很担心带着卡洛琳和约翰 - 约翰去看了肖像，直到肯尼迪的孩子告诉母亲他们很喜欢时，两个人才松了一口气。然后，特蕾西亚和朱莉牵着三条狗，包括尼克松家那条备受喜爱的两岁爱尔兰长毛猎犬蒂马霍王，继续带肯尼迪一家参观。

两个家庭一起在二楼的家庭餐厅吃了晚饭，尼克松总统也在。穿着优雅的长袖黑色连衣裙的杰姬告诉帕特，每一个家庭都应该在白宫留下自己的印记，并赞扬她在国事厅里新添了很多古董。(在后来的一封信中，她告诉帕特:“我还从来没见白宫看起来如此完美过。”) 但当杰姬沉思着说“我总是生活在一个梦幻世界里”时，场面一度有些尴尬，好在这时，约翰-约翰把牛奶洒了，才让气氛一下子轻松起来。访问后的第二天，他用幼稚的笔迹，给尼克松写了一封可爱到让人心疼的信，信笺右下角还有大写的 JOHN KENNEDY 组成的图案。“我永远都会非常感谢您带我们参观白宫。我真的非常喜欢白宫里的一切，”他写道，“你能带我们到处看，真是太好了。我觉得自己已经记不起很多关于白宫的事了，但再次看到它真是太好了。”他说，坐在他父亲睡过的林肯床上时，他许了一个愿，那就是他一定会好好学习。“我很爱很爱那些狗，它们太好玩了。一回到家，我的狗就一直在我身上嗅来嗅去，或许它们也记得白宫的味道呢。”在信的最后，他写道，他从来“没有尝过任何比蛋奶酥更好吃的东西”。

卡洛琳在一张大粉红色的纸上写下了她的感谢信，信的右下角是署了她名字的小写字母组合图案:“可能除了巧克力外，您的瑞士厨师是瑞士制造出来的最好的东西。”她父亲遇害时，她还差五天就满六岁了，所以对于白宫，她比弟弟记得的要稍微多一点。她说:“能再看到它真是太好了。”她感谢了朱莉和特蕾西亚，说她们对她很好。而且，她在信中还没忘记感谢男仆尤金·艾伦和查尔斯·费科林。多年之后，成年的卡洛琳回想起那天的晚餐时，说这次访问让她母亲开始敞开心扉，与她分享了更多的白宫回忆。“我觉得为她非常感激尼克松夫人的周到，家庭价值观和对政治、爱国主义的奉献，超越了任何问题上或党派之间的分歧。在白宫里生活过之后，你会学到的事情之一就是，这些共同经历确实存在，我们的共同之处，要远远大于我们的分歧。”

杰姬打电话给婆婆露丝·肯尼迪，细细讲述了当晚发生的事情后，露丝给帕特写了一封感人至深的信。“对他们来说，那天本来有可能是最难过的，所以您对她（杰姬）和我孙子、孙女的热忱欢迎，让我深受感动……亲爱的尼克松夫人，您为我最亲近、最亲爱的人带来了快乐，我从心里感谢您。”

最动人的信来自杰姬本人，她用她那标志性的细长字体在天蓝色的信笺上写道：“现在我的孩子还小，仍然能回忆起他们的童年，所以，您能想象您让我们私下回到白宫，是一份什么样的礼物吗？”她写道，“我一直都害怕的一天，竟然成了我和我的孩子们在一起最珍贵的一天。愿上帝保佑您的家人。不胜感激的杰姬。”

肯尼迪总统遇刺之后，约翰逊政府的过渡很艰难，也很伤感。约翰逊夫人曾多次邀请杰姬回白宫坐坐，但都被她礼貌地拒绝了。约翰逊总统和杰姬在肯尼迪总统被刺杀后几天内的通话，表明他非常希望杰姬搬出白宫之后不要住太远。因为她在丈夫葬礼上那种沉静、安详的仪态，让她的受欢迎率达到了神话般的高度，对于约翰逊一家来说，即便是她在表面上支持他们，也很重要。在电话中，约翰逊告诉她，他非常爱她，她给了他巨大的“力量”，几乎央求她来看他们。1963 年圣诞节时，约翰逊总统甚至无耻地允许四名记者旁听了他给她打电话，想要展示出他们有多亲近。但杰姬不为所动。1965 年，约翰逊夫人以杰姬的名字重新命名了典雅的东花园——花园中满是黄杨树，修建了造型的树、薰衣草和迷迭香——但怎么都没法请她回白宫来。杰姬请她母亲珍妮特·李·布维尔·奥金克洛斯代她参加了杰奎琳·肯尼迪花园的更名仪式。杰姬后来回忆说：“我又是写信，又是打电话，跟她（约翰逊夫人）解释，那对我来说真的很难，我真的永远不想再回去。”

杰姬和约翰逊夫人被那场刺杀永远地绑在了一起。约翰逊夫人眼前同样会浮现那天的情景，并且说起杰姬时，还经常称她为“那个可怜的姑娘”。1963 年底时，有关林登·约翰逊有可能被民主党从 1964 年的候选人名单中剔除的传言开始到处飞，所以，约翰逊夫人提前一个星期回了得克萨斯，为肯尼迪一家按计划访问完达拉斯之后，来约翰逊一家位于奥斯丁附近的农场做客做准备。她为总统准备了他最喜欢的百龄坛威士忌，还有香槟（加冰威士忌是杰姬的最爱）、塞勒姆牌和 L&M 牌香烟（杰姬爱抽）。她甚至还准备了厚绒毛巾，因为她听说第一夫人不喜欢亚麻的。考虑到总统的背不好，约翰逊夫人买了一张和他在白宫那张马毛床垫一模一样的床垫，以及一匹田纳西走马，以便杰姬想骑的时候可以骑。山核桃派在厨房凉凉时传出的香味，在空气中四处弥漫，来自陆军通信兵的技术员则在忙着为总统安装保密电话线路。约翰逊夫人提醒大家，要让肯尼迪一家走正门进来，不要走厨房的门。

把其他准备工作交给约翰逊的社交秘书贝丝·阿贝尔之后，约翰逊夫人去了达拉斯，为丈夫竞选拉票。阿贝尔回忆说，她和一个特工在外面聊了聊他们会为肯尼迪一家安排的娱乐活动，其中包括一个男人会用一把枪、一条鞭子和一根套绳表演个小节目。但突然间，有人一路跑下来，跑到河边说，总统遭到了枪击。“大家都吓坏了，”她说，“我们都想知道自己能做什么。”一直在等总统到来的特工们围在厨房的电视旁边，惊慌失措的阿贝尔打电话给丈夫泰勒（他后来成为约翰逊的礼宾长）。他告诉她：“贝丝，你得打起精神来，不要慌张。你是管事儿的人，现在去做事。”

致命的子弹打出去时，约翰逊夫人和丈夫所坐的车跟在总统的轿车后面，中间只隔了两辆车。随后，在“空军一号”上的行政套房中，她尽责地站在他身边，看着他宣誓就任总统。贝丝·阿贝尔直到第二天去约翰逊在华盛顿的家“榆树庄园”时才再次见到她。约翰逊夫人正坐在门厅旁的一间小屋里。由于这间屋子很隐蔽，所以很受她的钟爱。约翰逊夫人紧紧拥抱住她的朋友。“哦，贝丝，你都经历了什么？”她说道。现在回想起来，贝丝会心地笑了笑——这个女人亲眼见证了达拉斯的惨剧，可她却在担心别人。“她总是在为别人着想。她在克制自己，在向前看。”

在丈夫死后，杰姬写信给林登·约翰逊，回忆了他们一起度过的美好时光。“我们都是朋友，我们四个人。您作为朋友，为我做了很多事，我们有过很多快乐的时光。早在提名以前，我就总是想，小瓢虫应该做第一夫人——但在我这里没必要告诉您我对她的品质有什么看法——她性格无比仁慈，她愿意背负所有重担。她替我背了很多，我很爱她。”在信的最后，杰姬悲伤但其实毫无必要地道歉说：“您第一天去办公室的时候，听到课间休息时孩子们在草坪上玩耍，肯定会影响到你。”她指的是卡洛琳的幼儿园，就在白宫的阳光浴室里。“您允许他们继续上课，只是您本性善良的又一个例子——我向您保证，他们很快就会离开。”

约翰逊总统去世后，杰姬打电话去慰唁约翰逊夫人。毕竟，在她人生最艰难的那段时光中，约翰逊夫人曾经陪伴在她身边。“有些日子里，情绪很满，但在一定程度上，仍然与那种深切的悲恸有一种隔绝感，不过我敢肯定，最后肯定会来。”约翰逊在心中感谢了杰姬打来电话，“你应该最了解随后接踵而来的各种责任了。”20 世纪 90 年代，杰姬和约翰逊夫人在玛莎葡萄园度假时，会时不时见个面。约翰逊夫人很喜欢杰姬在岛上的房子，作为一个自然爱好者，她告诉杰姬：“它在这岛上看起来和周围的一切‘天衣无缝’，好像它自己就是从岛上长出来的一样。”听闻杰姬罹患癌症的消息之后，她万分难过，所以想尽办法让这个和她一起经历过很多的女人振作起来。“一定要记住，你有一大群朋友——认识的，不认识的——都非常关心你。”

杰姬和约翰逊夫人之间的信件，展示了约翰逊夫人对她的前任一生都充满了同情，以及她所谓的那种笼罩在肯尼迪家族之上的“悲痛阴影”。约翰逊夫人写给卡洛琳·肯尼迪的两封惊人信件——一封写于1994年杰姬去世后一周，另一封写于1999年小约翰去世后——显示了她对肯尼迪一家的感情有多深，以及他们之间那种长久的纽带。三十年前，肯尼迪总统死后，约翰逊夫人曾为卡洛琳潸然落泪，当她去纽约公园大道上的圣依纳爵·罗耀拉教堂参加杰姬的葬礼时，再次为卡洛琳流下了眼泪。“看着人们的一张张脸时——街上的每张脸上都写满了沉重——我深深感觉到了他们的悲痛。”她在信中这样告诉卡洛琳，并且回忆了在她去世之前，8月的时候，她和杰姬曾在玛莎葡萄园的家里吃过一顿午饭，“她看起来很开心，很满足，我也将会一直把这样的她保留在我的记忆中——充满了活力，心境安详，很有理由为她美好的家庭感到自豪。”五年之后，在约翰驾驶的飞机坠入大西洋，导致他和同机的妻子卡洛琳·贝赛特-肯尼迪以及她妹妹劳伦·贝赛特一同遇难后，约翰逊夫人再次写信给卡洛琳。这场悲剧，约翰逊夫人写道：“笼罩着这些漫长的日子，一想到你的家庭所承受的全部痛苦，我便尤其痛苦。”对于约翰逊夫人来说，谈起这个她只是在对方还是个贪玩的两岁小男孩时最熟悉的男人，一定有种不真实感。“只言片语无法抹去或者减轻压在你身上的重担——虽然我非常希望它们可以，”她告诉卡洛琳，“当然，你对约翰的爱和自豪，一定会让你更坚强，就像我们一样。他是整个国家的孩子，广受钦佩、尊敬——他那大有出息的人生，结束得太早了。”

总统和第一夫人们，不管是否在职，都对肯尼迪家族这两位经历了太多的孩子有种保护欲。1996年，小约翰·肯尼迪——此时他已是一家主流政治杂志《乔治》(*George*)的主编，并且被《人物》评为“年度最性感男士”——在圣地亚哥参加共和党代表大会时，为他的杂志采访了杰拉尔德·福特。采访结束后，福特——众所周知，他是所有现代卸任总统中最和善、最亲切的一位——告诉他："约翰，我对你父亲还算了解。他有什么事是你想知道的吗？"当时也在场的苏珊·福特回忆说，他父亲和约翰私下聊了一会儿，但从来没有告诉她肯尼迪向他询问了些什么。"他觉得这无论如何都是他和约翰之间的事。"

劳拉和芭芭拉·布什都说，得克萨斯州老乡小瓢虫·约翰逊，是她们最喜欢的第一夫人。当然，是除对方之外。布什一家和约翰逊一家有着同样的政治野心，因而多年以来，建立起了一种令人惊讶的牢固关系。20 世纪 50 年代，党派纷争吞没华盛顿之前，林登·约翰逊和老布什总统的父亲普雷斯科特·布什曾经同在参议院当职。身为民主党人的约翰逊告诉身为共和党人的老布什，他非常敬重他父亲，布什回答，听到这话从一个忠实的民主党人口中说出来，他很高兴。"您父亲和我都不喜欢只被视为共和党人或者民主党人，我们更愿意被唤作优秀的美国人！"约翰逊如此回答。老布什是第一位代表休斯敦地区的共和党国会议员，并且给约翰逊的 1968 年民权法案投了赞成票，虽然这让他失去了政治支持。在约翰逊的共和党继任者理查德·尼克松的就职庆祝活动上，布什还提前离开，为即将前往安德鲁空军基地的约翰逊夫妇送行，这份善意的举动，约翰逊夫人一直都记着。约翰逊一家离开华盛顿之后，芭芭拉和老布什还曾到他们家的得克萨斯农场做客。喜欢开快车的约翰逊，带着布什夫妇在他那块面积达 1.3 平方千米的农场上（约翰逊夫人称之为"自家版的塞伦盖蒂平原"）狂飙了一遭，还给年轻的共和党国会议员提了些建议。这次旅行给了未来的第一夫人芭芭拉和曾经的第一夫人小瓢虫培养关系的机会。在 1998 年写给约翰逊夫人的一封信中，芭芭拉概括了两家人不分党派的友谊："布什家的所有人都爱约翰逊家的人。"

芭芭拉的儿媳妇劳拉担任第一夫人时，约翰逊夫人曾经回过白宫一次。两人其实在1973年就见过面了，但约翰逊夫人早就不记得了。当时，劳拉和成千上万的人一起去林登·约翰逊的总统图书馆悼念他——因为他盖着国旗的灵柩正停在这里供人瞻仰。约翰逊夫人和女儿琳达、露西站在图书馆的门口，与前来悼念的人一一握手，那时还是学生的劳拉，就是悼念者之一。去白宫拜访劳拉时，约翰逊夫人已经年届九十，且刚刚中过风，已经不能说话，并且需要轮椅代步。当她的车停在白宫的南门廊前面，曾在约翰逊夫妇住在这里时担任过领班的门卫威尔逊·杰曼去欢迎她的时候，两人制造了一个令人难忘的时刻。“他和我站在门口，”劳拉·布什后来告诉约翰逊夫人的女儿们，“他几乎是跌进了你母亲的怀抱里。”随后，劳拉·布什带着约翰逊夫人去看她丈夫的官方画像，她丈夫早在几十年前就已去世，可这位曾经的第一夫人看到画像后，还是充满爱意地朝着他的脸举起了双臂。显然，虽然阴阳相隔这么多年，但她还是非常爱他。

杰奎琳·肯尼迪对希拉里·克林顿的欣赏，让她的好朋友、历史学家小亚瑟·施莱辛格颇为惊讶。在他自己见到希拉里之前，他曾对杰姬说，他敢肯定她是个“没有幽默感的人”。杰姬立即纠正他，告诉他:“你错得不能再错了。”

一直以来，别的总统都无法和杰姬建立起一种真正融洽的关系。但在1993年8月克林顿夫妇去玛莎葡萄园做客之后，杰姬又为他们举办了两场私人晚宴，宾客的名单中包括著名作家威廉·斯泰伦和戴维·麦卡洛以及前国务卿亨利·基辛格。他还为希拉里组织过一场午宴，并且在1992年新罕布什尔州的初选前，与儿子约翰－约翰向克林顿的竞选捐助了最大限额的金钱。人们很爱谈论克林顿总统对肯尼迪总统的崇拜，但很少有人知道希拉里·克林顿和杰奎琳·肯尼迪之间结成的强大友谊。

希拉里曾问过杰姬，她是怎么在公众的注视之下，把两个孩子培养成了出色的成年人。“那次会面非常受珍视。”梅兰妮·维维尔在她位于乔治城的宅邸后面的一间小办公室里接受采访时如此说道。维维尔是希拉里担任第一夫人时的办公厅主任，她知道这类谈话对两位女性到底有多重要。“其他人无法感同身受，毕竟，有过这种生活的女性屈指可数……不论她们之间到底有何分歧，对于她们扮演的角色，这些女性之间都有一种长久的理解。”

杰姬总是努力让她的子女——约翰-约翰是20世纪中在白宫生活过的年纪最小的孩子——总是礼貌待人。她坚持让他们称呼门卫普雷斯顿·布鲁斯这位如同家人一般的非洲裔美国人为“布鲁斯先生”，不让他们直呼其名。“她不让他们叫他‘布鲁斯’。”曾在重新装饰白宫期间为杰姬工作过的白宫藏品总监吉姆·凯彻姆说。这么做完全是为了尊敬白宫和里面的员工。“如果你允许的话，”杰姬告诉希拉里，“白宫的员工会为这些孩子做任何事。他们想尽办法对他们好，宠坏他们。”她补充说，“你得坚决一些，要保证他们尽可能过正常的生活。”

有一次，切尔西邀请了西德威尔友谊高中（非常昂贵的私立学校）的一些同学来白宫的小型剧院看电影。维维尔回忆说：“孩子们把剧院里搞得乱七八糟，到处都是爆米花。”希拉里见状，火冒三丈，并告诉她们：“把每颗爆米花都清理干净，不然谁都别离开剧院。”克林顿夫妇和媒体，确实都努力给予了切尔西私人空间。“你是一个妈妈，现在认识了另一个妈妈，”维维尔说，“而这个女人的丈夫遭到刺杀，经历了最深的痛苦，这些你都要背负在身上。”杰姬认为，很多第一夫人的个人认同感，都与她们的丈夫有关，因此，她非常尊重希拉里为自己打造出的形象。杰姬自己也曾小心翼翼地做过同样的事，甚至还练习过书法，好让它独特一些。

1994年5月19日，在乘船游览玛莎葡萄园不到一年之后，杰姬去世。得知她的死讯，克林顿一家非常悲痛，尤其是希拉里。在杰姬去世前的那些日子里，两人经常打电话，克林顿夫妇还会经常收到关于她身体状况的报告。杰姬罹患癌症后，夫妇二人在白宫东边的杰奎琳·肯尼迪花园向新闻界发表了讲话。

“她对我妻子、我女儿，对我们一家人都非常好。”总统说完后，退到话筒一边，这时记者们开始争先恐后地提问，但被他打断了，“我想让希拉里先说几句话。谢谢。”

和丈夫的镇定从容不同，向来自我控制力很强的希拉里已经快哭出来了。“对我个人而言，从1992年夏天和她交流开始，她就给予我很大支持，我们聊过身在这个位置的挑战和机遇，聊过她是如何为孩子们很好地创造了他们要成长为各自有权利长成的那种人所需要的空间和隐私。对我来说，她永远都不只是一位伟大的第一夫人，更是一位伟大的女性和朋友，”她的声音开始哽咽，“我们都会非常想念她。”

希拉里参加了在纽约为杰奎琳举行的葬礼弥撒，然后又和肯尼迪家族的成员以及杰姬的密友一起飞回华盛顿，参加了在阿灵顿国家公墓举行的遗体下葬仪式。杰姬被安葬在肯尼迪总统、他们早产的儿子帕特里克——出生后不久便夭折了——以及他们流产的女儿阿拉贝拉旁边。两个星期后，小约翰·肯尼迪亲笔写信给克林顿夫妇，讲述了他们的友谊对他母亲有多大意义：“自她离开华盛顿之后，我觉得她一直都在情感上抗拒，不想和它再有任何牵连——也抗拒着社会对前第一夫人的要求。这主要与由此激起的回忆和她拒绝被一辈子置于一个不太合适的角色中的渴望有关。但是，她似乎非常高兴，也很放心地让自己通过你们来和它重新产生联系。”

希拉里尽管崇拜杰姬，但她并没有像杰姬那样接受了第一女主人的角色，而且也不如她那么干练，会在一些微小的细节上，比如该上什么样的香槟，给员工们留下详细的指示。希拉里从来都未忘记自己的中产阶级出身。一天晚上，克林顿夫妇的朋友和影响力巨大的盟友弗农·乔丹，跑到白宫二楼的西客厅，说:“希拉里，红酒我拿来了。”她看了看酒瓶上的标价，800 美元。“哎呀，这个你可不能拿。”她接过红酒，又放了回去。但希拉里的老朋友玛丽·安·坎贝尔记得她搬进白宫之后，变了很多。坎贝尔天真地以为她可以随便来见希拉里。“她的某个助理说来某扇某扇门这儿，她（希拉里）在外交接待厅见了我。我们坐到两张古董椅子上，一位摄影师进来后，给我们拍了张照片。”走进那间接待厅之后，坎贝尔才彻底了解了希拉里的变化。“我这辈子第一次有种见到大明星的感觉，什么话都说不出来了。”但摄影师和希拉里的助理一走出接待厅，第一夫人便神神秘秘地凑到她身边，问起了她们在阿肯色州的朋友、当地的八卦以及谁离婚了。

1981 年，肯尼迪总统的母亲露丝在儿子约翰去世后，第一次访问了白宫，而杰奎琳·肯尼迪和南希·里根之间则由此建立起了一段出人意料的友谊。里根夫妇和露丝相处得非常愉快，随后在 1985 年，他们去参议员泰德·肯尼迪位于弗吉尼亚州麦克莱恩市的家中举办的一场筹款活动，协助为肯尼迪总统图书馆募集资金。“他是位爱国者，从一个完全满足的国家心中唤出了爱国主义，”在那个夏夜里，里根对这一屋子有钱的捐款人说，“这倒不是说他竞选总统的时候我支持了他，因为我没有。我是另一个竞选人。但你们知道我说的是真话: 战斗结束，尘埃落定之后，你才能看到敌方将军的英雄气概。”里根夫妇尽力问候了肯尼迪家族的每一位成员，而里根讲完话后，杰姬找到里根，对他说:“杰克确实是这样的人。”第二天早上，泰德·肯尼迪写了一封感谢信给总统:“您能到场，就是对我哥哥最大的称颂……在您有力、优雅的领导下，全国都发展得很好，总统先生。”

2009 年，泰德·肯尼迪去世，第二天，南希·里根在 MSNBC 的

节目 *Hardball*[1] 中接受了克里斯·马修斯的采访。“我们的关系很近，”她这样评价肯尼迪一家，“谁是共和党人，谁是民主党人，对罗尼和泰德来说都不重要。”杰姬也不在乎南希是共和党还是民主党，而是对她有一种真真正正的敬意。而南希则对杰姬的伤痛感同身受，因为她自己的丈夫曾差点儿被刺杀身亡。但杰姬最欣赏南希的地方，是她对时尚以及邀请艾拉·菲茨杰拉德和弗兰克·辛纳屈这类偶像去白宫表演的兴趣。“她（杰姬）在政治上与他们有分歧，但对于南希，她却很欣赏她让白宫重新焕发光彩所做的努力，因为白宫是人民的白宫。”肯尼迪家族的朋友、杰姬的个人助理普罗维登西亚·普雷迪斯的儿子古斯塔沃·普雷迪斯这样说道。

就像二十多年前杰姬的反应一样，南希第一次看到白宫里面时，也大为惊讶。她说：“看起来太糟糕了，木质地板啊，绘画啊，一切都得重新收拾一下，才能让它恢复本应有的模样。”南希为重新装饰白宫筹集了 80 万美元的私人捐款，而其中的大部分都被用到了二楼居住区的翻新上。南希知道她的花费会被如何看待，在回忆录中，她坦率地写道，她“毫不费力”在所有的第一夫人中“赢得了最不受欢迎大赛的第一名”。里根夫妇的儿子罗恩听说杰姬很欣赏他母亲的时尚感之后，非常欣慰。“我知道我母亲很佩服杰姬·肯尼迪，因为她重塑了第一夫人的形象。她是第一位光彩照人的第一夫人，我母亲对这一点非常有兴趣。”

尽管杰姬的政治倾向与卡特夫妇更接近，但她非常厌恶他们那种平民气息。罗莎琳·卡特很清楚杰姬对他们的看法：“人们对南方人有种偏见……你只能一次又一次地不断证明自己。你做什么不重要……人们认为我不够老练还是咋的。但是，说实话，谁想老练啊？！”在一次访问中，她提到了《华盛顿邮报》上刊登过的一幅漫画：她和家

1　微软全国广播公司（MSNBC）的一档节目——《硬球》。

人被画成了牙齿间咬着草、头上戴着草帽的形象。被问及她有没有在白宫里为她和女儿艾米缝制衣服时——可能是因为人们批评她像个乡巴佬——她的回答听起来很恼火。她说，“自从吉米参加海军以后”，她就没有给自己做过衣服了。杰姬在重新装饰白宫时，曾得到了世界闻名的室内装潢师、社交名媛亨利·帕里什二世的夫人（被称为帕里什小妹）和杜邦家族遗产继承人亨利·弗朗西斯·杜邦的帮助，但卡特夫妇明显就没这么老练了。他们对白宫进行的唯一改造，就是用罗莎琳祖父的农场谷仓拆下来的木板，镶嵌了白宫三楼的一堵墙。

第一夫人之间的私人通信，为我们深入了解她们的真正关系提供了一扇有趣的窗户。有的信是走过场的感谢信（比如约翰逊夫人曾写信感谢罗莎琳·卡特邀请她参加白宫晚宴，并在信中提到了桌布“绿色的格子图案和粉色的玫瑰花，还有老式花篮里装着玫瑰花的桌上装饰品很好看”），还有圣诞贺卡和小礼物（约翰逊夫人的得克萨斯山核桃果仁糖、帕特·尼克松的小摆件、福特夫妇的扁桃仁太妃糖）。有一年，芭芭拉·布什收到了每年都会收到的得克萨斯果仁糖之后，写信给约翰逊夫人，语气中充满了她惯常的那种幽默自嘲：“只有在白宫里生活过的人才知道，虽然这里有着世界上最棒的事物，但楼上厨房的储物柜里总是空空如也。对于一个常年打减肥战但从没赢过的人来说，这其实挺不错的。”有些信也很感人，比如在尼克松总统辞职后，比如在“9·11”事件后，或者是南希·里根在照顾丈夫，要应对阿尔茨海默病带来的毁灭性后果时，相关的通信中表达的就是慰问与支持。

第一夫人都对丈夫有着矢志不渝的忠诚感，而这其中最甚者，恐怕要数南希·里根对罗纳德·里根的一片忠心。在1975年的一次访问中，她告诉迈克·华莱士：“我的工作就是做罗纳德·里根夫人。”她从来都没有把自己看成一个独立自主的人吗？“不，从来没有。我一直都是南希·里根。我的人生，从和罗尼在一起之后才真正开始。”他们的结婚纪念日是 3 月 4 日，每年的这一天，总统都会在她的早餐盘里放一封情书。1981 年，他曾告诉她，在椭圆形办公室时，他会往桌子下“出溜”，这样就能看到西客厅的窗户，因为她有时候会坐在那扇窗前。他写道，他“觉得只要知道她在那儿心里就很温暖”。1983 年的结婚纪念日，两人没在一起过，他从他们的加利福尼亚农场写信给她：“你知道我爱这个农场，但是过去这两天让我清楚地认识到，只有你也在的时候，我才喜欢它。回想起来，每次在某个地方都是这样。你不在的话，我也魂不守舍，迷失在时空里。”里根的媒体助理和家庭友人南希·雷诺兹说：“如果她不在身边的话，他真的会好几天都表现得很不好。她一来，一切就正常了……他想让她每一刻都陪在他身边。”南希的新闻秘书希拉·泰特回忆说，每天一大早，夫妇俩还在床上喝咖啡的时候，总统就会打电话到她的办公室。“希拉，我是里根总统，”他会说，“妈咪（总统对南希的昵称）有话和你说。”然后他会把听筒递给南希，因为电话在他的床头。

里根总统去世五年之后，南希告诉《名利场》的记者鲍勃·科拉切洛，她已经有一段时间没去过教堂了，不过她问过牧师比利·格雷厄姆将来她会不会和她的“罗尼”团圆。“就把这个告诉我，我就没事了。”

“会的。”他告诉她。

“好。”她说，感觉仿佛知道了这个事实之后，她就可以继续活下去了。她说如果她半夜醒来，有时候会看到已故的丈夫，并且会和他说话。“我说什么不重要。但说真的，我确实觉得他就在那儿。我看到他了。”

约翰逊夫人对于南希让公众了解他们夫妇二人的漫长告别这一点赞赏有加。“这对其他人来说是个安慰，”她写信给南希，“那些也经受着这类痛苦的家庭，可以知道再有名或者再重要的人都有可能得（阿尔茨海默病）。”2001 年 1 月 16 日，在总统摔断髋骨后，约翰逊夫人再次写信给南希。“我是在电视上听到的新闻，因为我的视力不行了，看不了报纸。一些保护我的特工也会跟我报告。”听到消息时，她正在听一套名叫《伟大的总统》（*Great Presidents*）的磁带，已经到了里根的总统生涯部分。里根总统在一封感人至深的公开信中向全国披露了自己罹患阿尔茨海默病的消息后，贝蒂·福特给南希打过好几次电话。这两人虽然不太熟，但都当过第一夫人，都深爱着她们的丈夫，而且她们的丈夫都曾是刺杀行动的目标。贝蒂·福特的女儿苏珊说：“她很替她难过，因为她明白南希在此后的人生中会有多么孤独。”2004 年 6 月 5 日，里根总统去世。南希说，去世前，他扭过头，直瞪瞪地看了看她，他已经有一个多月没这样过了。“接着，他闭上了眼，走了。他那一眼是一份美好的礼物。”尽管南希和其他第一夫人走得并不是很近，但丈夫死后她们所承受的那种深切、长久的悲痛，却把她们紧紧联系在一起。罗恩·里根说，不过，对于他父亲的死，虽然他母亲不是“时时刻刻都悲痛不已”，“但这种事也不是熬就能熬过去的”。

第一夫人属于世界，会收到来自她们认识的人和陌生人恳请帮助的信件或要求。“第一夫人的生活就是了解他人生活的艰难现实，”希拉里·克林顿的前办公厅主任梅兰妮·维维尔说，“全国各地都经常有向第一夫人寻求帮助的请求。她逃不开这些故事，她不是生活在一个泡泡里。”维维尔曾见过希拉里会见一群工薪阶层的女性，其中一个对她说：“你知道吧，克林顿夫人，我每天抬头往墙上看，看到表走到 3 点时就会僵住，因为我知道孩子 3 点钟放学。从他走出学校开始到他回家，我完全不知道那期间他会遇到什么事。”会见结束后，希拉里转身对维维尔说：“你能想象直到你下班之后才能知道你孩子有没有事是一种什么感受吗？”几十年前，官邸的一位员工生了一个先天性残疾的孩子后，玛米·艾森豪威尔曾邀请那位妈妈和孩子一起搬到白宫里。圣诞节期间，她还向员工派发了玛米娃娃，为他们在圣诞购物上省了一些钱。几年后，当肯尼迪一家住在行政官邸时，白宫电工拉里·布什问杰姬能不能把她那辆1961年产的“水星殖民公园”卖给他，他知道杰姬以前常开这辆车去弗吉尼亚州的乡下过周末，但她每年都会买一辆新车。她某天打电话给他，说：“我听说我的新车两周之后就能提了。你还想要我的那辆旧车吗？”他买下了车，然后一直开了十年。杰姬把很多送给她子女的玩具捐给了附近的孤儿院。1990年6月18日，第一夫人芭芭拉·布什写信给前第一夫人贝蒂·福特，两人正在合理帮助一个小女孩：“我不知道小黛安娜·莫塞斯扬还有没有希望，但我会把信转给相关的办公室，但愿还有希望吧。”据福特图书馆提供的信息，莫塞斯扬是一个苏联小孩，亟须得到帮助。不过，贝蒂·福特和芭芭拉·布什都不想公开她们为帮助这个小女孩所做的事，她们这种默默的努力让人肃然起敬。同样，2005年，贝蒂曾把儿童权益组织普莱斯利·里基的信息转给了劳拉·布什，希望她的办公室能支持一下该组织的工作。当约翰逊夫人了解到一位男仆的妻子罹患癌症后，打电话给纽约的两位顶级肿瘤学家，当天他们就降落在华盛顿国家机场，给她做了检查。去韩国前，南希·里根得知两名韩国儿童亟须做心脏手术，便开始四处打电话，到夫妇二人乘坐“空军一号”回国时，他们要求一些员工去坐商用飞机，好让两个孩子同他们一起去美国。两场手术都很顺利，里根卸任前，两个已经长成少年的孩子还参观了白宫，并向第一夫人表示了感谢。一位白宫男仆的儿子概括得最好：“第一夫人可以拿起电话，然后改变你的人生。”

1976年的总统大选期间，罗莎琳·卡特准备去拜访约翰逊夫人，因为她丈夫是最近期的一位民主党总统。但会面前一天，《花花公子》刊登了一篇吉米·卡特的采访，内容令人尴尬，他在采访中说，他曾经“带着色欲打量过很多女性”，“在心里出过好多次轨”。卡特的竞选助理慌忙拿来一则罗莎琳的电视广告灭火，在广告中，她和一群女人站在潘趣酒盆前，说：“无论是在私人生活还是在公共生活中，吉米都从来没有任何丑闻。”但在那个时刻，对罗莎琳来说，最糟糕的是她丈夫在采访中谈到了约翰逊总统：“我觉得我永远不会采取尼克松或者约翰逊的思维模式——说谎、欺骗和歪曲真相。”此时据尼克松辞职过去没多久，光是在同一句话里提到约翰逊和尼克松就已经让民主党人感到厌恶了。罗莎琳询问了一位与约翰逊一家关系亲密的助理：“约翰逊夫人对采访有什么想法？我应该怎么解释采访？”

“你什么都不用说，卡特夫人，”助理说，“你是一位南方女性，和约翰逊夫人一样；这事儿不会被提起。你们都是优雅的南方女性，做自己就行。”事情果真如此，因为没有人会比约翰逊夫人更能理解罗莎琳所处的尴尬位置。

III

Profiles in Courage 勇气的模样

完事之后，把它抛在脑后，继续过你的日子。

——贝蒂·福特对一个即将做乳腺癌手术的女人如是说

两位女性在不同时代生活在白宫，嫁给了两位不同政党的男人，但她们在压力之下，都表现出了同样令人惊异的仪态。一位愿意为丈夫牺牲自己，另一位则在全国性的舞台上为自己的人生而战。

杰奎琳正躺着晒太阳，在格伦奥拉（Glen Ora）呼吸着清爽、新鲜的乡间空气。这是肯尼迪一家在弗吉尼亚的养马地区租的一块占地四百英亩的地产，她刚刚开了一个半小时的车，带着两个孩子——五岁的卡洛琳和两岁的约翰-约翰，从白宫来到这里。一路上，他们一直抱怨个不停，现在刚刚被哄睡。杰姬很欣慰能独处一会儿，也高兴可以放松一下，暂时逃离白宫的压力。但这时，电话响了。

“我下午就回华盛顿了。要不你也回来吧。”肯尼迪总统这样告诉妻子，并没有问她的意见。杰姬想了会儿，建议道：“为什么你不到这儿来呢？”肯尼迪总统知道妻子有多喜欢远离令人窒息的白宫，跑到乡下去休息。据她的特工克林特·希尔说，从1961年夏天到1962年夏天，第一夫人几乎有四个月的时间都不在华盛顿。她经常会在星期四下午或星期五上午离开，直到星期一下午甚至星期二早上才回来。夏天时，她会去肯尼迪家族在马萨诸塞州海恩尼斯港的住所，和她家在罗得岛新港的哈默史密斯农场去度假——1953年，肯尼迪夫妇就是在这里结婚的——或者跑到佛罗里达的棕榈海滩过圣诞节和复活节，但这些长长的周末假期一般都会在弗吉尼亚过。“我可以从他的声音里听出来出什么事了，所以我也没问。”在接受历史学家小亚瑟·施莱辛格采访时，她这样回忆道。不过，她还是想知道到底发生了什么，值得她牺牲自己梦寐以求的城外周末假期，值得她放弃和孩子们野餐，享受能亲手安顿孩子上床这种难得的机会。

“为什么啊？”她问他。

“唉，别问了，”总统说，声音坚定又疲惫，“你先回华盛顿再说好吗？”

尽管有点儿恼火，但杰姬还是叫醒了正在午睡的卡洛琳和约翰-约翰，听话地跟着特工小组开车回到了白宫里，虽然她还是不知道那里有什么在等着她。她心里想，这就是你结婚的原因，你感觉到对方需要你时，就会为他做一些事，就算你不知道为什么需要你，也一样。

当时是1962年10月20日星期六，总统想要妻子陪在自己身边，与他一起熬过后来那场持续了十三天的焦灼对峙，也就是美苏之间的古巴导弹危机。美国的U-2侦察机拍摄到的照片显示，1962年夏天时，苏联领导人赫鲁晓夫与古巴领导人卡斯特罗达成了一项秘密协定，在古巴部署了可以在四分钟内到达美国的核导弹。四十二颗苏联中程弹道导弹全都有能力打击美国，其携带的核弹头所具有的杀伤力要比击中广岛的原子弹强二十倍或三十倍。

总统召集了“行委”(也就是他的行政委员会的简称，主要由最亲密的顾问组成）开会，包括他的弟弟、司法部长罗伯特·肯尼迪，国务卿迪恩·拉斯科和国家安全事务助理麦克乔治·“麦克”·邦迪。憔悴的顾问们夜以继日地围在内阁厅或副国务卿乔治·鲍尔的会议厅里的长桌前出谋划策，这就是后来所谓的“智囊团”。肯尼迪总统很可能要面临核战争，所以希望妻子在他身边。

杰姬回忆说，在她回到白宫后的那些天里：“从那之后，就好像再也不分醒着或者睡觉了。”在他总统生涯最孤独的时间里，肯尼迪总统一直靠着她给自己加油打气；他叫她陪自己在南草坪上长时间地散步，一起讨论摆在他面前的那些复杂选择。肯尼迪把一切都告诉了她：他跟她讲了与苏联外交部长安德烈·葛罗米柯剑拔弩张的会谈，但没有向对方透露他到底对苏联和古巴的交易了解多少；他跟她讲了在危机最后那个焦灼的周末里，赫鲁晓夫半夜发来的一封愤怒的电报；他向她坦白了那些鹰派顾问对他的批评让他很是痛苦，他们认为他不够强硬。（“那些就爱打仗的人想让我把古巴灭掉。我们可以那么做，但那样我们就是恶棍了。他们可能是对的，也可能大错特错。”）《时代》杂志的白宫记者休·西迪说，吃晚饭的时候，总统“会告诉她所有正发生的事情”。人们通常对这个女人的认识，是她在衣着方面有着昂贵的品位，但很多时候，她其实非常清楚丈夫的政府中发生了什么。

他要是没告诉她的时候，她就会偷听总统的顶级顾问在二楼家庭私人区的黄色椭圆厅里开会。总统本人对于当权的女性有一种厌恶，他的朋友查尔斯·斯鲍丁说，他“跟（国防）部长麦克纳马拉会感到更自在，和（前劳工部长）弗朗西斯·珀金斯就不行了。他总觉得女人出现在内阁会议上有些违和”。但因为她距离权力很近，也很会用策略，所以对于丈夫要运筹帷幄的政治局势十分清楚。

古巴导弹危机占据了肯尼迪夫妇的生活。在这些紧张的日子里，有一天深夜，杰姬穿着睡衣来到总统的卧室门口，看到他正躺在床上，但她没有看到正坐在一边打电话的国家安全事务助理麦克·邦迪。她往肯尼迪那边走过去，他连连摆手说：“快出去！快出去！”邦迪则用手捂住了眼睛。其他时候，一大早，邦迪就会站在床脚，把总统叫醒。后来，杰姬很珍视这段国家正处在战争边缘的紧张时光，因为在这个时候，她觉得自己在丈夫的人生中也备受珍视。“那是我与他最亲密的一段时间，我一直都没离开白宫，也没见到孩子们。他回家后，如果是要睡觉或者打个盹儿的话，我就会陪他睡。”她会走到椭圆形办公室，看看他是不是需要休息一下——用她的话来说就是，两个人就像在“守夜”。

危机期间，白宫笼罩在一片神秘之中。总统的顾问们苦思冥想着该如何回应苏联的行动，苏联的真正动机是什么。一派主张对古巴实行海上戒严，另一派则坚持美国空袭那些导弹基地。在总统决定如何回应前，这一发现一直处于保密状态。在一份口述史中，副国务卿鲍尔描述了那些绝密会议和行委的成员有多害怕在他们可以制订出计划之前，这一情况就被泄露给了媒体。鲍尔回忆说，为了不被媒体围追堵截，他曾陪同国防部长罗伯特·麦克纳马拉坐部长的私人电梯进入国防部。司法部长、总统最信任的顾问罗伯特·肯尼迪来椭圆形办公室开会时，穿的还是骑马时的衣服，好制造出他只是在一个原本优哉游哉的周末加班工作的假象。还有一次，总统的其他顾问全都挤到了一辆车上，以防引起媒体的怀疑。

杰姬听说，内阁官员的夫人们准备离开华盛顿，担心如果战争爆发，这里会成为打击目标。但她死活不想走。“求你了，别把我送走。如果发生什么事的话，我们要和你待在这儿。”她告诉丈夫，“就算白宫的防空洞没地方了，也不走……求你了，那样的话，要是真发生了，我就想站在草坪上——你知道吧——但我只想和你在一起，我想和你一起死，孩子们也是——不想活着，却没有了你。”总统答应不把她送走。在白宫里，两人的关系越来越亲密，超过了以往任何时候。总统的私人医生简内特·特拉韦尔回忆说，在危机发生前，她曾看到肯尼迪总统从西翼往停在南草坪上的“海军陆战队一号”走，后面跟着忠心耿耿的助理，但接着，奇怪的事发生了。“总统重新出现在机舱口，一个人从台阶上走下来。真奇怪，我心想。接着我明白了原因。杰姬正从南门廊出来，跑过草坪，头发被螺旋桨带起的风吹得乱七八糟。她几乎直接跑到了直升机的台阶那儿，然后伸出双臂抱住了他。他们就那样抱着，一动不动地站了很久。”

在和她的特工克林特·希尔的一次私下会议中，希尔伸出手，轻轻地碰了一下她的胳膊。“您知道白宫下面的防空洞吧。我知道几个月前（总招待）韦斯特曾带您大概参观了一下……如果发生了……什么情况……我们没时间离开的话，为了安全起见，我们要把您和孩子们带到防空洞。”但杰姬心意已决，不会听别人的命令。她突然把胳膊抽开。“希尔先生，如果发生什么情况，需要孩子们和我去防空洞的话，那我就来告诉你会发生什么。”她压低本就已轻柔、甜美的声音，用更低的声音窃窃说道，“如果出现那种情况，我会带着卡洛琳和约翰，一起手拉着手走到那边的庭院里。我们会像勇敢的战士一样站在那儿，直面每个美国人的命运。”

希尔惊呆了。“呃，肯尼迪夫人，我们还是向上帝祈祷我们永远不会遇上那种情况吧。”

美国战略空军司令部有史以来第一次被定为二级战备状态，也就是说战争迫在眉睫。这是美国最接近发射核导弹的一次。如果走错一步，所谓的行委的顾问和正在克里姆林宫商讨对策的苏联顾问之间有一条估计错误的评论或受误导的信息，就有可能造成彻底的毁灭。在危机发生前一年才刚刚开始在白宫工作的招待纳尔逊·皮尔斯说，他一辈子从来没有那么害怕过。“你知道那些导弹瞄准的就是我们，”他回忆起走进白宫在宾夕法尼亚大道上的西北门时仍然感到不寒而栗，因为他明白他走进了靶心，“你知道如果你听到什么东西（导弹）要来了，就得先把第一家庭弄出去，或者弄到安全的地方，不管怎么样，你都得在那儿，而且会是最后离开的人，”他顿了顿，“如果还能离开的话。”

在危机期间，兼职男仆赫尔曼·汤普森曾被叫来上班，为日夜都集中在白宫的总统顾问提供酒水。汤普森回忆说，听到那些人的谈话后，

“我差点儿被吓死。那晚上床之后，我根本睡不着”。通常整洁干净的椭圆形办公室里，到处都是展开的地图、吃剩的三明治、用过的咖啡杯。

亲力亲为、从不错过任何一个细节的杰姬意识到，她不得不需要小心地取消一场原本为斋浦尔土邦主和夫人筹备的晚宴，而在她马不停蹄的印度之旅中，夫妇二人曾经款待过她。在危机占据白宫的一切事务之前，杰姬曾给管理白宫的总招待韦斯特写了很多便条，周到、细致地安排他在访问之前，把女王更衣室里一个柜子的抽屉漆成黑色，把她的皮毛小毯以及“一些绿色和黄色的枕头”放到林肯客厅的长沙发上，让客人感到更加宾至如归。但现在，根本没空弄这些事儿了。导弹一被侦测到，事情就全变了。1962 年 10 月 21 日星期天，杰姬把电话打到了韦斯特位于弗吉尼亚州阿灵顿的家里，虽然他和他妻子泽拉正难得地在享受一个可以睡懒觉的早晨。

“韦斯特先生，你能立即到白宫来吗？不过请从厨房的电梯上来，别让别人知道你来了。”

“我二十分钟内到。”他告诉她。他注意到，白宫车道上停的车要比往常多，从电梯出来后，他看到杰姬没有化妆，穿着亮色的璞琪牌裤子和鞋子，正坐在西客厅那扇引人瞩目的半月形窗户下面。阳光洒满了房间，她就好像被一个光轮围着，那个紧张、黑暗的时刻的一道亮光。

“多谢你能来，韦斯特先生。”她抱歉地说，“麻烦要来了，而且很有可能会变成大灾难，所以，我们可能要取消星期二晚上为斋浦尔土邦主夫妇举办的晚宴和舞会。”韦斯特颇为惊讶，突然取消活动是十分罕见的。“跟我说一下斋浦尔土邦主夫妇预定到达的时间，确保布莱尔大厦给他们安排最好的女仆威尔玛和最好的男仆。”她这样告诉他。虽然顶着难以想象的压力，但他依然镇定、冷静。

“取消的事情你能替我办吗？这些都很机密，”她告诉他，“我担心蒂希（社交秘书利蒂希娅·鲍德里奇）会不高兴，吵吵嚷嚷抱怨半天——你知道的——我觉得你能更平静地把事情处理好。”杰姬和社交秘书经常意见不合。鲍德里奇在波特小姐的学校和瓦萨学院都比杰姬大三届，到白宫后，她总是想让杰姬多做点儿事，多办一些茶话会，多为那些值得支持的组织举办午宴。但杰姬想要的却是多一些隐私空间和休息时间。

东翼的一位秘书玛丽·博伊兰仍然记得那个周末，当她坐在军事办公室对面自己的办公室里时看到的各种慌乱。10月22日，总统在黄金时段的电视讲话中，向全国阐述了危机的情况。那天早上，鲍德里奇走进东翼后，正如杰姬预料的那样：一点儿都不冷静。她命令大家听她讲：“我有件事情要宣布。”一屋子衣着光鲜的年轻女性都沉默了下来。“你们应该开始祈祷了，像你以前从来没有祈祷过一样开始祈祷。今晚，你们会听到一些惊人的消息，而结果如何，我们谁都无法预料。”

媒体助理芭芭拉·科曼回忆说，她在家的时候，接到了白宫接线员转来的新闻秘书皮埃尔·塞林格打来的电话，对方当时正和总统参加完芝加哥的一场助选活动后，乘坐“空军一号”回来。她说：“他希望我在他们落地之后就在白宫。”塞林格告诉她，总统感冒了，需要遵医嘱回家休息。他没有告诉她总统突然返回的真正原因，但他告诉她取消周末的一切安排时，其实就已经暗示了情况不妙。

“很快我就知道有大事发生了，”她说，“我不知道是什么事，只知道和古巴有关。”在危机期间，新闻办公室一直有人值班，有些助理甚至还带了一些衣服来白宫，睡在防空洞里。

在电视讲话中，总统坐在椭圆形办公室里，宣布对古巴实施海上封锁。“核武器具有极大的破坏性，弹道导弹具有极快的速度，它们的使用可能性有任何实质上的提高，或者它们的部署发生了任何突然变化，都可以被视为对和平的绝对威胁。”他宣布道，并且进一步明确了冷战的本质困境，“本国的政策是，不管从古巴发射的核导弹针对西半球的哪个国家，都将被视为苏联对美国的攻击，需要对苏联发起全面的报复打击。”

最终，在10月28日，赫鲁晓夫发表声明，宣布苏联导弹将从古巴撤走。杰姬看着监控录像中的苏联船只接近美国的封锁线又掉头之后，才长出了一口气。肯尼迪的一位顾问告诉她，如果危机再持续两天的话，结果可能会大不相同，因为大家都已经筋疲力尽，可能会做出什么不理性的决定。

在那些危机四伏的日子里，杰姬一直都对丈夫充满信心，并且一直有能力让丈夫冷静下来，集中精力。“我总觉得，杰克可以办到任何事——只要他控制局势后——带来最好的结果。这样有些幼稚，但我会想：‘我晚上睡觉或者醒来时，就不会害怕了。’”危机结束后，她丈夫送给行委成员每人一张纯银的蒂凡尼日历，上面用粗体标出了那恐怖的十三天。她丈夫也送了她一张，上面还并排刻着两人名字的缩写J. B. K. 和 J. F. K.，收到之后，她泪流满面。

1963年12月1日，她丈夫遇刺不到两周后，杰姬最后用白宫的信笺写了一批信。其中一封既不是写给家族的密友，也不是写给丈夫的某个政治顾问，而是写给了那个被她丈夫称为“对世界和平构成了隐秘、莽撞和挑衅威胁”的人，而这个人也相应地让她在白宫里扮演了一个独特而强大的角色。在那十三天里，她不只是一个美丽、忠实的妻子，更是一个伙伴。她认识到，丈夫的一项伟大胜利，就是说服了苏联领导人赫鲁晓夫，让世界避免了核战争。“您和他是对手，也是盟友，坚定地认为世界不应该被炸毁。你们尊重对方，可以与对方打交道，”杰姬写道，“大人物明白自控和克制的重要性——而小人物有时候则受制于恐惧和自尊。在未来，要是大人物还能继续让小人物在他们开始打之前坐下来聊聊，就好了。”

那张拍摄于 1974 年 9 月 27 日的白宫黑白照，似乎没有什么不寻常之处。第一夫人贝蒂·福特正在带着五年前也曾是第一夫人的小瓢虫·约翰逊参观总统的卧室。陪同她们的是约翰逊夫人的女儿琳达和露西，以及琳达的丈夫查尔斯·罗伯，约翰逊总统的纪念公园格洛弗公园刚刚在波托马克河边上举行奠基典礼，他来华盛顿参加庆祝典礼。在照片中，贝蒂·福特倾向露西，仿佛在听一个问题；露西的丈夫则伸着胳膊，指着镜头外的什么东西。优雅的女主人贝蒂的脸上挂着安详的微笑。哪里不对劲儿的唯一线索，就是位于那张绸缎靠背上装饰着纽扣的床的床脚——那里有个黑色的小行李箱。这个行李箱摆在这儿，是因为贝蒂·福特在约翰逊一家来访前一天刚刚得知，她有可能得了乳腺癌。客人一走，她就要去贝塞斯达海军医院。贝蒂对客人只字未提自己的情况，她不想破坏他们的特殊日子。

“上周五时，您还看起来那么安详、好客，所以听到您去了医院的消息后，我们四个比全国人民还吃惊。”约翰逊夫人亲笔写了一封信，寄往贝蒂的病房。约翰逊夫妇的小女儿贝蒂回忆说，那天晚上，她急匆匆地赶回去收看 6 点钟的新闻，想看看有没有报道当天早些时候的奠基典礼。但她却惊讶地看到了贝蒂·福特手里提着那个黑色的小行李箱，离开白宫的画面。“我们所有人都目瞪口呆，不知道该说什么好。”因为约翰逊一家就在白宫里生活过五年多，对于那里熬人的日程安排无比熟悉，如果第一夫人想要取消参观的话，他们完全会理解。“我觉得有一种强烈的交融感。他们觉得那天是母亲的大日子，爸爸已经去了，他们可不想连这个也从她那儿夺走。”露西说，“我觉得贝蒂·福特就是这样一个人。”

贝蒂·福特直到 56 岁时才走入公众的视线，但她却全然地接受了她的角色。丈夫在国会就职的二十五年间，她是一位尽心尽力的母亲和妻子。福特四个孩子中的老三斯蒂夫·福特说：“养儿育女多年之后，我们的妈妈最终获得了机会，我们这些孩子看着她一点点释放自己，真是令人欣慰。”贝蒂还是个小姑娘时，曾经去找人算过命，那人告诉她，以后她会认识国王与王后。她的理解是，这是指她以后会成为一个伟大的舞者。确实如此——她曾是著名的玛莎·葛兰姆舞团的现代舞演员。和杰拉尔德·福特结婚后，她说，她以为自己是嫁给了一位律师，他们会在密歇根州的大急流城一起生儿育女。但 1955 年，福特夫妇搬到了弗吉尼亚州亚历山德里亚市皇冠景色大道上，隔着波托马克河与白宫遥遥相望。就连福特在 1973 年意外成为副总统后，他们也还是住在那里。家里的电话被收录在电话簿中，贝蒂·福特大多数时候都是穿着一件长长的家居服在炉子上煮一壶茶。

1974 年 8 月初，即尼克松总统辞职前几天，福特夫妇已经收拾停当，准备搬到距离白宫五公里外的天文观象台环形街 1 号，这里是副总统的正式宅邸。但就在副总统福特和妻子到那座美丽的维多利亚风格住宅去和室内设计师商量前，他得知尼克松总统准备辞职，而他将继任。神奇的是，福特由贝蒂陪同，竟然镇定地参加了几场装修讨论会。最后，两个人终于得闲之后，他才对她耳语道：“贝蒂，我们永远不会住进这所房子了。”

不到两个月，她和丈夫便被抛进了白宫，而在总统极富争议地赦免了尼克松十八天之后，新的第一夫人仿佛五雷轰顶，得知她有可能得了乳腺癌。在约翰逊一家访问前一天的 9 月 26 日，贝蒂主动决定要陪她的密友南希·郝伊去看医生。郝伊准备去做例行检查，贝蒂觉得她也干脆做一下六个月一次的检查算了。当医生给贝蒂做乳房 X 线扫描时，出去把外科主任叫了进来，不过贝蒂没有多想。“一直以来，医生们都在检查我身体的这里那里……我都能忍受很多的戳啊，捅啊，和听他们‘嗯’来‘哈’去的，所以我心里想的是我什么时候能回去，把那一大摊在我书桌上等我的信件给解决掉。”但这次，她得到的不是什么好消息。

大约在中午时，总统的医生威廉·卢卡什异乎寻常地要求总统7点时到他位于白宫一楼的办公室见他。卢卡什请来了乔治华盛顿大学医学院的外科系主任，在7点之前几分钟，又请新第一夫人下来做了一次胸部检查。卢卡什和总统及第一夫人落座后说，他们发现了一个肿块，有可能是癌症。“好吧，但你们不能现在就做手术。我明天还有一堆事儿呢。”贝蒂这么说道。她的反应有点儿不平常，但是卢卡什告诉她，手术可以等一两天。那天晚上，他们17岁的女儿苏珊，来到二楼的私人生活区吃晚餐时，眼睛已经哭红了。那天早些时候，她去卢卡什医生的办公室要感冒药，所以先于父母得知了这件事。“他把我拉进去，让我坐下，我心想，我做错什么了啊？”卢卡什告诉她：“你母亲的乳房中有一个肿块，很有可能是癌症，她还不知道，所以你先不要对任何人讲。”苏珊害怕极了，生怕她会失去母亲。第二天，贝蒂的日程安排非常辛苦：她去了格罗夫公园的破土动工仪式，在救世军午宴上发表了一场演讲，接着又请约翰逊一家喝下午茶和参观白宫。她的车到达医院时是下午5点55分，6点时，她的病情通过电视传到了全世界。

当时，癌症还是一个讳莫如深的词，仿佛这个词就可以传染疾病一样，人们通常对它闭口不谈。而且也没人说“乳房”这个词，从来不说。虽然1972年时，备受喜爱的童星和外交家秀兰·邓波儿·布莱克曾公布她做了乳房切除，但是，让全国意识到早期检测重要性的人，却是贝蒂·福特。做完乳房切除后，在一场国宴上，布莱克和贝蒂之间有一个很私人化的时刻，眼中噙满泪水的布莱克，拥抱住第一夫人，对她耳语了几句。“是啊，我们理解。”贝蒂答道。在随后的几个星期里，五万多封信飞到了第一夫人的办公室里。很多信都来自女性，感谢第一夫人救了她们一命；有些则是来自男性，想让她知道，即便切除乳房后，他们也仍然觉得自己的妻子很美。福特的副总统纳尔逊·洛克菲勒的妻子乐乐·洛克菲勒，听到贝蒂得癌症后，也去做了乳房检查，在发现肿块后，同样做了手术。和许多人一样，乐乐也认为是贝蒂救了她的命。(多年以后，里根总统做结肠癌手术时，乐乐给南希·里根送去了一枝红玫瑰。在所有的卡片和鲜花中，那天晚上，只有这朵花被南希拿到了官邸楼上。)

贝蒂是一名勇敢的患者，她下决心要战胜病魔。她住进了贝塞斯达海军医院的总统病房，手术安排在第二天上午，前一晚，她和家人一起安安静静地吃了顿晚餐。她告诉他们，她会没事的，做完回家休息一下就好了。深爱妻子的福特总统告诉她，那晚独自回白宫，是他一辈子最孤独的时刻。在分别前，两人握住对方的手，一起进行了祈祷。和尼克松夫妇不一样的是，福特夫妇十分亲昵，是自柯立芝夫妇以来第一对公开同住一间卧室的总统夫妇。在给妻子手术前写的一张字条中，福特总统说:“我们之间深深的爱，无法用语言表达。我们都知道你有多伟大，孩子们和爸爸，我们所有人都会努力像你一样坚强。我们对你和上帝的信心会支撑着我们。我们对你毫无保留的爱永生不朽。”

对贝蒂而言，她很清楚，这是一系列她要克服的挑战之一。在她只有 16 岁的时候，她父亲便去世了，死因显然是自杀。(他是个酒鬼，死于一氧化碳中毒。)“面对这种情况，我其实很淡然，”在回忆录中谈到癌症确诊时，她写道，“只不过是又一场危机罢了，会过去的。”如果活检显示肿块是良性的，那就没必要切除乳房，但他们推着她走进手术室时，她心里其实知道自己得的是癌症。第一个知道肿块是癌症的人是他们的女儿苏珊。“苏珊，他们得做手术了。”卢卡什医生告诉她后，她的双腿一下子就软了。“但她会没事的。”而总统得知肿块是恶性的之后，则在椭圆形办公室失声痛哭起来。

总统的政治助理曾建议贝蒂不要把私人的事情对外公开，但她不听。了解到因为乳腺癌而死亡的女性的数量后，她告诉手下，如果确诊为癌症的话，她在手术台上做手术时，他们应该发表一份声明，说她正在做乳房切除手术，不要遮遮掩掩地说她在处理什么“健康问题”。术后，福特总统和儿子迈克乘坐“海军陆战队一号”去看望贝蒂时，两人一起跪下，在走道里为她的康复做了祈祷。手术成功后，贝蒂写信给约翰逊夫人，解释了她为什么没有告诉对方这件事。“我想让你和我一样享受你的来访。”然后，她换了轻松的口气，感谢了约翰逊夫人在她住院时送给她的粉色睡袍，“设计和颜色我都喜欢。事实上，我做完手术后，选择穿着它拍了第一张公开照片。”

在贝蒂离开白宫多年之后，她那种无畏地承认自己曾对药物和酒精上瘾的诚实，又帮助抹掉了另一种疾病的耻辱。1982 年，她创立了现在已经举世闻名的贝蒂·福特中心，该中心位于加利福尼亚州的海市蜃楼山庄，已经接治了超过十万名患者。她坦陈自己曾因酗酒和药物上瘾而挣扎过这一点，拯救了数不清的生命。她会定期去中心看看，去参加当地的匿名戒酒互助会，站在屋子中间介绍她自己：“我叫贝蒂，我是个酗酒成瘾者。”她自己戒除酒瘾之后，还长期和一群同样从该项目中走出的女性定期会面。“我曾经得过乳腺癌，我战胜了病魔，现在我要面对酒瘾，老天做证，我也发誓要战胜酒瘾。”

切除乳房后，她敦促其他要做乳腺癌手术的女性“尽快去做”。

“完事之后，”她说，“把它抛在脑后，继续过你的日子。”

虽然面对手术，她有着无畏的勇气，但是恢复过程却并不如意。她醒来之后，看到家人围在她身边，有些正眼泪汪汪。“如果你不能摆出高兴的表情，那就先出去。”她躺在病床上告诉他们，“我实在不想看到你。”在部分肌肉被切除后，贝蒂不得不做一些锻炼，来恢复右胳膊的力气，当她最终恢复到有足够的力气用右手端起一杯茶时，着实是一个小小的胜利。苏珊还记得那些艰难的日子。“有时候，她会走到衣帽间，说：‘唉，我不想再穿那件衣服了。大家会盯着我的伤疤看。’”贝蒂没有做胸部再造手术，所以时常担心穿着晚装参加正式宴会时一弯腰，凝胶义胸会掉出来。有时候，她会把它们直接缝到衣服上。

1976 年，在丈夫竞选总统时，她去参加了助选活动。他的顾问认为她是一件强大的武器，但发现她的坦诚让她的支持率达到 75% 之高时，还是惊讶不已，当时她当总统的丈夫的支持率已经跌到了 50% 以下。几乎在每场竞选活动中，都有女性戴着写有“把贝蒂留在白宫”和“支持贝蒂的丈夫当总统”的徽章。不过，福特最终还是输给了吉米·卡特。而当福特因为嗓子问题，无法发表败选演说时，贝蒂代他做了演讲。“自始至终，她都一心一意地扶持着他，”苏珊说，“而自始至终，他也一直在扶持她，挺过了她的乳腺癌和药物、酗酒问题。他们是真正的灵魂伴侣。”贝蒂·福特的勇敢，为她在 1991 年赢得了总统自由勋章，比她丈夫获得该勋章还要早整整八年。在贝蒂·福特中心创立十周年时，福特总统说：“如果最后总的计算一下，她为我国做出的贡献一定会超过我。”但对此，他一点儿意见都没有。

IV

Motherhood 身为人母

如果你把养儿育女这事儿都做砸了，那我觉得即使别的事儿你做得再好，也没多少意义。

——杰奎琳·肯尼迪

白宫里有孩子，给行政官邸刻板的厅堂里带来了一丝乐趣，尤其是给那些照顾第一家庭生活起居的男仆、女佣和厨师，以及报道他们的记者。一位记者曾问三岁的卡洛琳·肯尼迪："你爸爸去哪儿啦？"她回答："他在楼上，脱了鞋子和袜子，啥都没干。"卡洛琳住在白宫里的时候，总是让人给她的门留一道缝，因为她的房间太大，房顶太高，让她很害怕。

总统的子女，有一种让名利场上的人们回归现实的能力，卡洛琳和约翰-约翰尤为擅长。世界著名作曲家雷昂纳德·伯恩斯坦经常受杰姬·肯尼迪的邀请，参加她为娱乐丈夫而组织的小型宴会。一天晚上，伯恩斯坦问杰姬他能否在晚餐前去看几分钟电视，因为一个节目里有他。她带着他去了卡洛琳的房间，当时，小姑娘正在保姆莫德·肖的照顾下，准备上床睡觉。伯恩斯坦拉着卡洛琳的手一起看电视，而她则被节目中非常成人的古典音乐迷住了。"我以为她已经完全沉浸其中，但突然，她抬起头，用她那清澈的脸庞看着我说：'我有自己的小马。'我心想，得，你知道吧，这句话一下子把我打回了现实，我非常感谢她，因为我意识到，在电视上看我自己的节目，不和客人在一起，实在是可恶至极。所以，我当即关掉电视，回到了其他人中间。"

白宫电工拉里·布什回忆说，圣诞节时，卡洛琳收到了一辆三轮脚踏车，杰姬请他在脚蹬上加一些垫块，因为她的腿不够长，够不到。

几个月之后，第一夫人又来请他帮忙。“她长得太快了，你能把那些垫块拆掉吗？”杰姬问他。布什回忆说:“她真的非常非常爱这些孩子。而且，她也不吝于表现出来。”不过，这俩小小肯尼迪也经历过一些害怕的时刻。卡洛琳和约翰-约翰很喜欢早上陪父亲坐白宫的电梯下楼，然后和他一起走到椭圆形办公室。“快点啦！我们得去上班了！”仍然穿着睡衣的约翰-约翰会这样喊。一天早晨，卡洛琳和总统刚走下楼梯，几十只闪光灯就在眼前咔嚓起来。总统忘记了他曾经安排了媒体在那天对他跟拍。卡洛琳吓坏了，肯尼迪只好搂着她走回电梯，让门卫带她回楼上。那天早上，电梯里还有总统的医生简内特·特拉韦尔，她回忆说，被吓坏的卡洛琳哭个不停，想去见她父亲，但被那一大群围在一起，想要拍她一下的摄影记者吓坏了。“她从电梯跑出来后，就钻到了沙发底下。”特拉韦尔回忆说，“肖小姐花了好大劲儿才把她哄出来。”

肯尼迪夫妇在如何培养年幼的约翰-约翰和已经上幼儿园的卡洛琳这一点上，有着不同的看法，而他们的员工——既包括政治上的，也包括官邸的——只能试着迎合父母双方的要求。杰姬喜欢约翰-约翰的头发长一些，但总统喜欢短一些。“您知道吗，先生，”莫德·肖告诉总统，“我还得往走廊里瞅，看是谁来了。来的要是肯尼迪夫人，我就把他的头发往前梳；来的是您，我就给他梳个分头。”夫妇二人都想让子女在白宫的非正常生活变得尽可能正常。他们搬到白宫那天，杰姬请园丁在南门楼的车道附近堆了个巨大的雪人，胡萝卜当鼻子，苹果做嘴巴。卡洛琳高兴坏了。

杰姬和肯尼迪总统时不时会就子女在媒体中的曝光程度产生分歧。总统的朋友查尔斯·斯鲍丁说，摄影记者拍到一张卡洛琳在南草坪上骑她的小马驹“通心粉”的照片时，总统自己十分清楚这张照片的政治价值。他很喜欢和孩子们嬉闹，也不会用居高临下的口气和他们说话。他和卡洛琳之间有种特殊的感情纽带。古斯塔沃·普雷迪斯是杰姬的私人助理普罗维登西亚的儿子，小时候，他和肯尼迪的子女关系非常亲密，时常和约翰-约翰一起玩耍。他回忆说，总统遇刺给卡洛琳带来的创伤最深，不光因为她年纪稍微大一些。“父亲总是更爱女儿，母亲总是更爱儿子。他们差不多是这么分的，所以卡洛琳的丧父之痛最重、最大。”刺杀事件一周之后，杰姬淡淡地说：“我会把我儿子养大。我要让他长成一个好人。我对他没有比这更好的期待了。”她想，约翰-约翰以后可能会当一位宇航员，“或者就是普普通通的约翰·肯尼迪，在地上修飞机”。她竭尽全力给予了子女一种正常的生活。刺杀发生后，她带他们去棕榈海滩过圣诞节，还挂起了熟悉的圣诞袜。而当他们搬到一座18世纪风格的乔治城宅邸后，她还要求设计师按照孩子们在白宫时的卧室模样，对他们的卧室进行了原样复制。

搬出白宫前，她让被她视作朋友的总招待韦斯特最后陪她去一次椭圆形办公室。那些模型舰船和书、总统钟爱的摇椅，全都在她眼前一点点被搬走了。“我觉得我们可能有点儿碍事。”她喃喃道，然后和韦斯特走去了几步之外的内阁会议厅，在一张长长的红木桌前坐下来。“我的孩子们，他们是好孩子。对吗，韦斯特先生？”

“当然是。”

“他们没被惯坏吧？”

“的确没有。”

“韦斯特先生，你愿意做我一生的朋友吗？”韦斯特能做的只有连连点头。他害怕自己一说话，情绪的闸门就会打开，他自己的悲痛和对这位年轻寡妇的同情会让她难以承受。

此后多年间，杰姬曾一直在纽约看心理医生，但是从未完全从坐在丈夫身边看着他暴毙的伤痛中恢复过来。回忆1963年11月22日的恐怖情景时，她告诉记者西奥多·怀特：“他的（肯尼迪总统）最后一个表情很纯净；他伸着手，我可以看到他的头颅上有一块东西掉了下来，是肉色的，不是白色——他伸出手——我可以看到那块非常干净的东西从他的头上掉下来；然后他身子一软，瘫在我的膝盖上。”1964年的整个春天，她都在纠结自己为什么没有坚持给车加一个透明防弹罩。她的睡眠出现了问题，只能在下午睡很久的午觉。她心想，丈夫不是被一个信仰共产主义的枪手杀死，也许会好些；如果他是为什么更宏大的事业牺牲，杀他的人是对他、对民权运动的支持感到愤怒，或者是个什么更大阴谋的组成部分，也许她会稍感安慰。在一次采访中，她说："我早该知道，盼着和他一起白头到老，看着子女一起长大是一个奢望……现在他成了一个传奇，但事实是，他更愿意做一个普通男人。”

莫德·肖从卡洛琳十一天大的时候就来到了他们家，给孩子们喂饭、洗澡、穿衣的事，都是她在做，但令人惊讶的是，杰姬其实也是个亲力亲为的母亲，而且纪律严明。（“约翰非常清楚。要是女士走进房间，你就得站起来。”小约翰·肯尼迪的老朋友古斯塔沃说。）杰姬不允许他们乱发脾气。“如果你发脾气，就来找我。”要是她看到儿子正在和肖或者白宫的某位员工哭闹的话，会这么告诉他，“不要冲员工们撒气。”

孩子们的教育主要由杰姬来管，她在官邸三楼那间相当于家庭活动室的阳光浴室里，为卡洛琳设立了一个幼儿园，并询问了平时在乔治城那边和卡洛琳一起玩的小朋友的家长，愿不愿意让孩子来白宫学校上学。结果，每周的两个上午，会有十四个孩子来到白宫，让走廊里充满了欢声笑语。杰姬甚至还在南草坪上为他们设计了一个小操场。第一年时，这里其实就是大家一起合作办的托儿所，包括第一夫人在内的所有妈妈都会出一份力，来当老师或者助理。后来，她们慢慢聘请了一些专业老师，让学校变得更正规起来。杰姬和总统每周都会到这里，看看他们的上课情况，总统还会和孩子们到南草坪上玩耍。“白宫里从早上到中午再到晚上，全是孩子，”社交秘书利蒂希娅·鲍德里奇回忆说，“你永远说不准啥时候一大群小朋友就会扑向你——流着鼻涕，走廊里到处是棒球手套、三轮脚踏车……”课间休息时，他们会排成一队去外面，通往南草坪的门一开，孩子们就会哗地全涌出去，追着小狗跑来跑去，或者在操场上乱窜。

每个星期一，杰姬会让卡洛琳的法语老师杰奎琳·赫什带女儿出去玩，好让她能平平常常地到处转转。因为和她这位著名的母亲一起出门，麻烦太多了。“随便带她去哪儿都行，随便哪儿。”赫什最后带着她去坐公交车，好让她呼吸一下新鲜空气，见见她那个小圈子之外的人。有一次，她们上了宾夕法尼亚大道上的一辆老公交车，所有的座位都已被坐满，于是卡洛琳就抱着她的毛绒兔子，坐在老师的大腿上。一群青少年上车后，其中一个说：“哎，我觉得我旁边坐着的人是卡洛琳·肯尼迪啊。”他们的朋友呛了一句：“别傻了。她怎么会坐这样的公交车？”有时候，她们会去买买东西，或者到博物馆参观；有一次，她们甚至还接上赫什的儿子，去他的学校看了场橄榄球比赛。赫什说：“对肯尼迪夫人来说，要带她出去而不被人认出来太难了，把兴致搅得全无。”为了给杰姬一个惊喜，总统还跟着卡洛琳一起学过法语。1963 年，杰姬从希腊回来后，他骄傲地望着卡洛琳向她喊出了：“Je suis contente de te revoir（真高兴你回来了）。”杰姬并不知道他学法语的事（在被害之前，他已经上了四节课），后来赫什才告诉她。“葬礼后，我提了一句，”赫什说，“我觉得这算是个礼物吧，告诉她，她丈夫一直想着要给她一个惊喜，心里很显然一直在念着她。”

肯尼迪一家住在白宫的时候，加上总统喜欢养各种宠物，所以白宫里总是充满了生气。他们一共有五条狗、两只长尾小鹦鹉、两只仓鼠、一只兔子、一只金丝雀和一只猫。照顾宠物主要由白宫的员工来做，电工特拉菲斯·布莱恩特则主要管狗。杰姬很喜欢孩子们和越来越多的宠物制造的那种快乐的混乱，不过，公众很难见识到她身上爱玩爱闹的一面。每次他们到南草坪上玩时，她都会悄声对卡洛琳说："我们去亲亲风儿吧！"

总统则和他那代人中的很多父亲一样，基本上只管和孩子玩，不太参与给孩子制定纪律。门卫普雷斯顿·布鲁斯深情地回忆说，他曾看到总统四肢着地，背上驮着卡洛琳在他的办公室里爬来爬去。他甚至还见过总统和他们一起玩时撞到了自己的头。"我赶紧退了出来。"他说，他不想让总统觉得尴尬。孩子们吃早餐时，会跑到总统和第一夫人的卧室，打开电视机，开始看动画片。睡前故事也是他们最喜欢的一件事，卡洛琳最喜欢大白鲨的故事，这个故事通常都是他们在总统钟爱的游艇"亲亲菲茨号"上时才有机会听到。这条鲨鱼，总统告诉她，只吃袜子。当卡洛琳问他白鲨去了哪儿时，他就去挠她的痒痒，说："我觉得它在那儿，正等着东西吃呢。"有一次，他还逗卡洛琳的一个朋友："把你的袜子给它。它饿坏了。"那个小男孩慌忙把他的袜子扔下船只，而卡洛琳则在一旁兴致勃勃地看着，等待大鲨鱼出现。他们的一只宠物鸟去世后，卡洛琳捧着鸟跑到了他的办公室，总统这时表现出了他柔情的一面。"他真的很难过，"斯鲍丁在接受肯尼迪图书馆采访时，回忆道，"硬是让她把鸟拿走，别让他看到。"斯鲍丁好奇，总统的反应是否在某种程度上昭示了他自己的死亡。

杰姬对她的孩子，有着强烈的保护欲，非常痛恨媒体没完没了地想拍她家人的照片。在她紧急剖腹产生下约翰-约翰后，她丈夫，也就是候任总统，规规矩矩地在摄影师在乔治城大学医院的大厅地板上贴好的一个"X"标志前停了下来。坐在轮椅里的杰姬怒气冲冲地说："哎呀，杰克，继续走！"在写给密友兼私人秘书帕米拉·特努尔的一份备忘录里，她狠狠地骂了喜剧演员沃恩·米德，他参加《艾德·莎莉文秀》时画了一个姑娘的速写，并且给她取名为卡洛琳。她让特努尔打电话给米德，让他知道第一夫人认为他是“一只耗子”。演员格蕾丝·凯利也回忆说，虽然贪婪的媒体把他们一家人看成了美国的皇室，但孩子被他们骚扰，还是让杰姬不胜其烦。在嫁给摩洛哥的雷尼尔三世亲王后成为真公主的凯利说，有一次，她女儿（也叫卡洛琳）曾在电视上看到肯尼迪的子女站在白宫外面参加一个仪式。“她看到杰姬·肯尼迪的卡洛琳从窗帘后面偷偷往外看，就问：‘妈妈，为什么肯尼迪公主的家是白色的呢？’”

白宫副新闻秘书克里斯汀·坎普说，杰姬的态度很明确，她不希望摄影记者用长焦镜头拍摄孩子们在南草坪上玩耍的照片——她沿着栅栏种了一排高大的杜鹃花丛，挡住了他们的视线。但规矩经常会发生变化。坎普说：“当然，肯尼迪夫人，会以她辉煌无比的方式，忘记她自己的规矩，用雪橇拉着孩子们在南草坪上玩，然后又有点儿生气没人拍到照片。”媒体助理芭芭拉·贾玛瑞肯说，大家总体上有一种相互间的体谅，当杰姬和孩子们在南草坪上玩时，摄影记者会尊重他们的隐私。贾玛瑞肯记得有一张卡洛琳和朋友在白宫的秋千架上玩耍的照片，那张照片还赢得了白宫记者协会的一个奖，但杰姬在报纸上看到照片后，大为光火，指示白宫新闻秘书皮埃尔·塞林格打电话给那个拍照的通讯社摄影记者，好好教训他一顿，但两天之后，杰姬又让塞林格要来了那张照片，因为她很喜欢。

塞林格和第一夫人的关系挺好，明白自己只能耐心地等着她准许别人接近她的孩子。他连着六个月，每个月都会温柔地提起《形象》杂志的请求，但第一夫人每次都会回绝。肯尼迪总统告诉塞林格：“哎呀，你告诉《形象》，就说我会再考虑一下……下次肯尼迪夫人出城的时候，你再来问我好吧？”那之后没多久，杰姬带着卡洛琳出去旅行时，总统看到了机会。他把头探进媒体办公室，问：“这儿有《形象》

的摄影记者吗？”不到十分钟，摄影记者斯坦利·特雷提克就到了，并拍下了约翰-约翰从椭圆形办公室的总统办公桌下探出头来的那张标志性照片。肯尼迪说，妻子回来后，他来承担过错。坎普回忆说，杰姬回来之后，“大发雷霆”。她告诉总统：“你去告诉《形象》杂志，永远不能登照片。”她很清楚到底发生了什么。被《形象》安排围绕照片写一篇报道的记者劳拉·博奎斯特·内伯尔说，杰姬发现后，找到她说：“斯坦和杰克就像两个捣蛋的小男孩。我一出城，他们就把你放进来做那些我不想让做的事。”最终，这件事还是杰姬说了算，照片直到总统遇刺，她的心意发生了转变后才登出来。那些照片登在了该杂志的父亲节特刊上，为人们提供了一个既甜蜜又痛苦的窗口，得以一瞥这对父子之间的亲昵关系。

卡洛琳要比弟弟更能理解他们的父亲已经死了是什么意思。卡洛琳的老师杰奎琳·赫什接受肯尼迪图书馆的采访时说：“有一段时间确实很艰难。她看起来很不好，面色苍白，注意力也……”想到可怕的那几个月，她说不下去了。刺杀之后，赫什第一次带卡洛琳出去时，遭到了记者的围追堵截。“喂，卡洛琳！”他们这样大喊。卡洛琳则躲在车的后座上，问赫什：“没人看以后，麻烦您告诉我。”杰姬和卡洛琳布满血丝的眼睛，是周围的人能明白她们还没从巨大损失带来的震惊中恢复过来的唯一迹象。

杰姬·肯尼迪曾向在乔治城大学任教的耶稣会神父理查德·麦克索利寻求过帮助。在肯尼迪国葬的当天早上，他接到了杰姬的电话，问他能不能过来和她聊一聊。几周之后，杰姬问他能不能教她打打网球。麦克索利在神学院时，曾赢过网球锦标赛，但他从一开始就知道，她的请求并不仅仅和网球有关——她是在寻求精神指导，而非反手技术方面的帮助。两人每天都会在罗伯特·肯尼迪位于弗吉尼亚州麦克莱恩市核桃山上的庄园见面。杰姬是个技术老练的网球手，他们打球时，甚至连计分的必要都没有。相反，她会问他一些有关生存的问题，上帝是不是知道她丈夫发生了什么事，以及如果知道，为什么他会把她几周前刚出生的儿子帕特里克也带走。杰姬会问麦克索利许多有关生死、复活的尖锐问题，他听了之后，会回到在乔治城大学的办公室，查阅不同的经典，和其他神学家商讨后，在下次见面时回答她。

2000年年末，作家托马斯·梅尔在写一本有关肯尼迪家族的爱尔兰天主教传统时采访了麦克索利。他问这位后来在2002年去世的神父，卡洛琳和约翰-约翰有没有想知道"如果上帝是仁慈的话，为什么会让这种事发生在总统这样的人身上"。麦克索利回答:"孩子们从来没问过我。杰姬·肯尼迪倒是问过。"据梅尔说，杰姬向麦克索利坦陈，她曾心烦意乱到了考虑过自杀的地步。因为两个人的亲密关系，肯尼迪家族的成员还请求麦克索利，让他来劝劝杰姬带着家人搬到纽约，因为他们能看到她在乔治城有多不开心，在这里，她永远无法逃避这场已经发生的悲剧。和孩子们搬到纽约后，她还会请他去看他们，后来，麦克索利逐渐成了约翰-约翰人生中一位有力的男性榜样。两人会到中央公园散步，当然，后面不远处会跟着一位特工。

肯尼迪子女的丧父之痛，有时候会让人难以承受，就连这位见过太多苦难的神父也是。麦克索利回忆说，一天晚上和杰姬以及孩子们吃完饭后，她对儿子说:"你准备好去睡觉吧，或许过会儿神父会进去和你道晚安。"几分钟后，神父走进约翰-约翰的卧室，杰姬则站在门口，轻声跟他说:"你知道《丹尼男孩》那首歌吗？以前他父亲会在他睡前唱给他听。不过他把'丹尼'换成了'约翰尼'。"麦克索利顺从地唱了起来，而小约翰则聚精会神地看着他唱。"杰姬默默站在门口看着我们，"他说，"我从房间出来时，已经泪流满面。"他走后，杰姬走到儿子的床边，和他一起说了一段悼文，然后给了他一个晚安吻。

杰姬告诉麦克索利，她希望她搬到纽约后，这里能让自己可以不再“郁郁寡欢”。但说到底，最终拯救她的，还是她的孩子们。“如果您想知道我现在的宗教信念是什么，”搬家后，她写信给麦克索利，“就是他俩：保持忙碌，保持健康，然后尽力为你的孩子做些事。每天晚上早早上床，这样就没时间胡思乱想了。”

有些第一夫人在做母亲方面比较吃力，对于把小孩带回家后的最初几个月有时会感到的孤独无助也很坦率。约翰逊夫人几乎每个下午都会钻进俯瞰着玫瑰园的那个蓝色小客厅里。那里曾是杰姬·肯尼迪的更衣室和埃莉诺·罗斯福的卧室。她会在门上贴个字条：“约翰逊夫人正在工作！”然后坐在一张蓝色的天鹅绒沙发上，一边回顾当天发生的事情，一边用录音机录下来。那些磁带都被她锁了起来，唯一听过它们（在她离开白宫一个月前，她的秘书把它们都转录为文字）的人是最高法院首席法官厄尔·沃伦。他为调查肯尼迪总统遇刺事件的委员会调用了1963年11月22日的录音。她的这份辛勤努力留下了一份极为全面的日记，让人们了解白宫的日常生活。

在日记中，她回忆了丈夫还是国会议员时，她和女儿琳达独自待在一起时的惊慌失措：“在知道如何对付孩子方面我会给自己一点小小的赞扬，”她说，“但我记得，当阿姨（琳达的保姆）终于要休息一天时，我感到了那种彻头彻尾的恐惧，我看着她消失在街上，身影越变越小。而为摇篮里那个扭来扭曲、粉红色的小婴儿负责的任务，就全落到了我身上。”作为国会议员夫人的她，在受到去新罕布什尔州的朴次茅斯参加潜水艇下水仪式的要求后，毫不犹豫地便答应了。“能暂时躲开一个四五个月大又活泼好动的小姑娘，真是难得的休息，”她后来回忆起来时，一点都没有表现出羞愧或者后悔，“终于来到了外面那个大大的世界，终于有一次，我成了目光的焦点。不得不说，我很享受那种感觉。”她丈夫回到他的得克萨斯选区后，约翰逊夫人和女儿留在了华盛顿，她写信说：“琳达太闹腾了，叫得我不得安宁，她今天还从床上掉了下去。”多年之后，和贝蒂·福特、罗莎琳·卡特一起接受《好管家》杂志的采访时，约翰逊夫人被问到，一个女性最伟大的影响，是不是就是做母亲造成的影响，尤其是给男孩子做母亲？她没有正面回答，而是说道：“男人现在也开始参与到子女人生中来，比如做些喂饭、换尿布、生病时照顾他们这种必要的事情，是一个大大的加分项。”男人一旦认识到做母亲的负荷之后，就会对女人几千年来所做的一切更加尊敬，她说。

在父亲决定不谋求连任后，琳达和露西·约翰逊在尼克松的就职典礼前同夫妇二人喝咖啡时，显然有些不快。她们的父亲看起来非常难过。这些年来，对面拉菲叶广场街头的越战示威者一直在呼喊："喂，喂，约翰逊，你今天又害死多少孩子！”而且声音越来越大。男仆乔治·汉尼有一次曾听见约翰逊和助理乔·卡利法诺讨论越战的事情。“我们的孩子在那边一个一个死去，”他说，“我们不能坐视不管了。”

纳什·卡斯特罗在国家公园管理处工作时，曾和约翰逊夫人在她的环境美化项目上合作过。卡斯特罗说，他和约翰逊夫人通常会在西客厅一起吃工作午餐，第一夫人会弄来些汉堡吃。但有一次，街对面那些抗议者的叫喊声太大，他们根本没法继续聊下去，于是就挪到了女王卧房。但到了那儿之后，还是能听到那些愤怒的声音。“咱不听这些了，”她说，“咱们再挪。”最终，他们在林肯卧房完成了他们的工作。总招待韦斯特回忆说，他曾听到约翰逊夫人走在幽深宽阔的走廊里时，边走边吹口哨。那些年中，她逐渐学会了让自己心态平和下来，使得她与林登和他们在白宫里的生活容易忍受了许多。“她有个逃避阀门，”韦斯特说，“她脑子有个小小的密室，事情变得太紧张时，让她可以躲进去。”

卡斯特罗回忆说，就在约翰逊宣布自己将不谋求第二个总统任期的前一天，他开车载着把环境美化当作了自己标志性项目的约翰逊夫人去白宫附近的一座公园看玉兰树，两人一路上都没说话。但是看到一块荒芜的土地之后，她问道："纳什，我们什么时候来美化一下这块地？""在您第二个任期结束前肯定早弄完了，约翰逊夫人。"她盯着这位好朋友看了很久很久，看得他都有些尴尬了。"再说吧。"她最终说道，心里揣着一个她无法透露、只有她自己和最亲近的几位家人才知道的秘密：不会再有第二个任期了。丈夫宣布决定后，她和社交秘书贝丝·阿贝尔坐在车的后座上，在徐徐落下的夕阳中，被送出了白宫的西北门。"唉，约翰逊夫人，您会怀念这一切吗？"阿贝尔问她。约翰逊夫人回答："是啊，会像想念门牙一样。但这世界上没有什么能让我愿意再付一张入场券的钱。"

福特败选之后，他的子女心里其实很开心，因为他们觉得，第二个任期的压力会导致总统的寿命缩短，但约翰逊的两个女儿不一样，她们很清楚父亲要过上一种更隐私的生活其实很难。在国会山参加约翰逊的就职典礼时，露西和琳达都流下了眼泪，最后不得不离开现场，去卫生间偷偷哭了会儿。约翰逊总统退休后，回到了"得州白宫"，但只在那里生活了四年多，1973 年，他心脏病发作，不幸去世，享年 64 岁。

看着子女因为你和丈夫做出的选择而受苦，是一件非常痛苦的事情。尼克松一家人的关系很亲密。"那些妇女解放运动者不会喜欢我接下来要说的话，肯定不会喜欢，"辞职很久之后，尼克松总统说，"她（帕特）最大的遗产，就是她的孩子。她是个伟大的母亲……特蕾西亚和朱莉都是了不起的姑娘。我经常不在家，功劳都是她的。"尼克松一家逐渐形成了一种地堡心态，在水门事件和越战抗议期间，有着很强的自我保护意识。某天晚上，特蕾西亚打电话给白宫，说她正在和某个人争论一个政治问题，需要向她父亲确认一些事实。“迪克正在外面游泳呢，”帕特回忆说，“可怜地从泳池爬出来，接过电话，回答了她的问题。特蕾西亚随后打来电话说：‘我赢了。多谢。’”帕特说，总统很高兴接到那个电话，原因有二：她感谢了，她想知道事实，而且她赢了。“那就是三个原因吧，我猜。”

特蕾西亚·尼克松很快就意识到了白宫里的生活有多么拘谨。她父亲的第一场就职典礼当晚，在就职游行结束后，22 岁的她回到二楼的家庭居住区，伸手去拧她那个新卧室的门把手，却听到有个声音说：“不用试着开门了，都锁着呢。”一位特工从阴影里冒出来，给她打开了门。

尼克松一家没过多久就在马里兰州的戴维营找到了逃避现实的出口。在这座位于华盛顿以北一百公里处的总统休假地，他们可以长时间地散步，而不被人打扰。铁丝网和高压电栅栏使这里非常安全，所以特工不用紧紧跟在他们后面，让人有一种解脱感。帕特经常会拒绝去位于佛罗里达州比斯坎湾的“冬季白宫”，因为他们要下水的话，特工也会跟着进去，而且为了不让特工听到他们的聊天内容，一家人还得一直压低声音说话。有时候和家人在海边散步时，帕特还会让特工把潜水设备背在身上，好让这一家人看起来没有那么突兀。

当然，白宫也是一个神奇的地方，几乎每天都能为生活在那里的家庭提供一些离奇的经历。特蕾西亚回忆说，1969 年 7 月 20 日，看着尼尔·阿姆斯特朗和埃德温·“巴兹”·奥尔德林这两个美国人成为第一批进行月球行走的地球人时，“我记得我正和母亲还有妹妹坐在西客厅，如果你能想象出我们从窗户看出去，可以看到椭圆形办公室是什么感觉的话……所以我们真的是一边看电视，一边看椭圆形办公室，同时能看到我父亲在办公室里与在电视上和月球上的宇航员通话”。

1972 年的圣诞节期间，当尼克松总统对北越发起最大规模的轰炸行动，投下了两万多吨的炸药时，都已结婚的特蕾西亚和朱莉正和各自的丈夫在自家过节。轰炸的决定让总统的内心非常不安，加上又是两个女儿都不在家过的第一个圣诞节，所以那段时间对他和第一夫人来说，都极为痛苦。随着安全威胁逐渐增多，特工也把他们在比斯坎湾的家围了个水泄不通。圣诞节早上，帕特提议拆礼物，缓和一下情绪时，总统阴沉着脸嘟囔道："晚点儿吧。"最终，礼物原封不动地被运回了华盛顿。

水门事件的调查拖了两年多，到 1974 年冬春时节，已经完全凌驾于总统职位之上。尼克松夫妇只得到女儿们那里清静一下，每周至少有两次会驱车半小时，到华盛顿之外的马里兰州贝塞斯达市阿曼特大道，看望住在那儿的一幢白砖房子里的朱莉和丈夫戴维·艾森豪威尔。

尼克松夫妇会带着白宫厨师准备的晚餐前来，一家人在吃饭前，会照旧先坐在这栋郊区房子镶着玻璃的门廊里，喝点东西。吃饭前，总统会把火点着，而帕特则会指着哪些花开了来试图逗他高兴，竭尽全力地避免房间里令人窒息的紧张感。在水门事件调查达到高潮时，总统还会忧伤地聊起他和帕特刚开始约会时的日子。对于他的女婿戴维而言，这样的日常惯例尤其痛苦，因为他当时是乔治·华盛顿大学法学院的学生，经常会听到那些认识参议院水门事件调查委员会成员的教授和其他学生谈论针对他岳父的不利证据。因此，和大家吃这样的晚餐时，他通常都沉默不语，不知道该说什么。

帕特是一位尽职尽责的母亲和妻子，西翼的员工为了避免她看到那些令人痛苦的头条新闻，不再让她看报纸，但这样的努力却有些自以为是。对她来说尤其心痛的是，她只能眼睁睁地看着女儿们每天要面对那些责怪她们的父亲轰炸柬埔寨和在越战问题上处理不当的愤怒示威者，尤其是朱莉，她在那两年有关非法进入水门酒店的激烈争论中，一直努力地维护着父亲。尼克松的两个女儿有时候会和官邸的员工吐露内心，她们觉得只有这些男仆、女佣和门卫没有对她们指指点点。特蕾西亚说："你们的目光超越了政治，超越了事件本身，看到了真正的人。"坐电梯时，朱莉会噙着眼泪问门卫普雷斯顿·布鲁斯："他们怎么能用那么难听的话说我爸爸！""别理会那些，"他告诉她，"忽视那一切吧。你也懂政治。到最后，一切都会好的。"随着丑闻日渐加剧，朱莉曾质问过她父亲，每天哭丧着脸，都没有意识到她母亲有多努力想帮助他。"对她来说也很难啊。"她这么对他说。在自传中谈到她母亲时，朱莉承认，想起她曾经因为别人对父亲的批评而向帕特发泄自己的恼火时，心里会感到一阵内疚。"她自己也有很多事要操心和调整，看着自己的女儿压力重重，肯定是她最不堪承受的事。"

因为她姐姐特蕾西亚不爱抛头露面，她母亲也饱受指责，所以朱莉在媒体上经常为她父亲辩护，成了她父母最重要的依靠。有时候，她母亲似乎想把她们的角色交换一下。一直以来，朱莉曾陪她到距离白宫有十分钟车程、生长着茂密树木的罗斯福岛上散很久的步，来疏解白宫的那种拘谨感。而现在，吃完晚饭后，她们有时候会到官邸附近的华盛顿市区散步，到了晚上那会儿，这片地区基本上没有什么人了，因为人们觉得太危险。在漫长的散步途中，帕特会用一条围巾盖住她的金发。

朱莉试图平复她母亲心绪的无畏努力，即便在他们到华盛顿之后也没有停止。在她父亲定于1975年6月到特别的大陪审团前为水门事件做证的几周之前，朱莉打电话给母亲。帕特问她："要不你们过来吧（来加利福尼亚州看我们）？"朱莉告诉她，戴维正在为大二的法学院考试复试，她得留在华盛顿陪他。"你在那儿只用照顾一个人，但在这儿有两个支离破碎的人。"帕特说。

鲍勃·伍德沃德和卡尔·伯恩斯坦在合著的《最后的日子》（*The Final Days*）中，将尼克松夫妇的婚姻描述为毫无爱情可言，而且还声称帕特是个酒鬼。这让帕特很受伤。她想搞一本来看看，但她丈夫坚决不让她读。最终，她从丈夫的某个秘书那里借来了一本，接着便在同一天中风了。总统认为，她的中风就是那本书导致的，但事实是，做了几十年的政治配偶，看着丈夫辞去职务的屈辱，就已经足够有压力了。1973 年，戴维·艾森豪威尔在一次采访中说:“她是每个人都可以依靠的肩膀——但是她又能靠在谁的肩膀上？”在白宫时，帕特很少会临时取消活动，但随着水门事件的拖延，她也越来越焦虑。在尼克松辞职前，帕特的焦虑更是猛增。坐电梯去迎接来访者时，她问门卫普雷斯顿·布鲁斯:“布鲁斯啊，你觉得这些人会友好吗？”他努力让她安心:“他们看着蛮友好的，尼克松夫人。”

在 1970 年春的反战示威最高潮时期，当总统派美军进入柬埔寨，四名俄亥俄肯特州立大学学生被俄亥俄国民警卫队杀害后，总统曾为要不要去参加朱莉的史密斯学院毕业典礼而犯愁。她不想让他去，而且如果典礼有可能变成一场针对她父亲的大规模抗议，那她也可以不去。白宫得知，杰瑞·鲁本、雷尼·戴维斯和其他一些反战分子正在围绕该活动组织反尼克松示威。4 月末，朱莉写了一张便条给尼克松的顾问约翰·厄里克曼，请她父亲不要参加。“我真的觉得，他那天如果来的话，会是个灾难，”她写道，“这里的气氛太恶劣了。”她还提到，在一个集会上，成千上万人一起高喊:“朱莉和戴维·艾森豪威尔去死。”朱莉的特工小组组长警告她和戴维都不要去参加各自的毕业典礼。反战组织者说，如果尼克松总统出席的话，他们会带两万人去学校。总统最终决定不去参加。6 月 6 日，尼克松一家在戴维营举办了一场家庭聚会，尼克松总统的兴致很高，为女儿毕业祝酒，但帕特却很安静。她知道，这一切都缘于她丈夫选择的公共人生，虽然这种生活她已经不情愿地接受了，但这样的小型晚宴，并不能补偿朱莉错过自己的大学毕业典礼。

给丈夫带来极大压力的，不仅仅是越南战争。在水门事件期间，帕特只能无助地看着他越来越消沉。夜里，尼克松经常会在白宫的走廊里徘徊，和面前那些总统画像说话。他的家人担心他会自杀。“干你们这行的，”总统对他的办公厅主任、四星上将亚历山大·黑格说，“你们处理这类问题有办法。随便谁在抽屉里放把手枪。”在尼克松发表完一篇为他处理水门事件辩护的演讲后，帕特、特蕾西亚、戴维和总统私人秘书露丝·玛丽·伍兹开始接听来电，而总统却躲到了林肯客厅，这是整个官邸中他最喜欢躲藏的地方。他坐在炉火边，然后把空调开到了最大，并且喃喃道：“我真希望明天早上醒不过来。”

但朱莉拒绝投降。在 1973 年 10 月 26 日的日程表中，她写下的第一项是：“反抗，反抗，反抗。”1974 年 5 月 11 日，她代表父亲参加了一场新闻发布会，不顾一切地为他做辩护。“现在，他比任何时候都更坚决，一定会抗争到底。”一名记者说，他不太明白她代表她父亲来参加发布会是要干什么：“因为在我们的体制中，不会拿父辈的罪过来责备下一代。”朱莉回答：“我目睹了我父亲所经历的一切，我非常为他自豪，一点都不怕来这儿……我不是想替他回答问题。我只是在祈祷自己能有他那样的勇气。”朱莉的丈夫戴维不想让她太过卷入其中。而帕特尽管也不愿意看到这种情况，但还是想让女儿支持家人。她质问戴维：“为什么你不去给朱莉提供支持？”

尼克松总统在 1974 年 8 月辞职前，曾去过一趟戴维营，并且要求家人不要与他同行。但第二天早晨，他来到白杨小屋（总统在这处绵延山间的度假地中的住所）的客厅后，却惊讶地发现特蕾西亚正坐在那儿。原来，她、戴维和朱莉几乎一夜都没睡觉，最终决定他们中的一个得来这儿，给总统打打气。特蕾西亚由一名特工陪同，在雾蒙蒙的清晨来到戴维营，是想要告诉他，她和家人有多爱他，并且鼓励他听从公众的呼吁，炒掉顾问豪德曼和厄里克曼。（就连官邸的员工也不喜欢这俩人，男仆赫尔曼·汤普森说:“豪德曼和厄里克曼这俩人不对劲儿，你看他们一眼就知道，他们绝对不会尊敬我这类人。”）总统让特蕾西亚当天不要走了，留下来陪陪他，但她明白，她必须离开，让他自己去做决定。

帕特的女儿们完全被水门事件占据了。就在父亲宣布辞职的几天以前，朱莉还写了一张字条给他:“亲爱的爸爸，我爱你。无论你怎么做，我都会支持你。我为你骄傲。求你先等上一个星期，甚至是十天，然后再去做决定吧。再多忍一会儿。你那么坚强呢！”

对孩子们来说，白宫就像一片仙境: 萨莎和玛莉亚·奥巴马会邀请朋友过来玩，晚上就睡在三楼阳光浴室里的充气床垫上；切尔西·克林顿曾在自己卧室的窗台上晒太阳，后来一位记者看到后告诉了总招待，他要求她赶紧下来；约翰逊的女儿们曾把日光浴室当作少女独处的地方，还在里面装了一个苏打水喷泉；所有在白宫生活过的孩子，最终都发现了连接二楼、三楼的秘密楼梯。福特家的孩子们会穿着牛仔裤，把脚搁在家具上，直到他们的母亲呵斥道:“别把脚搁在上面！那可是杰斐逊用过的桌子。”贝蒂坚持一家人来到白宫后，要注意行为举止。她想让家人能提升白宫的层次，而不是降低那里的标准。谈起做母亲的艰辛，她和约翰逊夫人一样坦诚。“上帝保佑幼儿园，”她在回忆录中写道，“我必须说，能有半天时间自己待着，没有俩小男孩跑来跑去，把盆盆罐罐全都拿出来，简直太好了。”因为丈夫是国会议员，要经常出差，所以贝蒂只能独自养育四个孩子——包括三个淘气的男孩——有时候，大半年都如此。福特长期缺席不可原谅，曾为《时代》杂志报道福特一家的记者邦妮·安吉路这样认为，她评价贝蒂时说:“她真的被困得死死的，可她这样的人，不应该被困住。”在担任众议院少数派领袖的最后一年中，福特参加了约两百场政治活动，有258天都不在家。“我没法说：‘等你爸爸回来收拾你。’”贝蒂回忆道，“他们的父亲也需要一个星期以后才能回来。”贝蒂只能自己带着孩子们去看牙、去看病、去看橄榄球训练，后来，福特的助理罗伯特·哈特曼不得不屈从于贝蒂的压力，在他担任副总统后，缩减了他的日程安排。哈特曼告诉安排日程的人说：“我们现在得从不同的角度来对待了。”日常事务的压力，给贝蒂造成了严重影响，后来她在接受《好管家》的访问时说，她希望男人应该更多地分担妻子的工作量。和那个时代的很多政治妻子一样，记者柯琦·罗伯茨说，她“在很多时候根本不是政治妻子，而是政治寡妇”。同许多专职妈妈一样，贝蒂经历了很多孤独和愤恨的时期。

福特一家从没经历激烈的竞选活动，就进了白宫。副总统斯皮罗·阿格纽因逃税的指控，被迫黯然辞职后，福特被尼克松总统选为继任者。事实上，福特只在密歇根州的爱奥尼亚和肯特县参加过竞选。家人搬进白宫后，贝蒂想不通为什么女佣和男仆在她面前会那么安静。她原以为他们不喜欢她，后来才发现，是帕特·尼克松不喜欢他们引人注目。重新装修椭圆形办公室时，她告诉新闻秘书希拉·拉伯·维登菲尔德，她想把蓝色和金色换掉，因为它们“似乎有一种帝王总统的感觉”。最后，她在重新布置时，采用了深一点儿的颜色，甚至还增添了一些绿植。

苏珊·福特回忆说，她的家人真的和全国那些中产阶级家庭没什么两样：“在我们小时候，如果跟别人打架的话，我父母……就会说，那你自己打。他们不会插手给我们这些小孩子拉架。当然，如果有人受伤的话，就另当别论了。”福特家的孩子们穿的都是从希尔斯和杰西潘尼这类百货商店买的衣服。“如果你有四个孩子，得供四个孩子上大学的话，那能省一分是一分。”苏珊第一次穿从罗德与泰勒百货买的衣服是她父亲当上副总统之后。在福特位于亚历山大城的家里，他们甚至没有一张多余的餐桌，孩子们就坐在厨房的桌子前，你挤我我挤你，旁边还有个懒得争的苏珊。三个男孩总是会先抢，等食物在桌上传第二遍时，家里排行老小，而且是唯一女孩的苏珊才能吃到。苏珊说，杰克在少年时代，经常会和母亲吵架。“父亲不在家，所以也不能说，‘杰克·福特，别闹了’。”饭桌上吵完后，苏珊会去安慰她母亲，她哥哥迈克则会去杰克的卧室，告诉他，他需要道歉。贝蒂从未掩饰过她对孩子们的父亲大多数时候不在家，她要一人抚养他们的不满。后来当了总统的福特，对于他长期的缺席十分内疚，会通过给她买珠宝首饰来补偿她。但她最想要的，其实是他的时间。

在白宫长大的孩子，想要完全保护他不受外界侵扰几乎不可能。九岁的艾米·卡特第一天去撒迪厄斯·斯蒂文斯小学时，从行政官邸出来后，看了一眼排成一队注视着她离开的记者，问道:“妈妈，我们还得对他们友好吗？”卡特夫妇的车到达学校后，记者蜂拥上去，艾米看起来相当痛苦。卡特总统曾是佐治亚州教育委员会的成员，夫妇二人都记得学校解除种族隔离后，一些人让孩子退学，把他们送到了私立学校。因此，他们非常看重让艾米能接触来自不同经济和种族背景的人。“我们决定要努力推广公立学校，”罗莎琳在一次采访中说，“她在那所学校的同学，基本上都是为我们工作的官邸员工的子女。我记得他们班上的同学总共说二十八种不同语言。”

虽然艾米和同学一样，午餐吃的也是热狗和青豆，但她显然与别人不同。她在白宫的卧室，曾经是卡洛琳·肯尼迪住的地方；她做功课的桌子，是埃莉诺·罗斯福的旧书桌。在上学的第一周里，课间休息时，老师就让她和特工待在教室里，因为她要去操场的话，其他同学都会围过去。但是她对这样的安排非常不满，所以很快，他们就允许她出去玩了。学校为她的两名特工设立了一间专门的办公室，好让他们不被人注意到。艾米是卡特的第四个孩子，也是唯一的女儿。罗莎琳坚持认为，对她来说，白宫的生活就是一种正常的生活。“我们搬到州长的官邸时，她才三岁，她熟悉的生活只有这种。”

在佐治亚州的州长官邸时，隐私更稀缺。罗莎琳说，在那里，要去厨房只能穿过如织的游客。有一次，罗莎琳说，她一时忘记，“穿着睡袍就出去了”，结果碰到了一大群参观者。这样的公共生活是艾米知道的唯一生活。“大家看到她，都大呼小叫，喜欢得不得了，可她就那么径直穿过了人群，目不斜视……我记得她第一天在华盛顿上学的时候，大家都担心坏了，因为她看起来好孤单。可那本来就是她的正常生活。”很快，其他孩子就习惯了艾米，而她也会把朋友带回家来玩，比如克劳迪亚·桑切斯，她父亲是智利大使馆的一位厨师。她们会在林肯卧房过夜，然后静静地听，想看看能不能听到林肯的鬼魂活动。晚风和煦的夏夜里，她们甚至还会睡在南草坪上的一间树屋里。

罗莎琳说，他们把艾米的保姆玛丽·普林斯也带到白宫，这对艾米的帮助很大。罗莎琳第一次见到普林斯时，她还是一名犯人，通过监狱模范囚犯项目，来到了州长官邸工作。普林斯当时正因谋杀罪在服终身监禁。(普林斯说:“我只是在错误的时间出现在错误的地点。”罗莎琳在一次采访中也说:“她完全是无辜的。”) 普林斯 27 岁时，开始在州长官邸照顾 3 岁的艾米。两个人会没完没了地捉迷藏、挠痒痒和爬树。该睡觉时，普林斯会轻轻抚摩艾米的背，帮助她入睡。有时候，普林斯还会和她一起躺下来，唱《轻轻摇，可爱的马车》(Swing Low, Sweet Chariot)。1975 年，卡特的州长任期结束后，全家搬到了普兰斯，看起来，灰姑娘的故事也结束了，她回到了监狱。

但罗莎琳没有忘记她，甚至在成为民主党总统候选人的夫人之后，她还去富尔顿县监狱和普林斯在亚特兰大监外工作中心担任厨师时看望过她。卡特一家搬进白宫后，尽管普林斯还差三个月才有资格被保释，但她还是去华盛顿参加了就职典礼，并且在白宫住了两个晚上。参加就职舞会时，她穿了一件自己缝制的晚装，布料是其他女狱友送的天鹅绒。在她即将回佐治亚前，新任的第一夫人问她：“你愿意来这座古老的大房子工作吗？”卡特夫妇给佐治亚监狱的官员写了一封信后，玛丽便被释放，担任了艾米的保姆。之所以如此，是因为卡特总统与监狱达成了一项不同寻常的协议，由他来担任她的假释官。普林斯搬进了三楼的一间卧室，每年的薪水是6004美元。直到今天，玛丽仍在照顾卡特一家人，住的地方离他们只有三个街区远。艾米当妈妈以后，玛丽甚至还会去帮她做事。“有人生病了或者需要她，她总会出现，”罗莎琳谈到她这位老朋友时说，“如果没有玛丽帮忙料理家里的事儿，我们不可能出去旅行或者做我们现在做的这些事。”

在白宫里，玛丽让艾米的生活多了些规律感。卡特总统每天早晨6点钟起床（醒来之后，床头柜上总会放着两杯橙汁），6点半到达椭圆形办公室。在离开卧室前，卡特会把其中的一杯橙汁放在罗莎琳那边的床头柜上。和很多母亲一样，罗莎琳会去叫醒女儿，给她放好洗澡水，然后播放“铃木小提琴教程”的录音带，放她正在学的那首歌曲。罗莎琳回忆时说，有一次，艾米要参加由能源部发起的一个儿童保护项目在白宫举办的招待会，几百名孩子在南草坪上等着见她，但她那天早上刚刚紧过牙套，牙疼得她都哭了。罗莎琳带艾米去找白宫的医生威廉·卢卡什，他给她滴了点儿眼药水，好让她出去露面时，看起来不像是哭过。艾米常常会厌烦这种事，在公共场合时，她经常签几个名之后，就受不了了，于是便决定一个都不签了。有时候，要是人们在街上认出她来，她就会假装离她最近的那个特工是她爸爸。

因为艾米喜欢游泳，所以普林斯为了有所准备，也报了游泳班。某天傍晚，她经过白宫的游泳池时，罗莎琳正在绕圈游。“进来！”第一夫人顽皮地说。“我没带泳衣。”玛丽告诉她。“就穿着你的工作服跳下来啊！”于是，她脱下鞋子，穿着她的白色衣裤套装就跳了进去，向第一夫人展示了一下她在游泳班的学习成果。“我觉得那是我这辈子最快乐的一刻。就我和第一夫人，一起在那儿游啊游。”

玛丽坚持说，艾米从没被惯坏。“她一直都是个独立的小姑娘，现在已经是个独立的女性了……她不是那种被惯坏的小公主，从来没有飞扬跋扈过，只是一个快乐的小孩罢了。”但是，艾米带着一本书去参加国宴时，记者们还是惊骇不已。罗莎琳解释说：“原因是，艾米出生时，我们已经结婚二十一年了。她出生在1967年，吉米在1970年当选州长。她跟着我们去的全是她不想去的地方，因为去了就是听政治演讲。所以我们为了让她想去，就允许她带本书或者涂色书。在她成长的过程中，周围只有大人，所以她学会了无论身在何处，都可以待在自己的小世界里。”在卡特总统的就职典礼上，走下国会大厦前的台阶就座前，一位曾在普兰斯时给艾米当过老师的朋友从艾米的外套口袋里掏出了一本书。艾米害怕父亲在发表就职演说时自己会觉得无聊，便提前拿了一本在手边，以防万一。

并非所有的第一夫妇与子女的关系都很简单。1987年，做完乳房切除手术后，南希·里根接到了一个电话，来电者是她最没有料到的人：她的女儿佩蒂·戴维斯。佩蒂是一位直言不讳的民主党人，在1980年的总统选举中就没有给她父亲投票，和母亲也有两年没说过话了。但是经过南希的哥哥劝说，她最终还是给母亲打来了电话。对话十分尴尬。“对不起。”听到母亲微弱的声音，佩蒂对南希说，“如果你决定做再造手术，我知道洛杉矶这边几位很不错的整形医生。”

长长的沉默。“我不想再做手术了。”南希告诉她。

“哦，我只是想——如果你以后要想……”佩蒂声音越来越小。南希很不高兴，后来说:“我经历了那些事情，我那会儿只想听些安慰的话。”

十天之后，又一个打击，南希的母亲去世了。佩蒂没有去参加姥姥的葬礼——她说她有出行计划，没法更改。南希的助理简·厄肯贝克至今仍然对佩蒂在那种艰难时刻对待南希的方式耿耿于怀。“没打过电话，没寄过慰问卡，没送过花——什么都没有。”厄肯贝克告诉南希，佩蒂不能来参加葬礼了。“她很难过……佩蒂的父母是总统和第一夫人，但她却没有好好利用，错过了很多美好的机会。”南希的办公室发表了一份声明，说佩蒂决定不参加外婆的葬礼，让“一颗已经破碎的心上又裂了一道缝”。

不过，里根夫妇与子女的关系，几乎自始至终都很紧张。南希在自传《轮到我了》(*My Turn*)中的献词页上写道:“献给罗尼，他一直都理解我。以及我们的孩子们，我希望他们能理解我。”佩蒂痛恨她父母的关系太亲密，以至于影响了他们与自己子女的关系。“罗纳德和南希·里根是一个圆圈分成了两半，”她说，“合在一起，他们是完整的，而他们的孩子只能在圈外飘。”她说她母亲对孩子们非打即骂，她父亲则对孩子们很冷淡。她弟弟罗恩和父母的关系好一些，但在政治上也与他们有分歧。佩蒂说，罗纳德·里根和第一任妻子简·怀曼的女儿莫琳·里根和养子迈克尔·里根，被南希当作外人一样对待。1981年，他们的父亲遇刺受伤后，他们在坐飞机去华盛顿时只能一路沉默，因为他们互相之间根本不了解。听到消息后，他们没有给对方打电话，南希也没有给他们打。父亲担任总统期间，佩蒂只去过白宫几次。“我意识到，我父母把以前在我们家门口等待我的那种寂静的氛围带到了白宫……我母亲的脚步声要比我父亲的大，听起来也更坚定。”佩蒂和著名演员克里斯·克里斯托佛森一起在某家酒店过夜时，消息不知道怎么传到了她母亲耳朵里——应该是从被安排跟踪佩蒂的一举一动的那些特工那里得知的——南希非常生气:“我知道你在这方面不检点也不是一天两天了，但你父亲现在是总统，我觉得你至少也要因为这个有所顾忌吧。”

芭芭拉·布什是自阿比盖尔·亚当斯以来，第一位既是总统夫人又是总统母亲的女性。而且，芭芭拉还处在一个十分微妙的位置上，作为母亲，两个儿子都有着当总统的抱负。沃辛顿·怀特在1980年到2012年曾在白宫担任招待，他曾经是弗吉尼亚理工学院的阻截球员，身高一米八八，情绪很少外露，但他谈到芭芭拉·布什和她的一家时，却泪眼蒙眬。2005年，这位虔诚的母亲、祖母和曾祖母，正在二楼的家庭餐厅和一大家子人享用早午餐，庆祝大儿子连任总统，但同时又处在一个很尴尬的位置上，要安慰她的另一个儿子、时任佛罗里达州州长的杰布·布什。怀特看到芭芭拉和老布什总统、杰布和妻子哥伦巴站在女王卧房和林肯卧房外的走廊里。和杰布及儿媳妇说话时，芭芭拉脸上挂着关切，眼睛里闪着泪光。一个儿子正在旁边的大厅里庆祝第二场总统选举的胜利，另一个儿子却正在经历一场政治危机，这就是她的处境。

杰布在1994年第一次竞选佛罗里达州州长失败后，布什一家非常震惊，而同一年，他的哥哥小布什刚刚赢得了得克萨斯州州长选举。震惊不已的老布什总统告诉媒体:“我们很为得克萨斯高兴，但我们的心在佛罗里达。”竞选失利后，杰布问母亲:“会难受多久? ”她后来回忆说，这段对话“差点儿让我难受死”。1998年，杰布再次参选并赢得选举时，芭芭拉和老布什总统这一次陪在杰布的身旁，虽然当年小布什再次参选得州州长并且取得了压倒性胜利，但布什夫妇觉得他们在选举夜需要陪在谁身旁，是显而易见的。

虽然不太清楚2005年那一天他们到底在讨论什么，但当时，佛罗里达州的特瑞·斯卡沃一案正如火如荼。杰布当时也深深卷入了是否要拿掉斯卡沃的鼻饲管这场引发了全国激烈争论的案件当中。斯卡沃已经陷入持续性植物状态达十五年之久。杰布让立法机构通过了“特瑞法”，禁止拿掉鼻饲管，但佛罗里达州最高法院以违宪为由，推翻了这项法律。布什的律师向美国最高法院发出听证请求，但四天之后，最高法院宣布将不会对此案进行听证，最终使得斯卡沃的丈夫迈克得以让医护人员拔掉了鼻饲管。芭芭拉告诉杰布，他已经做了很多，未来还有许多事在等着他去做。“她是在给他精神支持，就仿佛他刚刚在一场大战中失败一样，”怀特回忆说，“这么多年以后，我还是很感动。”

五十年前，芭芭拉曾直面过每个母亲的噩梦，当时，他们的第二个孩子、三岁的女儿罗宾，被诊断出了白血病。1953 年，布什夫妇的二儿子杰布才刚刚几周大，罗宾某天早晨醒来后，告诉她母亲：“今天早上不知干什么好。我或许可以出去躺在草地上看车来车往，或者我就躺在床上。”布什夫妇带着罗宾去看医生，想搞清楚她为什么觉得那么累时，被告知医生从来没有见过她这么高的白血球计数。他们问医院该怎么办，工作人员告诉他们，带她回家吧，她最多还能活三个星期。但他们不愿意就这样放弃，第二天，便带着罗宾去了纽约，托朋友照顾小布什和他刚出生不久的弟弟杰布。

之后，芭芭拉留在纽约陪重病的女儿，老布什则往返于纽约和得克萨斯州的米德兰，因为他刚刚在那儿开了一家新的公司。斯隆-科特林纪念医院的医生对罗宾采取了积极性治疗，多给了她七个月的时间，但经历了痛苦的骨髓象检查和输血。芭芭拉和其他一些陪护子女的家长成了朋友，认识了来自不同阶层的人，比如其中有个妈妈，每天都要从布朗克斯坐公交车来儿子乔伊床边照顾他，不像芭芭拉那样可以住在婆婆家位于萨顿大厦的典雅公寓里。芭芭拉在回忆录中写道：

“我非常喜欢那位勇敢的女士，我也很喜欢乔伊。愿上帝保佑他。”她把两个儿子的照片贴在了罗宾病床的床头板上，而罗宾则将大哥小布什称为“超人”。

当时的人们对白血病了解不多，布什夫妇的一些朋友担心这种病会传染。在罗宾最后的日子里，是芭芭拉陪在她床边，握着她的手，为她梳头。她从来没在女儿面前哭过，并且告诉来访的人，包括她丈夫和婆婆，在她面前也不许哭。她不想让女儿知道自己病得有多重。芭芭拉说：“乔治和他母亲心太软，很多时候我就得命令他们从病房出去。”情绪激动起来时，老布什会借口出去，告诉女儿他要去卫生间。他和芭芭拉有时候好奇，罗宾会不会认为“他的膀胱是不是世界上最小的”，因为他老是去厕所。芭芭拉回忆说：“他的心真是太温柔了。”她当时才 28 岁，却要做出一个迅速的决断：要么做一项很恐怖的手术来止住女儿的内出血，要么让她死去。丈夫当时在纽约，联系不上，所以她决定允许医生做手术。在四岁生日前不久，罗宾死在了手术台上。“我看见了她的小身体，看着她的灵魂离开了。”芭芭拉说。父母二人最后又抱了抱她。

在女儿与白血病做斗争期间，芭芭拉坚忍得令人难以置信，但当她坐在婆婆家楼上的卧室里，听着宾客陆续来参加女儿的追思会时，她向悲痛屈服了。“在她死前不许自己流眼泪的我，这时垮了。”她回忆说，“在接下来的六个月里，乔治会一次又一次地让我振作起来。”朋友们想让他们好受点儿，但他们说什么都于事无补。芭芭拉发现一个朋友在见她前，竟然对着镜子练习凝重的表情时，非常生气。“至少不是第一个孩子，更别说还不是男孩了。”来访者如此麻木不仁地说道。芭芭拉被这样的漠然态度气炸了，但丈夫让她冷静了下来。“乔治指出，这对他们来说也很难，我应该耐心一点儿，”她回忆说，“他说得对。我只是需要找个人来怪罪罢了。”在很长一段时间内，没人敢提罗宾，但这让芭芭拉更恼火。后来，罗宾的大哥小布什，慢慢开始随口提起她。一次看橄榄球比赛时，他对父亲说，真希望自己是罗宾，他父亲问他为什么，他回答："我敢打赌，她在天上看比赛比我们在这儿能看得更清楚。"芭芭拉靠着大儿子逗她开心，疏解了无法承受的丧女之痛。一天，她听到儿子告诉朋友，他不能出去玩，因为他得待在家里陪妈妈。就是在这个时候，她意识到，为了孩子，自己必须要努力做出改变了。"我心想：'嗯，我会陪在他身边。'"芭芭拉后来说，"但事实上，是他陪在我身边。"

布什夫妇把罗宾的遗体捐献给了科学研究，现在看到在治疗白血病方面已经取得了长足进步，他们很是欣慰。"罗宾给我带来了无数快乐，她就是我的小天使，不是某种悲伤或痛苦。"芭芭拉回忆起"她肉嘟嘟的小胳膊抱着我的脖子"时，说道。老布什告诉家里人，他觉得自己死后，第一个见到的人一定是罗宾。他的妻子对这一点深信不疑。但直到今天，谈论罗宾对他们来说也不是一件易事，每当别人提起这个话题时，芭芭拉就会说："我们现在都没事了。"显然不想再继续这个话题。

搬到白宫后，希拉里有了比以前更多和女儿相处的时间。她在小石城的玫瑰律师事务所担任合伙人，比尔当州长时，家里请过一系列住家保姆，一周七天、一天二十四小时待命。小时候要妈妈时，切尔西就学会了用"妈妈去演讲了"来自问自答。1992 年的总统大选期间，希拉里通过传真来辅导女儿的作业，每天晚上还会从酒店房间给她打电话。搬进白宫后，克林顿夫妇将二楼的食品储藏室改造成了一间可以吃饭的小厨房，这样他们就可以时不时地坐在小方桌前，一起吃吃便饭了。一天晚上，切尔西生病了，希拉里说，这时她感到，增加这个小厨房真是一个明智的决定。"我去给她做炒鸡蛋，结果大家都疯了。

哎呀，我们可以从楼下拿一个煎蛋上来。我说不用，我就想做点儿炒鸡蛋和苹果汁，给她吃点儿我们住在美国的任何地方我都会给她吃的东西。”福特的儿子斯蒂夫说，切尔西生活在媒体的聚光灯下，独自在白宫中长大，让他很难过。他写了一张便条，给她提供了一点建议：和你的特工交朋友。芭芭拉·布什带着希拉里参观白宫时，则建议她找个切尔西的表姐妹或者朋友来陪她住上一年，和她做伴。

克林顿的助理说，希拉里有着相当温暖和母性的一面。她的助理雪莉·萨格瓦生下第一个孩子几个星期之后，就来到了白宫工作，她接到了希拉里的办公厅主任梅兰妮·维维尔的电话，问她愿不愿意加入克林顿的团队。这样一份工作，她无法拒绝。在给儿子找到保姆前，她只能推着婴儿车，带儿子去西翼的办公室上班——就在希拉里的办公室旁边。(她现在开玩笑说，他可能是为数不多的几个需要过金属探测仪的婴儿之一。)“他刚睡醒，正号啕大哭呢，突然间，她出现在我的办公室门口，孩子还在哭。”当时正在打一个重要电话的萨格瓦觉得，希拉里肯定会告诉她还是别在这里工作了，但没想到希拉里却推着萨格瓦的儿子，在西翼的走廊里转，让他渐渐平静下来，而他母亲也打完了电话。萨格瓦说，希拉里给了她一些建议：趁孩子还小，多陪陪他。“他们还小的时候，总是在身边，你想什么时候和他们说话都可以。但他们长大以后，如果不常在你身边了，你会怀念那些他们在车里对你敞开心扉，跟你讲他们的烦心事的时光……因为那时候这一切都取决于他们了，而不是你。”在日程允许的时候，希拉里总会尽可能和切尔西在一起，一家人沿着华盛顿的切萨皮克－俄亥俄运河骑自行车，去参加学校的募资活动。切尔西不一定真的需要她辅导功课，但希拉里还是经常主动陪她做作业，就是想一天忙完之后能和她待一会儿。

尽管希拉里竭力不让切尔西被惯坏，但并不总是能做到。搬进阿肯色州的州长官邸后，克林顿一家的生活发生了变化，开始变得像名人，与老朋友的共同点越来越少。在今天的小石城，沿着克林顿总统大道往东开车十五分钟，你可以从希拉里·罗德姆·克林顿儿童图书馆，直接到达比尔和希拉里·克林顿国家机场。希拉里以前在小石城的朋友玛丽·安·坎贝尔回忆了一次和希拉里以及她们的朋友、演员玛丽·斯汀伯根吃午饭的经历。希拉里跟她们讲了一件切尔西的事。克林顿担任州长时，切尔西正上小学，一天，她和另一个孩子玩耍时，因为游戏吵了起来。切尔西说:“如果你不听话，那我就让我爸爸打电话给国民警卫队，把你抓起来。”希拉里听到后，吓坏了。她告诉切尔西:“这种话可不能乱说！”

但几乎所有人都认为，希拉里和比尔培养出的女儿一点都没被宠坏，而且还习惯给官邸员工写便条，为诸如她卧室里漂亮的鲜花这类小事感谢他们。在怀俄明州的杰克森霍尔为希拉里的一位助理举办的生日宴上，切尔西收到了一位国家公园管理局的员工送的纪念礼物:一只护林熊玩具。她坚持要写感谢信给送她礼物的人，要到这个人的姓名和地址后，才最终离开。

母亲这个角色，将所有这些女性联系到了一起，无论她们之间有多么不同。米歇尔·奥巴马和希拉里·克林顿没有太多的共同点。朋友们说，米歇尔从来不想做一个公众人物，虽然答应付出八年，但巴不得它们早点儿结束。这显然和希拉里不一样，在我写这本书时，她正在尝试重返白宫。不过她们有一个共同点，那就是她们都和自己的母亲有着深厚的感情，也想尽心竭力地当个好母亲。

“我母亲去世后，我也痛不欲生，我知道这是什么感觉，”希拉里对一位刚刚失去母亲的朋友说，“我永远都无法接受这个现实。”在2015年接受美国广播公司的采访时，希拉里提到她母亲多萝西·罗德姆后，情绪有些激动。2011 年去世的多萝西，从小生活贫穷，父母离婚后，八岁的她从芝加哥被送到加利福尼亚，和她祖父母一起生活。“她每天都会对我说，无论多难，你都要站起来为你所信仰的东西而战斗。我经常会想起她，我经常会想她。真希望她现在和我在一起。”

米歇尔和她母亲玛丽安·罗宾逊的关系很深厚，并且赞扬她帮助自己的家人在白宫里保持了脚踏实地的态度。米歇尔说，丈夫当选伊利诺伊州参议员后，她有时会觉得自己就像个单身母亲。

在通常情况下，他只有从星期四晚上到星期一下午会待在芝加哥，一周剩下的时间都在春田镇。“有时确实累人，因为你一周七天、每天二十四小时都不能休息。我们要搞明白的是，在一定程度上就是我需要什么样的支持，来让我的生活少些混乱？我很想这种支持来自孩子们的父亲。但只要我们的孩子高兴，觉得和他亲近，那么支持是不是来自他其实并不重要。所以我后来也不再纠结他给不了我支持这件事了。反正我母亲、朋友和保姆可以给。”

希拉里曾因为那句饼干的评论惹恼了很多全职妈妈，和她不同的是，米歇尔将她在工作与生活以及做母亲方面的挣扎，用一种更隐晦的方式表达出来：督促女性要把自己的幸福感放在首位。

她承认，有时候她会感到孤独无助。“我抱着刚出生的孩子坐在那里，又生气，又劳累，身体也变形了。孩子凌晨 4 点醒了，需要喂奶。我丈夫还躺在床上继续睡。那一刻，(我) 突然想到，要是我不在的话，他肯定得醒过来 (去照顾姑娘们)。真成功了。我从健身房回到家以后，孩子们已经醒了，也吃了东西。我必须为我自己这么做。”

去芝加哥大学医学中心面试工作时，她正在休产假，而且仍然要给新出生的女儿哺乳。因为没有请保姆，所以她带着孩子去参加了面试。“萨莎全程都在睡觉，谢天谢地。”米歇尔在芝加哥的长期发型师迈克尔·“拉尼”·弗拉沃斯说，米歇尔和她母亲很像，对孩子管教很严厉。“她们只要瞪你一眼，你就得石化，动都不敢动。”发廊的前台一般都会放一小碗糖果，但萨莎和玛莉亚不会像很多小孩子那样抓一把，而是先问：“妈妈，我能拿一块糖吃吗？”和很多妈妈一样，米歇尔去做头发时，有时候会带两个女儿一起。孩子们很小的时候，她要洗头发了，就会让别的女人帮忙抱一下，但是洗完要吹干时，她又会把孩子接过来，让她坐在自己的腿上。“那幅画面真的很美，”弗拉沃斯说，“但她不得不放弃这种生活。”白宫前总招待、海军上将斯蒂芬·罗尚回忆说，他过生日那天，玛莉亚来到了招待办公室，她母亲跟在后面，拿着给他的生日蛋糕。奥马巴的女儿从来都很有礼貌，罗尚说：“玛莉亚上官邸二楼时，我会问：‘你今天怎么样呀？’她也会问我：‘您今天怎么样呀？’”在芝加哥的家中，米歇尔规定，可以在楼上的卧室胡闹，但在楼下大人们待的地方不行。即便到白宫后，她每天也只允许女儿们看一个小时的电视，而且必须在做完作业之后。

在培养子女方面，米歇尔十分佩服希拉里培养好切尔西的能力，并且给自己唯一的孩子隐私空间的要求。“跟切尔西聊一会儿，你就能看出来这是个成熟、端庄、理智的姑娘。(克林顿夫妇) 在这方面做到了。”米歇尔告诉丈夫的顾问，她希望在大多数晚上，一家人能在 6 点半一起吃晚饭，因为她和女儿们也很少会去西翼。不过，她们现在倒是能经常见到爸爸了，不像以前他在芝加哥和华盛顿或者春田镇来回飞时那样。“住在白宫反倒让我们一家人的生活比以前更正常了。”总统在给 *More* 杂志写的一篇专栏中说，“我们自己也惊讶地发现，搬到白宫后，是自从女儿们出生以来，我们全家第一次几乎每晚都可以聚在一起。”

米歇尔在白宫定下了一条严格的规定：二楼、三楼是家庭区域。奥巴马一家是第一个自己把居住区的灯关掉的第一家庭。“她把这里当成了自己的家，”招待沃辛顿·怀特说，“她不需要别人上来替她关灯，她需要的是隐私空间。”在奥巴马夫妇住进白宫前，每天晚上，一位招待会把从西翼拿来的一个工作文件夹放到总统卧室外沙发后面的书桌上。总统和夫人从卧室出来时，一眼就能看到那个文件夹——总统的文件在左边，第一夫人的文件总是在右边。米歇尔不喜欢这个制度，因为这相当于在说，总有事要处理，就连在住宅最私密的区域也一样。她下了一条指令，说丈夫的所有工作资料都放到条约厅去，因为那里才是办公的地方。东翼给她的阅读资料则放在一间侧边的办公室。这是个小变化，却代表了一种完全不同的思维方式：她想让每位员工都知道，这是一家人的家，不是椭圆形办公室的分部。

她怀念以前那些没有生活在白宫里的日子，和女儿们外出时，不会有一大堆摄像记者围追堵截。奥巴马身边的一位助理有个孩子，年纪和奥巴马的一个女儿差不多。在足球赛季期间，第一夫人逗他说，他整个周末可能都得忙着和别人拼车了。“是啊，有可能，”他耸耸肩说，“我猜你肯定不怀念这一点。”她答道：“啊，那你可要吃惊了。”

玛丽安·罗宾逊住在三楼的一间套房里，搬进去之后不久，她便打电话到招待办公室，要求以后给她送官邸员工吃的食物；她很快就厌倦了厨师们为了给第一家庭留下好印象而制作的那些精致菜肴。她原本不想搬家，不想放弃她在家乡芝加哥的生活——她刚刚加入了一个老年人的跑步俱乐部，并且赢得了她的第一场田径比赛——在米歇尔摆事实讲道理，说明要想让萨莎和玛莉亚一直能保持脚踏实地的状态，这是最好的办法之后，她才最终同意。“他们非要拉着我去不可，”在2009年的一次采访中，她说，“我其实挺不舒服的。但我只能做我该做的。需要你怎么做，你就去做。”因为她成功地避开了媒体的聚光灯，所以相对来说并不为人深知。她会坐着没有任何标志的SUV送外孙女们上学，偶尔还会离开白宫，外出购物。全家刚搬进白宫时，奥巴马总统曾颇为迷惑地说，他的丈母娘“就直接走出大门，到 CVS 商店[1]买东西去了”。不过随着时间的推移，玛丽安愈加觉得孤独。

“夫人，我让我太太带您出去转转吧，呼吸一下新鲜空气。”一天早上给她送早餐时，男仆领班乔治·汉尼告诉玛丽安。

“我巴不得呢。”她回答。于是，他的妻子雪莉便带着米歇尔的母亲去了城郊的一家购物商场吃午饭。雪莉不愿意透露是哪家商场，因为她担心如果人们知道她去哪儿的话，她就更难离开白宫了。

“我觉得肯定很孤独，”雪莉说，“第一家庭有自己的安排，那时候她才可以休息一下。”

第一夫人对于那些最信任的员工，也有着母亲般的关怀，尤其是像雷吉·洛夫这些年轻人。现年 24 岁的洛夫从 2006 年开始便为当时还是参议员的奥巴马工作，他提到米歇尔时，说:“坚强又美丽——让我想起了我妈妈。”洛夫在 2011 年辞了白宫的工作，准备去读商学院时，米歇尔还逗他说，要找个女朋友，安定下来。在 2008 年的竞选期间，她会走到员工身旁问:“你还好吧？”“吃饭没问题吧？”要是年轻的员工家里有人去世，她通常会多关心一下。比尔·波顿是奥巴马第一次竞选总统时的全国新闻秘书，后来又担任了白宫的副新闻秘书，他回忆说，2008 年，米歇尔还没有厌烦每天奔波在路上，到各地竞选，那时候和她一起出行非常有意思。他曾陪她和她的新闻秘书凯蒂·麦考密克·莱利维尔德去新罕布什尔州。他回忆说，从机场开着租来的面包车到第一场活动的现场用了四十分钟，在这期间，她一字一句地在信纸上写下了八页的演讲稿。不过，她最终没有用到。“我们到了活动现场后，她脱稿发表了演讲，张口说出来的全是工整的句子和段落，一下子就惊艳了观众。”活动结束后，他们当天在新罕布什尔到处

1 美国药品连锁商店。

转了转，后来把车停在了一家麦当劳门前，马上就要成为第一夫人的米歇尔点了一份麦香鱼。(“我永远忘不了这个，因为谁会在麦当劳点鱼吃啊？”波顿大笑着说道。)因为下大雪，他们在机场被困了好几个小时，当时他们坐在机场的小咖啡厅里，分吃了一块比萨，米歇尔喝了红酒，他则喝的是啤酒。“那就是你会在电影里看到的那种竞选路上的美好时光。因为百分之九十的日子并不是那样，你会很珍惜这样的日子。”

V

Supporting Actors 配　角

让别人要麦迪逊大道吧，我只要小鸟。

——林登·贝恩斯·约翰逊谈妻子无与伦比的政治悟性

第一夫人对丈夫的支持，还包括在发生悲剧时提供慰藉和常态感，就像约翰逊夫人在肯尼迪总统遇刺之后和劳拉·布什在“9·11”事件之后做的那样。比起丈夫，第一夫人可以用更私人化的方式和悲痛的母亲或者妻子讲话。在通常情况下，她们会为了丈夫的总统职位，将自己的抱负和欲望搁到一边。就算她们想做点微乎其微，看起来无关紧要的事情，比如撤换白宫的某位工作人员时，也要征询丈夫的许可。她们是国家舞台上的联合主演，她们的一举一动都会受到密切关注，她们无论做什么事，都要事先考虑一下这件事会对总统造成何种影响。总之，如果没有她们，那么她们的丈夫能否当选就会打上一个大大的问号。

约翰逊夫人很喜欢读书，但上了年纪之后，她患了视网膜黄斑病变，看书变得十分吃力。她那些忠诚的员工——基本上都是女性，有些从她在白宫时就一直跟着她——会轮流读给她听。雪莉·詹姆斯是约翰逊夫人的行政助理，2007年7月11日，约翰逊夫人在94岁高龄去世时，雪莉就陪在她身旁。多年以前，约翰逊夫人答应做一个回顾性采访，聊聊1968年，詹姆斯曾帮她做过准备。两个人安静地坐在约翰逊一家位于得克萨斯的农场上，詹姆斯为她大声朗读了她在罗伯特·肯尼迪和马丁·路德·金遇刺时写下的日记。读到约翰逊夫人在罗伯特·肯尼迪被杀害当天写的日记时，詹姆斯不得不强忍住眼泪。“1968

年是地狱般的一年。”詹姆斯一边读，一边摇头，眼泪唰唰往下掉。她抬起头看了看约翰逊夫人，却惊讶地发现平时不怎么哭的她也泪流满面。“是啊，”约翰逊夫人轻声说，“地狱般的一年。”她在罗伯特·肯尼迪遇刺当天的日记中写道：“整件事让人有一种不真实感——就像噩梦一样。怎么可能发生？肯定是你做梦了。可这类事以前就发生过。”

她太清楚以前发生过什么了，1963 年 11 月 22 日，当肯尼迪总统被杀害后，她的人生也永远改变了。在现代的第一夫人中，没有哪位像约翰逊夫人一样，经历过这种暴力之下的政府过渡。与前任不一样的是，约翰逊搬进去时，白宫正处在悼念气氛当中。她的社交秘书贝丝·阿贝尔回忆说，整个过渡让人很难受：“我们没有感受就职典礼的那种兴奋和刺激，而是搬进了一座吊灯和柱子上都挂着黑纱的房子。”

这位新晋第一夫人，经常会哀叹她的家人突然被推到了一个进退维谷的位置上。她在日记中写道：“如果林登能把天上的星星都摘下来，给杰姬·肯尼迪做一条项链，他肯定会这么做。”肯尼迪遇刺时，约翰逊夫人就在后面的车队里，在从达拉斯返回华盛顿的飞机上，她经过放在飞机走廊里的肯尼迪灵柩，走到神情恍惚的杰姬面前。“我们之前连副总统都不想当，”她告诉杰姬，“亲爱的上帝，现在竟然到了这一步。”媒体追问她的新闻秘书丽兹·卡朋特，杰姬和她的子女什么时候会搬出白宫时，约翰逊夫人异常愤怒。她告诉卡朋特：“我真希望我能让肯尼迪夫人好受点儿。我能做的只有尽量给她提供方便。”

约翰逊夫人坚决反对在 1963 年 12 月 7 日让全家搬进白宫的计划，因为那天正好是珍珠港遇袭纪念日。“那是我仅有的一次见我父母吵架——其实也不能说是见，应该是不小心听到——我听到父母的声音越来越高，话语间还有些愤怒的表达，”露西·约翰逊说，“我母亲平时端庄恭敬，我父亲平时非常尊重她。但当时，我父亲说：‘我们必须在 12 月 7 日搬进去，小鸟。’我母亲说：‘林登，除了那天，哪天都行，哪天都行。’”露西回忆说，约翰逊夫人当时“恳求再选个别的日子”，但最终，她输了。

约翰逊夫人和杰姬的关系有些复杂。杰姬的年轻、美貌也不是她所能及，得克萨斯一家报纸的编辑曾经对她说：“你真可怜，要接替的人是杰姬。”“别可怜我，”她说，“替肯尼迪夫人伤心吧。她刚刚失去丈夫。我还有我的林登。”外貌无法与杰姬相比，她就用奉献和毅力来弥补。1960 年竞选总统时，杰姬正怀着约翰 - 约翰，时任参议员的肯尼迪便邀请约翰逊夫人来承担了一个决定性的角色。她很为自己是南方人而自豪（经常在句子里掺杂“石榴是种子多，他是点子多”这种表达），在各地竞选期间如鱼得水。为丈夫和肯尼迪助选时，她接到了一个电话，说她父亲（备受她爱戴）的一条腿染上了败血症，第二天要截肢。听电话时，她浑身开始哆嗦，但很快便让自己稳定下来。“手术几点做？”她问她父亲的主治医生，“我到时候去。”她并没有立即告诉林登·约翰逊，因为他当时正在穿衣服，准备去参加一场活动，而且还在处理好几个政治问题。一直到他情绪好起来后，她才轻轻地把手放在他的肩上，说：“爸爸明早要做手术，我得去陪他。”约翰逊重重地叹了一口气，点点头，然后两人继续参加当晚安排的竞选活动。约翰逊夫人只能凭借着卓越的自制力，将私人痛苦从脑海中抹掉，继续完成自己的使命。

成为第一夫人后，她热切地接受了那种令人筋疲力尽的日程安排。她告诉总招待韦斯特：“我丈夫是第一位的，姑娘们第二，剩下的留给我即可，我都会满意。”从艾森豪威尔总统的第一个任期便开始在白宫工作的门卫普雷斯顿·布鲁斯，会站在雄伟的门厅门口，饶有趣味地观察她。“在白宫的时候，我没见过她为自己考虑过一刻。”在 1960 年的竞选中，她一共跑了近 6 万公里，访问过 11 个州，有一次甚至在两个月内参加了 150 场活动，并且在 5 天内发表过 40 场演讲。罗伯特·肯尼迪当时曾说:“约翰逊夫人为我们赢了得克萨斯。”而在丈夫成为肯尼迪总统的副手后，她在大多数时候也成了一位替补，当杰姬不愿拍什么宣传照片或者出席什么活动时，她就会替杰姬去。总共算起来，她一共为杰姬顶过五十多次——当杰姬又来她那种标志性的“婉拒”时，代她参加活动——后来，杰姬的员工甚至开始称约翰逊夫人为“圣小鸟”，因为她一次又一次地替他们解了围。

为约翰逊担任过社交秘书的贝丝·阿贝尔（当时她还有两个很小的孩子）回忆说，约翰逊夫妇经常会招待客人，所以他们和手下的每个员工工作都非常努力。在正式的宴会开始前，等所有客人就座后，阿贝尔会偷偷跑到招待办公室，对着电话给儿子读睡前故事。“有些人可能觉得这太过分了。”她大笑着说。但是，这样的工作和友谊，她和约翰逊夫人拿什么都不会换。1968 年，当丈夫宣布不谋求连任时，约翰逊夫人说:“我们一定得好好利用从现在到明年 1 月 20 日之间的每一分钟、每一个小时、每一天。”

上高中时，约翰逊夫人是个天资极高的学生，但她太过腼腆，竟然会故意在考试中答错，这样就不用在毕业典礼上作为优秀学生代表致辞了。不过，在后来的岁月中，她逐渐自信起来，上了得克萨斯大学，获得了历史和新闻的双学位，而在当时，几乎没有几个女性会梦想去上大学。她父亲是得克萨斯东部一个小镇的首富，她母亲（在她五岁时去世）则来自阿拉巴马州的一个富有家庭。当约翰逊决定竞选国会议员时，她从遗产里拿出一万美元，帮助他实现了目标。

她自己曾想做一名记者，但遇到年轻的国会助理林登·贝恩斯·约翰逊之后不久，她便放弃了自己的计划，选择了这个被她形容为与众不同到“让人觉得像被电击了一样”的人。她说，她觉得自己“就像一只蛾子，被火焰吸引了”。两人认识的第二天，他便向她求婚，但她有些犹豫。当时，约翰逊正在华盛顿为得克萨斯议员理查德·克莱伯格工作，而她则住在得克萨斯州卡纳克的家中，在随后的日子里，两人之间互通了九十多封信。“我们要么现在就结婚，要么永远都不结。”他这样写信给她。几天之后，他拿着从希尔斯百货商场买来的一枚价值两点五美元的戒指，出现在她的家门口，并且说如果她不同意，他就不走。1934 年 11 月 17 日，两人在第一次见面不到三个月时，21 岁的她和 26 岁的他最终喜结连理。

尽管约翰逊夫人通过经济上和情感上的支持，帮助他达成了他所有的竞选目标，但林登·约翰逊有时候却会公然蔑视她。比如在公共场合教训她，拿她和他觉得更漂亮的那些女性对比，搞得其他人都觉得脸红。在宴会上，他会大叫着让她给自己再拿一块派，或者告诉她换掉她“那看起来很古怪的鞋子”。他第一次竞选国会议员时，甚至都没有提前告诉她，在他公开宣布之后，她才知道。“回头见，小鸟。”一旦有什么政治上的事要谈，他就会这么对她喊一句——意思就是让她立即离开房间。他讨厌紫色，所以不许妻子穿这种颜色的衣服，也不让她穿粗布衣服。（阿贝尔说：“他喜欢那种能显身材的衣服，如果你有身材的话。”）由于丈夫有时候喝酒没有节制，所以约翰逊夫人偶尔会请白宫的男仆给他的威士忌兑水。约翰逊的顾问乔·卡利法诺说，能娶到约翰逊夫人是林登·约翰逊这辈子最大的福气。“在他失意时，她会帮助他。他基本上是一个躁狂抑郁症患者，时好时坏，而她能让他保持情绪稳定。”

随着约翰逊的政治星辰渐渐升起，约翰逊夫人也愈加自信起来，从一个害羞的书虫变成了一股政治力量、一位精明的商业女性，比如她曾（不顾丈夫的反对）从遗产中拿出 1.7 万美元，投资了一家小媒体公司，等到他们入主白宫时，这家公司已经价值 900 万美元（换到今天，大约有 6800 万美元）。约翰逊夫人还清楚地记得他们第一次拿到分红时的情景——1944 年 8 月，她的投资赚了 18 美元。1941 年，丈夫第一次竞选参议员失败，重新回到众议院后，她积极承担起了自己的政治角色。而第二次世界大战期间，他在海军服役时，他的立法事务办公室便是由她来管理的。

林登·约翰逊每天几乎要抽六十根烟，1955年，他在参议院心脏病发作，差点儿丢了性命。正是从这时开始，他将她视作了自己的生命线，住院后便恳求她一直陪在他身边，而作为一位尽职尽责的妻子，在那五个星期里，她只回家看了两次当时分别只有11岁和8岁的女儿们。“她总是把他摆在第一位，”约翰逊的社交秘书贝丝·阿贝尔说，“那两个闺女，自己可以照顾自己。”这场病让约翰逊对妻子的态度好了不少。与死神擦肩而过的他，开始允许她旁听一些政策的讨论，而且还会向她征求意见，问她觉得美国民众会如何接受某些决定。她也逐渐发生了变化，部分原因就是因为她在丈夫的世界里有了新的位置。在20世纪50年代中期，她开始批评林登·约翰逊，有时候在公开演讲时，如果她觉得他讲的时间太久了，甚至会给他递字条，“该收了”。如果他不听她的建议，有时候她还会亲手去拽他衣服的领子，让他坐下来。

在白宫里，约翰逊夫人每天都会提前规划，在她的“办公室”里辛勤工作，不过说是办公室，其实就是一间奶白色的卧室，她会在里面研究讲稿、口授信件等。有时，她会跑到蓝白色装饰的女王客厅搞“教育启蒙计划”这类项目，组织每月一次的“女性实干家”午宴（聚集了很多女性商业精英）。她最被人称道的是提出了被昵称为“小瓢虫法案”的《高速公路美化工程法》，这项由她丈夫在1965年10月25日签署的法案，要求对全国公路上的大广告牌做出限制，对公路进行美化，在沿线种植花朵等。但鲜为人知的是，在丈夫担任总统期间，她几乎影响了二百多项有关环境的法案。她曾力主保护加利福尼亚州的红杉林和美到让人窒息的大峡谷。而且她还是全国最早也是最著名的环保主义者之一，坚信大自然的美中有一种神圣的东西，必须受到珍视和保护。“花开的地方，也会绽放希望。”她这样说道。

她对员工很好。电工比尔·克莱伯回忆说，他儿子出生后，特工来找他，问他妻子在哪个医院，第一夫人想送一束花过去。“不会吧？”他一边摇着头，想忍住眼里涌出的泪水，一边说，“第一夫人出去买了花，带着花去了医院，亲手送给了她。”后来克莱伯感谢她时，约翰逊夫人告诉他，这是她当第一夫人以来，干过的最容易的一件事。

1964年，失败的风险比1960年还要高，丈夫告诉她，他需要她来帮忙赢得总统大选。她是第一位没有丈夫陪伴，独自去各地参加竞选活动的第一夫人，在那场历史性的走马观花式巡回演讲中，她乘坐她的“小瓢虫特别号”火车，在南方的八个州来回跑了两千六百多公里，面向五十万人发表了四十七次演讲。1964年秋天，她丈夫在南方遇到了麻烦，因为几个月前，他曾通过了《1964年民权法案》，推翻了所谓的吉姆·克罗种族隔离法。一些南方人觉得他们的生活方式受到了威胁。在得克萨斯州东部一个小镇长大的约翰逊夫人，成了政府派往南方的大使。她用缓慢的语速、坚定的声音，敦促南方人接受种族隔离的废除，否则就只能眼睁睁地看着他们的经济崩溃。对于她的得州口音，一位助理说：“他们或许不相信你说的话，但他们肯定明白你说话的方式！”她告诉手下：“不要让我去那些容易说服的城镇。谁都可以去亚特兰大——那里代表着现代的新南方。给我那些难搞的地方吧。”到达某个州后，且不论那里是民主党还是共和党占优势，她都会坚持给该州的参议员和州长打电话，告诉他们自己到了，请他们和她一起上火车。这招非常聪明，使得她丈夫那些最激烈的批评者也对她钟爱有加。“我并不认为会有多少人接受我的邀请，”她承认，“但总该礼貌地问一下。”

在南方乡下那些小城镇的火车站里，成千上万的人聚集在铁道两边。约翰逊夫人受到了死亡威胁，愤怒的闹事者还举着牌子，上面写着

“黑鬼的小鸟，滚回家”。助理注意到，他们越往南走，她的南方口音就越重。对于那些认为民权法案是一种背叛的人，她想告诉他们：“在南方这片土地上，爱比恨多。”她会站在火车守车的平台上讲话，有时还会镇定地举起戴着白手套的手，试着让抗议者安静下来。在某一站，愤怒的人群大喊各种种族歧视的口号时，她告诉他们，这些话“不是出自南卡罗来纳州的人民，而是出自困惑之人”。约翰逊的助理比尔·莫耶斯回忆说，他曾接到一位先遣助选人员从路上打来的电话，对方努力忍着眼泪说：“只要我活一天，我就会感谢上帝让我今天在这里，这样我才可以告诉我的孩子，勇气能带来改变。”在南卡罗来纳州的哥伦比亚市，一群年轻人喊：“我们要巴里（约翰逊的共和党竞争对手巴里·戈德华特）！我们要巴里！”第一夫人没有失去冷静，而是转身对他们说：“我的朋友，在这个国家，我们有权表达不同的观点。你有权表达你的。但现在，我也有权表达我的。”人群发出了赞许的吼声。当路易斯安那州的众议员黑尔·博格斯对这些捣乱者感到非常愤怒，告诉第一夫人他想代她发表一个声明时，她把他叫到自己的私人车厢里，告诉他：“什么丑恶的时刻我自己都能处理。”而当特工处告诉她，需要排查铁道，看看有没有炸弹时，约翰逊夫人也拒绝取消行程。（正是因为这个原因，另外一辆机车会提前十五分钟先出发，为她的火车探路。）

来自佐治亚州的卡特一家，和约翰逊一家一样来自南方，在 1964 年的竞选期间，卡特总统的母亲莉莉安·卡特，曾担任林登·约翰逊在佐治亚州阿梅里克斯的县竞选委员会主席。“没人愿意做（那份工作）。”罗莎琳·卡特说。在众多的第一夫人中，只有她能真正理解约翰逊夫人在南方的竞选旅行所经历的一切。人们曾用香皂在莉莉安停在竞选中心外的车上写下种族歧视的侮辱语言，还把车的天线拧成了一个结。“我们的孩子会戴着民主党的徽章、林登·约翰逊的徽章去上学，结果挨了打，”卡特总统回忆说，“衣服都被撕破了。”

尽管遭遇了很多仇视，但约翰逊夫人却觉得南方之行很愉快，火车上充满了欢声笑语。车上年轻、漂亮的女乘务员穿着蓝色的制服，散发“一路支持约翰逊”的徽章。对于随行的 225 名记者来说——一共用了 19 辆面包车才把他们全装下——每天下午 4 点到 5 点是享乐时间，可以吃到各种当地的美食：弗吉尼亚州的火腿和小松饼，佛罗里达州的虾和鳄梨酱。两节餐车全天候开放，提供的菜包括“约翰逊牛排大盘——请说明：迫不及待开始、正在路中央，还是一路到底”。11 月，约翰逊赢得了南方大部分的州，也赢得了选举。贝丝·阿贝尔笑着说：“所有参与了那次火车旅行的女性，如果说在上火车之前还不是女权主义者的话，我敢肯定，下车之后肯定是了。”约翰逊夫人则说那次旅行“是我人生中最戏剧性的四天，最累人，但也最满足”。

约翰逊夫人从一个完全远离政治的女性，逐渐变成了丈夫在白宫里不可或缺的顾问。那些年，约翰逊曾形容她是“全家的智囊和钱袋”。在 1964 年大选之前，约翰逊总统产生了深深的自我怀疑，而她为他做的，可远远不止于争取选票，她还给他打气鼓劲。“亲爱的——你和哈里·杜鲁门或者罗斯福或者林肯一样勇敢。你一定可以在所有这些痛苦中找到一些平静、一些成就。”她在一封信中这样写道，并补充说，她不怕“失去金钱或者失败”。这种坚定的力量，在所有现代的第一夫人身上都能看到，她们将支持丈夫视作了自己的职责所在。“我知道你和那三十五个一样勇敢（约翰逊是第三十六任总统）。”她写道。

对于约翰逊的一些古怪要求，她早已见怪不怪，比如在他们住过的每座房子里，他都坚持要安装水压高到不可思议的淋浴，而且电话也要在触手可及的范围之内。尼克松当选总统后，曾从总统卧室里拆掉了五十根电话线。贝蒂·福特领着新上任的新闻秘书到餐馆二楼时，曾指着总统卫生间水槽上方的十个电源插座说：“据我所知，原来那个插座有一天突然不能用了，约翰逊一怒之下就装了这么多。”在当总统以前，约翰逊就老是在打电话，以至于还要求在他们位于奥斯丁的家中后院一棵乘凉的树底下装了一部固定电话。约翰逊夫人生他们的第一个女儿琳达时，约翰逊又像往常一样打了很久的电话，最终不得不被人从电话旁拽走。

约翰逊夫人和丈夫在 1964 年 10 月 14 日的通话，证明了她确实是丈夫的道德指南针。在总统选举几周前，他们从 1939 年便认识的老朋友、政治顾问沃尔特·詹金斯遭到逮捕，被控在离白宫几个街区远的一家基督教青年会的男厕所里违反道德，有同性恋行为。在当时出了这样的丑闻，约翰逊夫人很清楚詹金斯不能再在丈夫的政府中工作，但她也不想丢下他和他的家人不管。

给丈夫打电话时，她建议他们让詹金斯去他们在奥斯丁拥有的电视台担任二把手。“我现在不能做类似的事。”总统这样说，并且敦促她找个助理传话，让詹金斯和他妻子（也是他们的密友）知道他很容易就能找到别的工作。顿了一会儿后，约翰逊夫人坚定地说：“我觉得这么做不对……我要是被问到，我肯定会被问到，那我就会说，我认识他很多年了，这事不足为信，他是个虔诚的天主教徒，六个孩子的父亲，婚姻美满的丈夫。这事只可能是因为他有段时间精神崩溃了。”约翰逊打断她，求她不要公开发表任何意见。“如果我们不表达一下对他的支持，我们会失去所有陪我们一路走来的那些人的爱和忠诚。”她这么跟他讲之后，总统才告诉她，他会和助理商量一下发表声明的事情，但当她告诉他，她已经拟好一份后（经常会先他一步），他却又开始抗拒了。她硬要他发表一份公开的支持声明，但约翰逊说：“如果你知道这种事，还赞成它或者容忍它，那么，普通农民是不会理解的。”

电话最后，约翰逊夫人用温柔动听的声音抚慰了一下丈夫的自尊心，然后告诉他，不管他愿不愿意，她都会发表一份声明。“我可怜的爱人，我的心也为你碎了。”

“我知道，亲爱的。”他说。

“你是个勇敢的好人，如果你读一读我在沃尔特的支持声明中说的话，会发现它们和我刚才对你说的话基本一致。”她的声明抢在了总统的声明之前。

拉里·坦普尔曾是约翰逊的特别顾问，他说：“在我为约翰逊工作期间，没有人能比约翰逊夫人和他的关系更亲密。绝对没有谁的建议、劝告和评价能比约翰逊夫人的更受他的重视，被他接受得更多。”坦普尔比任何人都了解他们两个人的关系，因为他的职责之一是，每天早上7点半时在他们的卧室向总统汇报工作。约翰逊和夫人那会儿仍然穿着睡衣躺在床上，不过总统一般已经打了很久的电话。坦普尔很清楚，如果约翰逊夫人哪天出城的话，他就得在总统面前多加小心。“如果她不在，比如偶尔和朋友去纽约看话剧什么的，他就会变得像只笼中的野兽。”

她是他最信任的顾问。两个人每天会在他的卧室吃早餐，而他则会认真地听她讲。她甚至还会给他的演讲打分。“她给他打分，他就坐在那里听，因为他觉得她并没有什么别的目的，就是为了他好，会告诉他他需要听到的东西，不管他想不想听。”约翰逊的女儿露西说，“他喜欢吗？肯定不喜欢。”她笑着说，她母亲是“唯一会告诉他牙齿上有片菠菜叶子的人，这样他才有机会跑到镜子前，把它弄出来”。约翰逊夫人是丈夫最好的朋友。“我觉得，他认为有这么一个人爱他，他也成了一个更好的人。”露西这样说道。

1964年3月7日，在他参加完一场新闻发布会后，约翰逊夫人在电话里对丈夫说：“你是想现在花一分钟听一下我的评价，还是想等到晚上？”“好，夫人，”他答，“我现在就愿意。”她的看法是：他的语速太快了，还老是低头看讲稿。他得在上台前先看看内容才行，念的时候要更激情些。“我觉得可以算B+吧。”1968年，约翰逊对全国发表电视讲话，令人惊讶地宣布他将不谋求连任，而就在讲话前一刻，约翰逊夫人还跑到椭圆形办公室，给坐在桌子后面的丈夫递上了一张字条:“记住——速度与激情。”

在他去世后的很多年里，约翰逊夫人经常会去他的总统图书馆。因为在仿造的约翰逊总统的椭圆形办公室里装着喇叭，她可以听到他的声音在走廊里回荡。“我经常想，听到他的声音，对她来说会不会痛苦。”他的朋友和前助理贝蒂·提尔森说，“我觉得她应该是觉得很安慰。她以前经常会谈起他……她曾经说自己特别希望他能看看露西和琳达现在成了多么优秀的姑娘。”在写于 1999 年 1 月 13 日的一封信中，约翰逊夫人告诉她的朋友贝蒂·福特，在节假日期间，孙子辈和重孙子辈来看她的时候，她尤其想念丈夫。“林登肯定会很高兴，而且毫无疑问，他还会把气氛搞得更热烈。”

现代的第一夫人会把自己的梦想放到一边，支持丈夫的雄心壮志。但在希拉里身上，虽然她暂时绕道去帮助丈夫，但是从没有放弃自己的计划。她不会满足于一辈子扮演配角。

比尔和希拉里认识的过程，就很能说明他们两人的关系以及希拉里无可否认的自信。一天晚上，他们两人都在耶鲁法学院的图书馆自习，但比尔却一直在盯着希拉里看。她坐在图书馆的另一头，戴着大大的眼镜，也没有化妆。看到他朝自己走过来后，她惊呆了。“听着，如果你要继续盯着我看的话，那我也要盯着你了。”希拉里说，“我觉得我们应该知道对方叫什么。我叫希拉里·罗德姆。”比尔后来回忆说，他当时目瞪口呆，连自己的名字都想不起来了。

从他们认识的那一刻起，希拉里就知道比尔想当总统，他也很愿意告诉朋友们他的抱负，而她则爱上了他和他的雄心。为了和他在一起，她选择多留校一年，没有和同班同学一起毕业（她的班上一共有二十七名女生）。迅速坠入爱河后，比尔向希拉里求了三次婚，她才最终点头。一次接受采访时，希拉里说，她非常害怕嫁给比尔，因为她担心自己的身份在比尔强大的个性面前，会丧失其中。

希拉里在伊利诺伊州的帕克里奇长大，这是芝加哥城郊的一个中产阶级地区，而且她似乎注定要搬到大城市，加入一家律师事务所，或者是自己竞选公职。但她知道，和比尔在一起的话，就必须和他一起搬到他的家乡阿肯色州，因为他计划竞选那里的国会议员。比尔从小同一个性格古怪的母亲和一个有虐待倾向的继父长大，但希拉里不同，她来自一个关系稳定的家庭。她的朋友们告诉她，这么做的话会浪费她自己的惊人潜力和潜能——她们希望她自己去从政，而不是扮演支持丈夫的妻子这种传统角色。“他们结婚的时候，我很失望。”克林顿夫妇的老朋友贝琪·赖特这样说道。在比尔担任州长时，她曾是他的办公厅主任，后来又参与过他的 1992 年总统竞选。但是，在理智与情感的斗争中，希拉里的心赢得了胜利。一旦决定搬到阿肯色州后，希拉里就没有回头路了。她说:“我想，我在一定程度上知道，如果放弃这段感情的话，那我会非常懦弱和愚蠢。”1974 年，在参与过众议院司法委员会对尼克松总统的弹劾调查后，希拉里搬到了阿肯色州的费耶特维尔。1975 年，两人在他们买的第一所房子的客厅里结了婚。

希拉里是阿肯色大学法学院有史以来的第二位女性老师。比尔在竞选国会议员时，也在该校教课。据那些两个人的课都上过的学生说，希拉里是个更好的老师。她十分严谨、自律，而比尔在打分的时候很松则尽人皆知。

1974年，比尔竞选国会议员失败，但在1976年被选为首席检察官，夫妇二人随即搬到了小石城。希拉里没有改随夫姓，加入了著名的玫瑰律师事务所，专门负责儿童权益的案件，比尔则蓄势准备竞选州长。希拉里拒绝改姓，在克林顿 1978 年当选为州长后，逐渐遇到了很多麻烦。竞选结束后，美联社的一位记者询问了他有关希拉里保留“罗德姆”的决定。“她九岁时就决定要这么做，那时候还没有女性解放运动，”比尔为她辩护，“人们要是知道她在各方面有多传统的话，就不会介意这件事了。”比尔来自小石城的朋友盖伊·坎贝尔无法理解为什么希拉里不愿改随夫姓。一天晚上和克林顿夫妇共进晚餐时，盖伊终于凑到希拉里身边，问道:“好吧，希拉里，我就想知道你为什么不改随你丈夫的姓氏？”

“听着，我干律师工作的时候，用的就是这个姓，已经名声在外。”她真诚地看着他的眼睛说，然后又温柔地补充道，“不过说真的，我就是太爱我爸爸了。”在 1980 年的竞选中，克林顿的共和党竞选对手弗兰克·怀特，曾竭尽可能多地告诉选民，他妻子是“弗兰克·怀特夫人”。怀特赢得了选举。时任《休斯敦纪事报》华盛顿分社社长的克拉格·海因斯，问比尔的母亲弗吉尼亚·凯莉，她第一次见到希拉里时觉得对方怎样，她想了想说:“该死的扬基佬，我猜是这样吧！”弗吉尼亚认为儿子在 1980 年竞选失败要怪希拉里。她说，阿肯色的选民在社会问题上非常保守，他们中有一半都认为克林顿夫妇并没有结婚，而是在州长官邸内姘居。“她仅有的一次哭，是在谈到比尔·克林顿在 1980 年的失败时，”海因斯回忆说，“这件事显然不应该发生。”

1982 年 2 月，克林顿宣布他将再次竞选州长后，提到希拉里时，开始将其唤作“比尔·克林顿夫人”。她染了头发，配了隐形眼镜，决心自己不能再成为又一场失败的原因。“我会当比尔·克林顿夫人，”1982 年，在丈夫宣布再度竞选州长后的第二天，她对记者说，“我怀疑人们以后都会听烦比尔·克林顿夫人。”从 1983 年到 1992 年，以及比尔当选总统时，希拉里多数时候都被称为希拉里·克林顿。但当他们入主白宫，希拉里被安排负责全面改革医疗法案后，她用的名字就成了希拉里·罗德姆·克林顿。其实，她从来没有在法律上改过希拉里·罗德姆这个名字。

希拉里与南方人时有争论，尤其是南方的男性，经常嘲笑她的女权主义，甚至是她的外表，不过，她知道和他们争论并没有什么意义。担任阿肯色州的“第一夫人”时，希拉里有时候被要求操办筹款活动，有时候甚至还会出现一些很不协调的场景，比如让她来做模特，展示时装。在某场筹划活动上，希拉里请专人帮她化好妆，展示了一件开司米羊毛衫。盖伊·坎贝尔跑到后台说：“希拉里，太难以置信了，你今晚竟然看起来还挺像个女人。”希拉里尽管恼火，但还是微笑着说：“只有你，盖伊·坎贝尔，才会对我说这种话。”

比尔经常会告诉员工，有什么新想法的话，让他妻子来把把关，而且他还让她负责他的阿肯色公立学校改革计划（阿肯色的公立教育在全国的排名中几乎垫底）。希拉里还与他人共同创办了阿肯色儿童与家庭权益组织，协助为早期教育筹款，并且参与了少年司法制度改革。在玫瑰律师事务所担任律师和合伙人时，她赚的钱是丈夫的三倍以上。

她一直都是比尔最坚定的维护者。1990 年 5 月，丈夫第五次竞选阿肯色州州长，而他在民主党初选中的竞争对手汤姆·麦克雷，在州议会大厦圆形大厅举办新闻发布会时，她就站在与会的人群当中。当麦克雷攻击比尔，说他拒绝与自己辩论时，人群中传来一个坚定的声音：“汤姆，是谁没出现在斯普林代尔啊？得了吧！我是说，我觉得我们应该打开天窗说亮话……”希拉里从人群中走出来，朝麦克雷走去，电视台的摄像机也从他身上转到了她身上。“你发布的很多新闻报道，”她手里挥着一张纸喊道，“不仅赞扬了州长在环境保护方面的成绩，还有他的教育和经济政绩！”在发布会结尾，一位当地记者在直播的最后说：“希拉里再次展示了她也有可能是家里最优秀的辩手。”她帮助比尔避免了一场本可能发生的惨败，进而帮助他离总统一职更近了一步。

在白宫里，克林顿夫妇的复杂关系，每天都会在官邸员工的面前上演。他们经常熬夜，招待名人，还邀请他们住在林肯卧房里。（克林顿夫妇在白宫里请的客人非常多，以至于官邸员工会在衬衫口袋里随身放一张客人名单，以防希拉里拦住他们问某天晚上他们要请谁来。）他们似乎从来都在工作。他们动不动就盘问员工，想知道华盛顿之外的人在想什么，还不停地讨论政治，就连度假时也不例外。在玛莎葡萄园，希拉里告诉记者："今早我给比尔切葡萄柚的时候，我们想到了一个非常好的办法来解决日托的问题，突然间，有个东西开始在窗户边扑腾，原来是只海鸥——我们的窗户前有只海鸥！"

克林顿夫妇之间既有激烈的争吵，也有长久、冰冷的沉默。1994年，一部电影提前在白宫的电影院放映时，克林顿的室内装潢师卡琪·霍克史密斯（她曾间断地在白宫居住多年）警告一位客人："最近这里情况很不好，他们甚至有可能提早离场。"白宫花卉师朗恩·佩恩回忆说，一天，他推着手推车，坐服务电梯上来，准备把旧的花饰收走时，看到两位男仆正站在西客厅偷听克林顿夫妇吵架。男仆摆手招呼他过去，然后又把手指放到嘴唇前："嘘。"突然间，佩恩听到第一夫人大吼："该死的王八蛋。"接着是一个重物砸在门上的声音。

不过，温馨的时刻也有，而且希拉里会尽力为丈夫活跃白宫的气氛。她曾要求行政管家克里斯汀·利默里克把走廊尽头的一间房子——三楼的330房间——改造成一间音乐室，作为送给克林顿总统的圣诞礼物。房间被重新粉刷后，添置了乐谱架、立体声响设备、音箱，并把他收藏的萨克斯也放了进去。圣诞节前夜，利默里克把门用礼品纸包住，第二天早晨，希拉里领着比尔到了那个房间。这是一个很罕见的夫妇二人都没有在忙工作的时刻。

有时候，在白宫中做一名支持丈夫的好伴侣，则意味着要在悲剧发生时做一个严厉的监工，保持一种稳定、强大的气场。比如劳拉·布什身上就有一种没几个人见过的深度和复杂。劳拉曾说，她婆婆芭芭拉比她要“厉害”多了，但劳拉在白宫时，却比芭芭拉还要厉害。小布什总统要什么东西，属下会尽可能快地去做，但当劳拉·布什有什么要求时，大家都是跑着去办。

劳拉是个一本正经的第一夫人，经常对西翼那种随随便便的气氛感到不高兴。在西翼重新装修过之后，劳拉去新的新闻中心和下面的新闻处看了看。其中一个二十多岁的媒体助理在她办公桌旁边的墙上贴了一堆照片。劳拉经过时，看了一眼她的工位，不满地摇了摇头。“这是白宫，不是姐妹会。”她说。几分钟之后，照片便被取了下来。招待沃辛顿·怀特回忆说，官邸员工把她女儿珍娜的车钥匙弄丢两次后，劳拉非常生气。珍娜一般会把车停在南边，但有时候她的车需要挪走，要么是因为总统要在室外发表讲话，车会被摄像机拍进去，要么是因为临时有客人来，需要给车队腾地方。劳拉平时一般都很冷静、克制，但当她来到招待办公室，想搞清楚为什么她女儿的车钥匙第二次被弄丢，结果发现原来是一名员工不小心把车钥匙掉到了雨水沟里后，一下子火冒三丈。她的双手不停地抖，口气也很粗暴：他们不是给她造成了麻烦，而是给她女儿带来了不便，这在她看来更糟糕。员工们后来决定，多配了几把珍娜的车钥匙，然后存放在招待办公室的保险柜里。

劳拉是火眼金睛，怀特说，在他当上负责后勤的招待后，有一天，招待办公室的电话响了，指示灯上闪的是“家庭桌”，意思是电话是从楼上全家吃早餐的饭桌上打来的。第一夫人要他马上来总统电梯那儿见她。劳拉三言两语祝贺了一下他升职，接着便招呼他跟她走。两人来到了女王卧房和林肯卧房之间的东客厅，指着一个小裂缝说：“这样已经九个月了，赶紧给我修好。”

神奇的是，劳拉以前是位腼腆的图书馆员，嫁给丈夫前，提出的一个条件就是她永远不必代表他发表政治演讲，但入主白宫后，她下起命令来却得心应手。在和小布什开始约会时，劳拉 31 岁，已经做了十多年的小学老师和图书馆员，在很多方面都和小布什完全相反的她，磨平了丈夫那种急躁个性的棱角。丈夫竞选期间在飞机上会见记者时，她会告诉他："控制情绪，好老弟。"在白宫里，当丈夫太出格时，她则会用力叫一声"布什——"(她的声音到后面会变小)，以此来训斥他。她17岁时，曾不小心闯过一个停车标志，害死了自己的一个好朋友，而他则帮助她从车祸的羞愧中恢复过来。她对于这件事非常内疚，从来都没对女儿们提起过——后来她们的父亲担任州长后，随行保护他们的一个特工以为她们知道，便顺口说了一句后，她们才最终得知。

当劳拉还在她的家乡，即得克萨斯州的米德兰时，她绝不可能想到有一天，她将协助引导这个国家挺过自珍珠港事件以来最严重的恐怖袭击。2011年9月11日之后，帮助劳拉感觉到她可以继续坚持下去的人，是那些无关政党政治、服务了一届又一届政府的官邸员工。"我们知道我们会去那儿（白宫），也有信心我们会安然无恙，但另一方面，他们（白宫员工）其实可以选择别的工作，或者说，'唉，这份工作现在压力太大了，我还是去做别的吧'，"劳拉在采访中说，"但他们没有，一个都没有。"

资深白宫记者安·康普顿回忆说，一次和第一夫人私下吃午饭时，劳拉告诉她，在恐怖袭击发生后那几个让人担惊受怕的小时里，当她的特工告诉她所有的前第一家庭都很安全时，她差点哭了出来。康普顿说："她甚至还没来得及去想恐怖袭击造成的连锁反应。"9月11日，苏珊·福特的两个女儿正在南卫理公会大学上学，她们慌张地给苏珊打来电话，她联系到了在白宫时负责保护她的一名住在南卫理公会大学附近的特工，这位特工和妻子让她的女儿在自己家住了好几天。其中的一个女儿在走之前告诉老师："我知道这听起来会很奇怪，但我外公是杰拉尔德·福特总统，我得走了。"劳拉·布什听说这件事后，满眼泪花。这些第一家庭与特工之间，以及各个第一家庭之间的感情，非常深厚。

“9·11”事件之后的第六天，作为被指派去处理危机的多位政府官员之一，劳拉·布什到了宾夕法尼亚州的尚克斯维尔。被劫持的联合航空93号航班上的四十名乘客和机组人员的几百位家属，聚集在一块光秃秃的田野里，被飞机撞出的大坑仍然在冒烟。由于乘客和机组人员英勇地试图从劫机者手中夺回飞机的控制权，93号航班成了被劫持的四架飞机中唯一没有撞上预定目标的飞机。一位先于劳拉几个小时来到活动现场的白宫助理说，看到她之后，出席的人似乎放下心来。“她出现后，气氛不一样了，感觉好了些，”他回忆说，“人们可以相信她说的话，他们觉得可以在她肩膀上哭，她可以让他们感到坚强。”助理说，在那些私密的会见中，没有摄像机拍摄时，她的表现是最好的。她对尚克斯维尔的访问，满是伤感的情绪。她私下会见了遇难者的家属，而家属想知道的是，她和她丈夫准备做什么来帮助他们从如此沉痛的损失中恢复过来。“美国正在了解那一个个名字，但你们却了解名字背后的人。”她告诉出席活动的人，其中很多人都在痛哭不止，仍然不肯相信亲人已经死去。“在生命的最后一刻，他们想到的是你们。他们的电话打给了你们，并且祈祷能与你们再见。他们爱的人，是你们。”

劳拉曾告诉员工，她想以第一夫人的身份访问所有五十个州，到最后只剩下一个州，也就是北达科他时，劳拉的办公厅主任阿妮塔·麦克布莱德回忆说，她陪着劳拉去参加了她的最后一场活动，在北达科他一家教堂的地下室吃了一次百家饭。“浓浓的中西部风格——炖锅菜、纸巾——大约有一百人，都是盛装打扮的女性。”突然间，一个女人站起来，开始唱《天佑美国》，在沃尔特·里德医疗中心目睹了“9·11”遇难者家庭和受伤士兵之痛的劳拉·布什，哭了起来。她平时很少会允许自己的情绪变得如此激动，这是为数不多的一次，在北达科他州的这顿百家饭，为她八年的第一夫人生涯画上了一个圆满的句号。

VI

East Wing VS West Wing 东翼 VS 西翼

我们什么都不用干。

——2008 年大选之后，米歇尔·奥巴马对其顾问如是说长久以来，东翼和西翼之间的两性战争都是现代白宫的突出特点之一。在肯尼迪的白宫里，是杰姬那位令人畏惧的社交秘书利蒂希娅·鲍德里奇对阵白宫新闻秘书皮埃尔·塞林格。有时候，鲍德里奇从西翼走到东翼，经过白宫的游泳池时，肯尼迪总统会一边游泳，一边冲她喊道："东翼现在又怎么啦？今天你有什么问题啊？"尽管肯尼迪总统觉得这种争斗很好玩，但通常都会站在东翼那边。鲍德里奇知道如何利用杰姬与权力的亲近度来得到她想要的东西。"如果皮埃尔违背了杰姬的详细指示，那她就会把我臭骂一顿，所以我会向总统告皮埃尔的密，然后总统就会替我摆平皮埃尔。"说到底，最终执掌大权的人，还是杰姬。

在福特政府时期，贝蒂的新闻秘书希拉·拉伯·维登菲尔德认为，东翼是心脏，而西翼则是脑袋。"他们负责政策，我们则通过日常生活、通过以身作则来践行。"贝蒂·福特寻找新社交秘书的人选时，曾问前来面试的玛丽亚·唐斯："你能摆平他们吗（总统的那些西翼助理）？"因为在她没有社交秘书的短暂时期里，贝蒂曾无助地看着西翼的助理试图掌控国宴的宾客名单。

米歇尔·奥巴马希望完全掌握自身形象的控制权。她以前的一位顾问说，她希望每场活动都能有一个"明确的竞选目的"，而且"每次她要被用在什么地方……一定都要和竞选战略有关"。这位顾问说，米歇尔在助选时就很不情愿，当上第一夫人之后，偶尔也会不情不愿。

在奥巴马的白宫里，西翼和第一夫人位于东翼二楼那间安静的办公室之间的紧张关系一直在发酵。政府过渡期间，在她丈夫当选总统但还没有举行就职典礼前，米歇尔曾在过渡工作的总部招集了她的一小群手下，告诉他们:“我们什么都不用干。”她必须“被用得有价值”，不然她什么都不干。每场活动必须有目标，随随便便的建议可不行，每个想法都必须经过深思熟虑，每种不利局面都要想到，然后再把计划给她看。换句话来说，她希望自己的日程安排要在几个星期前就安排好，虽然总统的日程安排更随机，根据全球大事，有时候只能提前几个小时安排。她进入白宫时，就计划每周只工作两三天，其余时间都留给女儿们。一位前西翼员工明确指出，米歇尔拥有最终的发言权，任何给她安排太多日程或者临时安排什么的企图，都很不明智:“你知道限度在哪儿。”

不过，一旦她决心做什么，助理说，米歇尔会亲自花几个小时甚至几天来准备和修改她的演讲。她的属下会把演讲台搬到她的办公室，方便她联系演讲。她最喜欢和那些市中心平民区的年轻女孩交流，因为她可以启发她们。“在我的人生道路上，一切都没有预示着我会以第一位黑人第一夫人的身份站在这里，”她告诉她们，声音里满是激动之情，“在我成长的过程中，并没有金钱或者资源或者任何社会地位可以依靠。”

在第一名男性和公开的同性恋社交秘书杰里米·伯纳德离职后，米歇尔·奥巴马已经换了四位社交秘书。担任第一夫人四个月后，米歇尔就用自己的老朋友苏珊·舍尔换掉了办公厅主任——曾成功阻止了总统的艾奥瓦竞选活动的杰姬·诺里斯。2010年年底，她又用曾在白宫公共参与办公室工作的律师蒂娜·陈换掉了舍尔。她的办公室人员轮换频率，要远超大多数的前任——劳拉·布什和希拉里·克林顿担任第一夫人的八年期间，各自都只换过两位办公厅主任。

米歇尔说话十分坦率。她愿意做个好说话的人，但从一开始，她也明确指出自己不喜欢别人在没有征求她同意的情况下就替她说话，保证她会出席活动。比如当时任总统办公厅主任的拉姆·伊曼纽尔替她答应一些事时，她就尤其生气。一位前奥巴马政府的员工说："拉姆和每个人的关系都很紧张。我觉得好像没有谁和他有一种简单、温和的关系。"米歇尔被安排太多日程时，她会告诉总统的助理："不要这样了！"米歇尔在白宫里的支持者说，他们觉得伊曼纽尔在利用她，而且惩罚她是很不公平的，不能因为她很受欢迎，就要求她比其他第一夫人参加更多的竞选活动。

米歇尔和丈夫的第一任新闻秘书罗伯特·吉布斯的关系，与她和伊曼纽尔的关系好不到哪里去。据一位了解内情的前白宫官员说，米歇尔从一开始就觉得吉布斯是个鲁莽急躁、自以为是的人，她担心他更关心的是候选人奥巴马而不是普通人奥巴马。在奥巴马的顾问中，吉布斯是为数不多的几个公开批评过东翼的人。据说，2009年，他曾非常担心米歇尔聘用装修设计师迈克尔·史密斯的决定，因为第一夫人不知道的是，史密斯曾负责被赶下台的美林证券公司CEO约翰·泰恩的办公室耗资120万美元的装修工作。在金融危机期间，泰恩贵得离谱的垃圾桶（1200美元）以及贵到荒唐的小地毯（87000美元）成了华尔街贪欲的同义词，吉布斯担心他会引发公众的不满。但第一夫人辩称，她只是想为了女儿把私人居住区弄得更舒服一点，而且也不会花纳税人的钱。但总统最后站在了吉布斯一边，虽然史密斯没有被炒掉，但是被要求从Anthropologie[1]这类商店订购更便宜一些的物件。米歇尔十分痛恨她的每个决定都会被丈夫的顾问挑刺儿。

---

1 美国乡村唯美风服装品牌。

奥巴马的东翼要比克林顿的更为传统。在克林顿政府时期，麦吉·威廉姆斯成为第一位同时担任第一夫人办公厅主任和总统助理的人。希拉里的很多手下也没有在东翼工作，而是在西翼和艾森豪威尔行政办公楼（曾经的老行政办公楼）。希拉里决定在西翼设置办公室，让一些政府官员很不满。“消息很快就传开了，说苏珊·托马西斯（希拉里的老朋友，曾参与克林顿在1992年的总统竞选）拿着一根尺子，在西翼和老行政办公楼量办公室，决定谁要坐在那里，”曾任阿尔·戈尔副总统的竞选经理，后担任克林顿总统办公室副主任的罗伊·尼尔说，“把所有人都惹得很不高兴。”希拉里甚至还告诉她的继任者劳拉·布什，如果她能让时间倒流的话，绝对不会在西翼要办公室。医疗改革失败之后，反正她也没有再用过几次，她说。希拉里的助理告诉劳拉的员工，既然已经发生了，再要撤掉争议性的办公室安排，肯定会引来更多的问题。不过在米歇尔·奥巴马身上，她想不想在西翼扮演什么角色，根本不需要讨论——她从一开始就很明确，她不想追随希拉里·克林顿的脚步。所有和西翼的沟通，都是通过办公厅主任蒂娜·陈来完成的。“第一夫人和西翼的员工有任何互动是件很稀罕的事情，除非她需要听什么事的情况汇报。大多数时候，她都不过去，”奥巴马的通信主任阿妮塔·邓恩说，“她可能去过一次，当时我们要拍合照。除此以外，她从没来过。她就是不过来。”

希拉里曾为自己的团队争取获取信息的途径，但相比之下，米歇尔就不怎么介入了。“想想和一堆政策顾问围坐在桌边——请勿见怪——但我真的会打哈欠，”米歇尔说，“我喜欢创造东西。”她不想听西翼那边每天在处理的问题，因为她说她不是来制定政策的。“让我们行动起来！”这项她为了终结儿童肥胖而发起的活动，是她的标志性成就，而且相对来说没有什么争议性。（不过也惹恼了某些评论家，他们批评说，她就像是个食物警察，刻板地强行规定孩子们应该吃什么。)

由于米歇尔不像希拉里那样为自己的员工挺身而出，所以他们有时候会受到西翼的压迫。伊曼纽尔曾不准第一夫人的办公厅主任杰姬·诺里斯参加早上7点半十分重要的西翼计划会议。诺里斯说，西翼不共享信息，犯了战略性的错误。在经济衰退期间，总统的顾问被修复经济方面急得焦头烂额，认为东翼要处理的事情，比如送奥巴马的女儿们去上学的后勤工作，都是鸡毛蒜皮。“很多人都有责任，”诺里斯说，“我有责任，他（拉姆）有责任，团队也有责任，因为我觉得，如果一起合作的话，我们可以做得更好。”

白宫里满是A型行为者，都想成为核心圈的一部分，想尽可能地离权力最近。消息是华盛顿的通行货币，即便是一些小信息，比如提前两个小时知道某事会发生，也会很重要，因为信息传递给了特定的一群人。米歇尔的东翼员工经常是最后才知道总统的行程，而且还被当作二等公民对待。媒体人员早上有一个会，由总统的办公厅主任来开，一天结束时还会有一个总结会。米歇尔·奥巴马的助理基本都会被通知参加早上的媒体会，但有时候，他们会被排除在总结会之外。后来，东翼开始被员工称为“关岛”，因为他们通常都在最外圈，离中心最远。

唯一处于东西翼决策核心的人是瓦莱丽·嘉瑞特。嘉瑞特是奥巴马夫妇的挚友，因而她对两个人都很维护。每个第一家庭都会成为一个公司，而嘉瑞特就是奥巴马公司的CEO。奥巴马夫妇都曾找过嘉瑞特讨论他们离开白宫之后的计划，他们在嘉瑞特身上找到了克林顿夫妇没有的一样东西，那就是西翼和东翼之间的沟通渠道。员工都不想夹在总统和他妻子之间，但嘉瑞特可以。嘉瑞特在西翼二楼所用的办公室，曾经是希拉里·克林顿和后来小布什的顾问卡尔·罗夫的办公室。一些助理说，就连关系最近的员工，比如曾担任奥巴马竞选高级分析师，后成为白宫顾问的戴维·阿克塞尔罗德，都被认为是“员工”，但瓦莱丽几乎就像“第三主管”。一位愿意知无不言，但不愿透露姓名的米歇尔·奥巴马的前顾问说，她就是“他们的一切”。嘉瑞特是奥巴马大家庭的一部分，是为数不多的几个经常被请到私人居住区的员工。她占据着一个十分特别的位置，既和总统很近，也和第一夫人很近。她告诉朋友们，她会一直待到最后，“把白宫里的灯关掉”。

如果说有一件事经常能让西翼和东翼的员工站在一起的话，那就是他们都痛恨嘉瑞特，认为她妨碍了他们和各自老板之间的关系。嘉瑞特可以给总统和第一夫人传话，推翻早已在员工层面获得认同的决定。“决定是如何做出的，越来越难搞清楚。有时候，瓦莱丽会擅自做决定或提建议，理由是她知道总统或者第一夫人想要什么，这让很多人接受不了，”第一夫人的一位前助理说，“他们更愿意知道背后的逻辑和体系。”

在现代的第一夫人中，帕特·尼克松和丈夫的顾问之间的关系是最矛盾重重的，以至于贝蒂·福特担任第一夫人之后曾说：“他们可别想像对待帕特那样随便牵着我走。”尼克松的办公厅主任鲍勃·豪德曼曾试图全面控制白宫的方方面面，包括第一夫人的办公室和官邸员工。豪德曼与总统的国内事务顾问和助理约翰·厄里克曼自作主张，重组了第一夫人办公室，把办公厅主任和新闻秘书这两个职位合到了一起。总统本人甚至也坚持要亲自监督需要小心处理的国宴座次安排——这一般属于第一夫人办公室的职权范围——并且还要对音乐表演和所上菜肴发表意见。

帕特的通信主任格温·金曾发现豪德曼和厄里克曼在东翼办公室的文件架以及别人的办公桌上东看西看之后，十分担心。没过多久，她就收到了一份备忘录，告诉她以后不要向东翼报告了，而是向西翼的某人汇报。她告诉第一夫人后，帕特非常生气。第二天早晨，金接到了第一夫人的电话，帕特说：“一切照旧。”她赢了这场战斗——金还是向帕特的办公厅主任汇报工作——但她以后还会输掉很多。

当着第一夫人的面，豪德曼毕恭毕敬，但关起门来，他却总是嘲讽她。乔尼·斯蒂文斯曾为尼克松的特别顾问和政治分析师哈利·登特工作，她回忆说，有一位员工曾指着豪德曼，问她：“你知道那是谁吗？”斯蒂文斯回答：“不知道。”“那是上帝。反正他觉得自己是。”豪德曼对白宫的控制非常彻底，比如有一次，斯蒂文斯曾被要求在凌晨4点半去白宫旁边的老行政办公楼，根据一份特别的初选结果，打一份要给总统看的绝密报告。一位身穿制服的部门特工在门前站岗，等着她打报告，除了斯蒂文斯和几个顾问之外，谁都不准进那间屋子。她后来也没有搞清楚为什么看似无足轻重的初选结果会如此重要。

豪德曼在1979年1月8日的日记中写道：“P（尼克松总统）和贝贝·雷博佐（尼克松的好友）打电话给我，说了个人家庭员工的问题、食物很糟糕，等等，想让我解决。”尽管批准每周的菜单是第一夫人的工作，但总统却不是让自己的妻子，而是他的办公厅主任来告诉白宫的厨师怎么做。要是给她机会，帕特其实很清楚该和厨师说什么：“别做羊肉。迪克不喜欢羊肉，以前在太平洋（第二次世界大战期间）上吃过好多羊肉，再也不想吃了。”不过，总统的要求还要更细致：不要法国或加利福尼亚的白葡萄酒。豪德曼告诉厨师：“只要德国摩泽尔或莱茵、约翰内斯堡的，只要波尔多红葡萄酒或者口味很淡的法国勃艮第葡萄酒。”白宫门卫普雷斯顿·布鲁斯回忆说，豪德曼曾经宣布，谁都不许在国宴期间站在国宴厅外的走廊里——就连特工也不例外。站在走廊里听祝酒词，向来就是男仆工作的一个好处。豪德曼的办公室还散发备忘录给官邸员工，提醒他们不要与总统及其家人拍合照或者索要签名照。如果违反了，就会立即被开除。“我们都觉得这是在恶意

1960年11月9日凌晨，理查德·尼克松在洛杉矶大使酒店的共和党总部向约翰·肯尼迪承认败选。曾不知疲倦地为丈夫竞选的帕特痛苦地说：“我永远都不会成为第一夫人了。”

64岁的第一夫人玛米·艾森豪威尔，轻蔑地将继任者、31岁的杰姬·肯尼迪称作“女大学生”。肯尼迪在1960年大选中获胜后，玛米不情愿地邀请杰姬参观了白宫，但当时的杰姬刚刚做完剖宫产，身体还没有完全恢复过来，虽然事先答应为她提供轮椅，但玛米并没有给，到访问结束时，杰姬已经脸色苍白，疲惫不堪。

1961年1月20日，帕特·尼克松、玛米·艾森豪威尔、小瓢虫·约翰逊、杰姬·肯尼迪（第一排从左到右），聆听肯尼迪总统发表就职演说。丈夫惨败后，帕特异常愤怒，甚至提出过重新计票。

杰姬・肯尼迪很喜欢做母亲，而且有着爱玩爱闹的一面，只是公众很难见识到。到南草坪上玩时，她都会悄声对女儿卡洛琳说：“我们去亲亲风儿吧！”图为参加完生日派对后，她和肯尼迪总统在白宫的儿童室同他们的孩子卡洛琳和小约翰・肯尼迪玩耍。

坐在桌子中间、系着一根红头带的是卡洛琳，她和同学们正在杰姬创建的白宫幼儿园里庆祝万圣节。

1963年11月22日，达拉斯机场的停机坪上，肯尼迪总统遇刺后，副总统林登·约翰逊在“空军一号”上宣誓就职。约翰逊夫人（左）没能说服杰姬（右，衣服上仍然沾着丈夫的鲜血）再回白宫去，所以当杰姬接受帕特·尼克松的邀请回白宫时，让她很受伤。不过，这两位女子被历史连在了一起，并建立了终身的深厚友谊。

肯尼迪总统遇刺后，总招待韦斯特、约翰逊夫人（手中拿的是约翰逊总统的导师、众议院议长萨姆·雷伯恩的画像）和约翰逊的小女儿露西（前面的是他们的比格犬“他”和“她”）正往白宫搬家。约翰逊夫人哀叹说：“人们看到的是活人，渴望的却是死人。”

约翰逊夫人非常害羞，丈夫在国会时，她还报过演讲培训班。1964年，她乘坐火车，在美国南部的八个州沿途进行巡回演讲，成为第一个独自参加竞选活动的第一夫人。

在20世纪50年代，尼克松担任艾森豪威尔的副总统期间，帕特·尼克松（中）通过观察玛米·艾森豪威尔（左），学会了如何做第一夫人。但到尼克松在1968年当选时，玛米的那种老方法似乎已经过时了。“生活和历史对帕特·尼克松很不公平。”帕特的前办公厅主任兼新闻秘书康妮·斯图尔特说。图右为帕特的女儿朱莉。

1972年，被媒体嘲笑为“塑料帕特”的帕特·尼克松，在迈阿密海滩举行的共和党全国代表大会上，让与会者激动不已。（她身后穿白色西装的是罗纳德·里根。）

1972年大选之夜，尼克松一家在二楼的家庭餐厅里，吃了一顿安静的家庭晚餐。

帕特·尼克松带着她的东翼员工，准备乘坐总统游艇“红杉号”，去弗农山庄游玩。

1973年，在白宫电影院中为帕特举办的惊喜生日派对。帕特悠闲地坐在地板上，右边的是社交秘书露西·温切斯特，穿绿衣服的是通信主任格温·金。

在丈夫尼克松总统辞职后，帕特亲吻突然成为第一夫人的贝蒂·福特。心情难过的帕特对贝蒂说：“我的天，他们竟然为我们铺了红地毯，真是没想到，不过你以后还会见到很多这种事情……多到让你讨厌。”

第一夫人贝蒂·福特在做乳房切除手术前一天，带领约翰逊夫人及家人参观夫妇二人的卧室。贝蒂不想破坏他们的来访，所以没有和约翰逊夫人讲手术的事。唯一的线索，是床上那个贝蒂准备带到医院去的黑色行李箱。

离开白宫的前一天，贝蒂·福特凭借她在玛莎·葛兰姆舞团受过的训练，跳上了内阁厅的会议桌。这里的座位通常只留给男性。他们的一位朋友说，福特总统第一次看到这张照片时，“差点儿从椅子上摔下来”。

1976年11月2日，罗莎琳·卡特在大选之夜拥抱丈夫吉米。

卡特夫妇每周都会在椭圆形办公室吃午饭。“不管有什么秘密，”卡特的副总统沃尔特·蒙代尔说，“她都知道。”

比丈夫多活了34年的约翰逊夫人，是第一夫人中的第一夫人。她与包括芭芭拉·布什在内的第一夫人们，建立了深厚而持久的友谊。左图：1981年，杰拉尔德·福特总统图书馆的落成典礼上，她与芭芭拉·布什开怀大笑。下图：她和希拉里·克林顿握手，后来她曾请希拉里的丈夫帮过一个政治上的小忙。

1987年，罗莎琳·卡特、小瓢虫·约翰逊和贝蒂·福特坐在约翰逊家的得州农场的摇椅上。三位前第一夫人在一起的意外情景，让开车经过的游客激动不已。约翰逊夫人的一位助理说："我从没见过那么多镜头，就像一片长着黑眼圈的眼睛的海洋。"约翰逊夫人和贝蒂的关系非常亲密，一直到去世前，她的卧室里都放着一张贝蒂的照片。

1987年，里根夫妇在槲寄生下接吻。这些女性都是丈夫最好的知己和最勇敢的保护者。南希说：“我的人生，从和罗尼在一起之后才真正开始。”

芭芭拉·布什的丈夫曾为罗纳德·里根担任过八年的副总统，但他很少被邀请到白宫的私人居住区。一本有关南希·里根的负面传记出版后，芭芭拉立即买了一本，并且把书皮换成了另一本书的，以防别人发现她在看什么书。

希拉里·克林顿是唯一竞选过公职的第一夫人。在此之前，她把全部精力都投入到了丈夫的仕途当中，在丈夫竞选阿肯色州州长的第五个任期时，希拉里曾在丈夫竞争对手的新闻发布会上大喊道：“得了吧！”图为她在1992年的总统竞选前夕为丈夫助选。

1992年11月19日，第一夫人芭芭拉·布什（左）欢迎她的继任者希拉里·克林顿参观白宫。不过，芭芭拉一直都无法原谅希拉里在竞选期间对她丈夫老布什的那些个人攻击。

从左到右：泰德·肯尼迪（站着）、杰姬·肯尼迪（条纹T恤、墨镜）、希拉里·克林顿（草帽、墨镜）和比尔·克林顿。1993年8月，克林顿夫妇受邀乘游艇游览马山葡萄园。希拉里非常崇拜杰姬，曾就如何在白宫抚养好子女向她寻求过建议。杰姬告诉她：“你要脚踏实地。”

1994年5月，六位第一夫人齐聚一堂，为国家植物园筹款。从左到右：南希·里根、小瓢虫·约翰逊、希拉里·克林顿、罗莎琳·卡特、贝蒂·福特、芭芭拉·布什。

从左到右：罗莎琳·卡特、希拉里·克林顿、贝蒂·福特、芭芭拉·布什、南希·里根、小瓢虫·约翰逊。图为1997年11月6日，她们在得克萨斯学院站参加老布什总统图书馆落成仪式。

白宫前男仆领班乔治·汉尼回忆说，在莱温斯基丑闻期间，希拉里非常忧虑，沉默寡言。图为众议院以做伪证及妨碍司法的指控，准备投票弹劾克林顿的当天，希拉里聆听丈夫发表讲话。

2007年，在约翰逊夫人的葬礼结束时，得克萨斯大学的乐团演奏校歌《得克萨斯的眼睛》，得克萨斯人、得大校友劳拉·布什摆出了“用角钩住他们”的姿势。劳拉的婆婆、前第一夫人芭芭拉·布什与苏珊·福特（右）在后排微笑。站在芭芭拉·布什左边、低着头的是卡洛琳·肯尼迪。前排从左至右：南希·里根、罗莎琳和吉米·卡特、劳拉·布什、比尔和希拉里·克林顿。

共和党人劳拉·布什和民主党人米歇尔·奥巴马，要比米歇尔和希拉里·克林顿的关系更亲近。在2008年的总统竞选期间，劳拉曾为受到批评的米歇尔辩护，此后，两人都对各自在担任第一夫人时所做的工作赞赏有加。

2010年，时任国务卿的希拉里·克林顿与米歇尔·奥巴马在一个颁奖仪式上讲话。两人关系不是很近，部分原因是2008年民主党初选期间遗留的敌意，但也因为她们原本就是完全不同的女性。

从左到右：罗莎琳·卡特、米歇尔·奥巴马、希拉里·克林顿、小布什、南希·里根。图为2011年时，他们参加贝蒂·福特的葬礼。2006年福特总统去世后，贝蒂曾告诉孩子们：“我只想去陪我的男朋友。”

米歇尔·奥巴马一直在倒数离开白宫的日子。2011年，她罕见地被美联社的一位摄影记者拍到在弗吉尼亚州亚历山大城的一家塔吉特百货公司连锁店购物。米歇尔的第一任办公厅主任杰姬·诺里斯说："我觉得刚开始时，很多人都不接受她……你第一次来到新环境中，被强加了那么多的限制，一举一动都受到高度关注，是非常艰难的。"

米歇尔·奥巴马在芝加哥南区的一个工薪家庭中长大，她最愿意和那些与她出身背景相似的年轻人交流。"永远不要约束你的梦想。"在安纳克斯提亚高中（被认为是华盛顿最差的学校之一）的2010届毕业典礼上，她这样告诉毕业生。米歇尔的拥抱很出名。图为2015年4月22日，她在白宫东厅举办的一场活动上熊抱一个小女孩。

米歇尔·奥巴马来到白宫后，曾将自己形容为“总妈妈”，养育两个女儿始终是她的重中之重。她们的父亲任期结束后，萨莎将是高中二年级学生，玛莉亚将上大学。上图：2009年，奥巴马一家在白宫绿庭画全家福肖像画。抱着父亲的是萨莎，抱着母亲的是玛莉亚。左图：2015年，奥巴马一家在玫瑰园。左边是玛莉亚，右边是萨莎，前面是他们家的两条葡萄牙水狗“阳阳”和“波”。

2013年，米歇尔·奥巴马、劳拉·布什、希拉里·克林顿、芭芭拉·布什和罗莎琳·卡特在达拉斯参加乔治·沃克·布什总统中心的揭幕仪式。这些杰出的女性，有时虽是政治对手，但永远都是独具美国特色的第一夫人姐妹会的一员。

中伤，”布鲁斯说，“我们怎么也不会找总统提这类要求吧。”

尼克松的社交秘书露西·温切斯特说，豪德曼总是会批评东翼组织的社交活动，有一次，她顶了回去，说他根本不知道自己在说什么时，他“怒不可遏”，红着脸瞪着她说：“你和尼克松夫人说‘西翼’的口气，就跟你们说‘左翼’的口气一样。你们觉得我连该先舔哪把刀都不知道吧。”偶尔他还会让温切斯特去辞退官邸员工，但她总是会拒绝。身高只有一米五六的她，会挺直身子，告诉他：“你听好了，你什么都不知道，所以让我来告诉你对于这个人，你需要知道什么，你根本都懒得去查清楚什么。”她提出邀请约翰逊的社交秘书贝丝·阿贝尔和约翰逊夫人的新闻秘书丽兹·卡朋特去通常只允许白宫员工去的海军食堂就餐时，豪德曼威胁说要炒掉她。“我们费了很多时间和经历，就是想把这些人赶出白宫去！”豪德曼大吼道。（温切斯特想带她们看看食堂重新装修过之后的模样，她越来越担心白宫里的装饰已经破旧到了荒唐的程度。参加国宴时，她会在随身携带的镶珠晚宴包里放一把小剪刀，看到哪个家具上的布料磨坏了，就把那些“小胡须”一样的细线剪掉。）帕特感受到了西翼的压力。“我母亲经常被豪德曼和他的一些助理那种漠视的态度激怒，”朱莉·尼克松·艾森豪威尔在为她母亲所作的传记中写道，“不过她在权力周围已经待了很多年，对于权力如何改变人，还是保持一种半信半疑的态度。”

帕特知道豪德曼的影响力越来越大，并且十分痛恨他经常录制白宫的正式活动。她希望能保留一定的隐私，所以每次都被搞得很恼火。发现豪德曼擅自批准约翰尼·卡什在白宫录制音乐会，并且要称之为《约翰尼·卡什在白宫》的要求之后，帕特很不高兴，否决了这个想法，认为这很失礼，会让人想起他在福尔松监狱的那次著名录制。不过，到 1970 年时，对她来说，白宫已经感觉像一座监狱了。豪德曼协助重新设计了“空军一号”，将庞大的员工区安排在总统办公室和第一夫人的客厅中间。这家人原来很喜欢聚在总统卧室旁边的总统休息室，现在重新设计之后，每次某个家庭成员想去休息室，都要经过员工区，而豪德曼不可避免地总会坐在那里，盯着谁去见总统了，见了多久。坐重新设计后的飞机从安德鲁空军基地去位于加利福尼亚圣克莱蒙特的海滨官邸“太平洋宫”后（一家人会去这里暂时躲避华盛顿的压力），帕特表明了自己的不悦。最终，飞机恢复了原始设计，总统和家人的套间还是位于飞机的前端，总共花了大约 75 万美元。

总统的顾问从来都没明白帕特·尼克松有多大的公众影响力。1972 年参加利比里亚总统托儿波特的就职典礼时，帕特成了第一位率领联合国代表团出访海外的总统夫人。她的利比里亚之行获得了媒体盛赞，但总统办公室的人却没有一个祝贺过她。尼克松的助理查尔斯·科尔森在写给总统的备忘录中说：“如您所知，在过去的三年里，我们一直在努力展示您的‘色彩’，展示总统普通人的一面……现在，尼克松夫人办到了我们办不到的事。”但是，不知为何，这条信息却从来没有传到帕特那儿，也难怪她会感到不被重视。她能让别人在她面前放松下来，但她丈夫就做不到这一点。有一次，一群来自阿巴拉契亚山的女性来白宫访问，并且送给了帕特一条她们亲手为她缝制的樱桃树被子。其中一些人看到白宫里面的壮观陈设后，非常紧张、害怕，竟然哭了起来。帕特来到她们所在的白宫一楼的外交接待厅后，沿着大厅走了一圈，给了这些客人每人一个拥抱。

1972 年，在尼克松开始他历史性的访华之旅前（有史以来第一位访问中国的在任总统），中国领导人曾希望帕特能随丈夫来华。但西翼的那些人却觉得这毫无意义。国家安全事务助理亨利·基辛格告诉总统：“他（周总理）希望尼克松夫人也能来访。”“她要去的话，那也只能是去当摆设。”豪德曼如此说道，丝毫没有意识到，美国的第一夫人能以一种总统做不到的方式去参观中国的学校、工厂、医院，与中国人互动，而这具有巨大的象征意义。第一夫人和中国孩子之间的一个拥抱刊登在报纸头版上，可以像外交官之间的高层次幕后对话一样，帮助两国的外交关系。她陪丈夫出访的事定下来之后，帕特得知她只能带一个人陪自己去。一位助理笑着回忆说："尼克松夫人说如果不能带她的发型师，她就不去。"结果，她的发型师——来自华盛顿伊丽莎白·雅顿发廊的丽塔·德桑提斯，就成了她在这次历史性访问中的旅伴。当后来被问及总统对于带妻子去而在政治上获得加分这一点如何看时，帕特的办公厅主任兼新闻秘书康妮·斯图尔特回答："你要不是觉得自己是世界上最重要的人，也不可能成为美国总统。你比你妻子还重要。就这样。我觉得带她去，总统都有些不高兴，又要多一个人，又要多几名特工，又要多一辆车。"不过，帕特很高兴周总理邀请她去，也很高兴能成为历史的一部分。

在宴会上，周总理请她去北京动物园参观，看看大熊猫。她拿起一盒熊猫牌香烟，看到上面画着的两只熊猫后，转头对他说："真是可爱。"

周总理说："我给你一些吧。"

"香烟？"她问他，有些狐疑。

"不，熊猫。"之后不久，两只大熊猫就被送到了华盛顿国家动物园，并引起了轰动。

在回程的飞机上，第一夫人告诉记者："世界上的人都一样。我觉得他们（中国人）都是好人。好不好其实取决于领导层。"她的"塑料帕特"形象，其实在一定程度上是她被总统的西翼抛到一边而带来的结果，领导西翼的那一小群男性，包括总统在内，都从来没有明白她的影响力。

帕特·尼克松是终极的政治妻子，经过几十年的训练，不过这也可能正是她的问题所在。罗莎琳·卡特的新闻秘书玛丽·霍伊特曾听说，帕特·尼克松的新闻秘书称她为“校长”。“我总觉得有点儿冷漠。”《纽约时报》记者汤姆·维克注意到，在她丈夫竞选国会议员、参议员和总统时，她竟然可以耐着性子听那些早已听了几十遍的演讲，而且一直都是“只有敬畏和钦佩的表情，只是稍微有些呆滞”。曾为纽豪斯新闻社报道过帕特·尼克松的记者珀莉·德拉诺夫回忆说，帕特和那些报道她的女记者在一起时非常轻松和健谈，但这种状态会突然发生变化。“她害怕话筒，也害怕照相机。灯一亮，她就僵住了。”有一次，她和一群叽叽喳喳的女记者一起出行时，录音机一打开，帕特就不说话了。“她非常非常善于观察，”东翼的工作人员乔尼·斯蒂文斯说，“而且总能让你觉得你是房间里唯一的人。”这是她身体里那个有爱尔兰血统的帕特·瑞恩悄悄跑出来了，而且也没有西翼的工作人员来阻止她。在一次非洲之行中，《时代》的记者邦妮·安吉路说，她看到“帕特·尼克松”重新变成了曾经那个有趣的自己，又成了“帕特·瑞恩”。“帕特·尼克松被丢在大西洋中的某个地方了。”她说，“我觉得她是一个很特别的人，但是没有被用好。”

帕特漂亮、苗条、优雅，经常让人觉得像个精致的瓷娃娃。她的社交秘书露西·温切斯特记得，像所有的第一夫人一样，她有一面是很少有人见过的。温切斯特总是想让她的老板高兴，经常把一些八卦小报带进白宫，放在尼克松夫人的文件夹里。帕特会入迷地读完，然后把它们送回去，并附上一张字条：“阅前即焚！”她让温切斯特销毁它们，以防媒体发现她的罪恶快感。有一次，帕特对温切斯特说：“我把它们拿给迪克看，他也觉得他们很搞笑！”另一次，喜欢玩恶作剧的温切斯特，用一个充气娃娃给美国革命女儿会的成员来了一个惊喜。在那群人到来之前，她先去敲了第一夫人的门，知道她会按时准备好，连每一根头发都会各就其位。帕特开门后，看到温切斯特调皮的眼睛和那个奇怪的洋娃娃，问：“这次你又做了什么？！”

“我们把它放在女王卧房的浴缸里吧！”温切斯特建议。“我们都笑出眼泪来了，她抬着一头，我抬着另一头，在大厅里大摇大摆地走，结果大厅尽头的一个警察还被吓了一跳。然后我们把它放到了浴缸里。”温切斯特笑着回忆说，帕特平时认真克制自己，声称喜欢通过给丈夫熨衣服来缓解压力，总是穿着合适的鞋子，裙子的下摆至少要盖过膝盖五六厘米，可现在却拖着这个娃娃在白宫的走廊里走。她们一直狂笑不止，但突然，帕特又愣住了，说：“她们肯定会以为这是我！”结果俩人笑得更厉害了。

帕特和她的社交秘书会像亲密无间的朋友那样互相取笑对方。在几次国宴之后，帕特问来自肯塔基州的温切斯特：“露西，你是个农场女孩，能见到世界各国的领导人，是不是让你很惶恐？”

“哦，尼克松夫人，你也是一个农场女孩，所以你很明白：喂国王和喂牛几乎是一回事。给他们爱吃的东西，不要发出响亮的声音或做出突然的动作，然后清理干净。”

温切斯特有个小女儿，也叫露西，她收到了一些蟾蜍和青蛙，要当作宠物来养。“你知道青蛙吃什么，对吧？”第一夫人问露西，似乎对它们一点儿都不害怕。她总是在客厅壁橱的架子上放一个苍蝇拍，（女儿朱莉说：“她打苍蝇一打一个准儿。”）有好几个星期的时间，在露西带着青蛙和蟾蜍回到肯塔基州前，第一夫人会把一个贴着红色标签的信封通过内部邮件系统送下去，里面都是她为温切斯特的女儿打死的苍蝇。温切斯特说：“像所有的老房子一样，白宫里到处都是成群的苍蝇。”第一夫人还附上了一张字条：“亲爱的露西，我希望这些能帮助解决你的喂食问题。”

不过，这些轻松的时刻往往会被一些黑暗的时刻所掩盖。尼克松夫妇的婚姻很复杂，当被问及有没有见过他们吵架时，康妮·斯图尔特说从来没有：“开什么玩笑？尼克松夫人是永远不会在公开场合吵架的。”但有时候，尼克松对她会很差劲，以至1970年5月4日，尼克松的媒体顾问罗杰·埃尔斯曾写了一份备忘录给豪德曼，建议总统“多与她交谈，多对她微笑”。“有一次，情况特别糟糕。在某个时刻，”埃尔斯写道，“他开始朝另一个方向走。尼克松夫人当时没注意，后来只好跑着去追他。”在这份长篇备忘录的空白处，豪德曼写道，“好”“完全对”“没错”。但是，对于具体的建议，他却断然告诉埃尔斯：“你自己去告诉他吧。”帕特的新闻秘书海伦·史密斯说，豪德曼认为总统“如果抛弃她，会很有好处”，而且西翼的助理还有传言，说夫妻二人一离开白宫，就会离婚。尼克松的私人秘书露丝·玛丽·伍兹与帕特很亲近，在与豪德曼和厄里克曼争论时，经常会维护她。但是，帕特还是经常被忽视。在为庆祝妻子的生日而举行的一场女记者招待会上，总统曾被问及他最崇拜的女人是谁，经过一段尴尬的沉默之后，他才说：“这个，戴高乐夫人吧。”然而，在水门事件最严重的时候，帕特每周会收到五百多封信，其中大多数信表达的都是对她的支持。1952年的总统大选中，作为艾森豪威尔的竞选伙伴，尼克松曾被指控接受了一项报销款，有违道德，对此，他以后来著名的“跳棋”演讲予以回应，在此过程中，帕特一直坚定不移地站在他身边。1960年，当他在总统选举中败给约翰·肯尼迪后，她还是坚定地站在他身边，而在1962年加州州长的竞选中又失败后，她也没有动摇对他的支持。

被排挤到一边，加上日益繁忙的日程安排，使得尼克松夫妇的关系不断恶化，也在员工之间制造了紧张关系。“不幸的是，”厄里克曼说，“尼克松夫妇通常会把这些管辖权斗争留给工作人员来解决，结果进一步导致了不必要的敌对态度。”最终，这制造了一个三角关系。帕特和丈夫坐在一起吃饭时，会告诉他：“迪克，我们哪里哪里有什么问题，必须解决！”然后，总统会转向豪德曼，告诉他：“鲍勃，哪里哪里有什么问题。帕特说有问题。我们现在得解决一下。”他们就在这种三角关系中来回兜圈子，第一夫人和豪德曼彼此也互相越来越厌恶。康妮·斯图尔特被豪德曼任命为第一夫人的新闻秘书和办公厅主任，希望让三角关系变成四角的：第一夫人告诉总统，总统告诉豪德曼，豪德曼告诉斯图尔特，斯图尔特再告诉第一夫人。第一夫人因为什么事去找总统之前，豪德曼希望斯图尔特能先提醒一下他。

1969年，即斯图尔特开始为第一夫人工作后不久，她接到了豪德曼的一个电话，对方告诉她，总统想要见她。来到椭圆形办公室的小客厅里后，她看到总统正在吃他平常最喜欢的农家鲜干酪和菠萝。总统让她坐下来，然后在接下来的半个小时里，跟她讲了讲帕特的重要性，以及帕特为什么应该多获得一些媒体的正面报道。"把你能找到的东西都拿来读一下，这样你就能尽快了解她了。"他告诉斯图尔特，帕特是个了不起的女人，一生中取得了很大的成就。在斯图尔特离开之前，他也承认白宫东西翼之间始终存在着一种紧张关系："要确保你不会成为避雷针。"

斯图尔特的丈夫是西翼的一位工作人员，因此，豪德曼认为，她是自己与东翼的战争中的盟友。"在他看来，东翼是个问题，如果我能控制住它，那么我就是他的朋友，"她说，"白宫里真正的对抗关系，其实是男人在反对女人。"但豪德曼的计划没有奏效。一天早上，斯图尔特接到豪德曼的电话，对方说："总统不喜欢他的生菜。""然后呢？""你得解决一下生菜的问题啊，生菜不够新鲜。""鲍勃，我能怎么处理生菜问题啊？""我不知道怎么办，但想办法让它变新鲜。"斯图尔特说，情况就是这样：总统对豪德曼大喊大叫，豪德曼再训斥她。

女权主义作家和活动家格洛丽亚·斯泰纳姆曾陪同尼克松夫妇参加了一场为期十天的竞选活动，希望借此为《纽约客》杂志写一篇总统专访。让她失望的是，她只获得了采访第一夫人的许可，不过她惊讶地发现，经过这次采访，她"比以前更喜欢她（帕特）了"。一开始，帕特的谨慎回答，比如她最钦佩历史上的哪个女人、觉得谁和自己最像，让斯泰纳姆有些失望。帕特的答案是："艾森豪威尔夫人。"斯泰纳姆不相信，让她解释一下为什么欣赏玛米。斯泰纳姆说，她们这两个截然不同的女性，尴尬地沉默了很久之后，"大坝崩溃了"。帕特用缓慢而从容的口气，说出了自己对斯泰纳姆本人、她提问的口气以及她那一代人的不满："我哪有空去想这些事情？什么我想成为谁，或者我钦佩谁，或者我有什么想法。我根本没有时间去梦想成为谁。我得工作。我父母在我十几岁的时候去世了，我是靠着勤工俭学才念完大学的。"她提到，自己曾为一对老夫妇当司机，开着他们的帕克德越野汽车横穿全国，为的是能多挣点儿钱，好让自己继续上学，以及经过沙漠时引擎烧坏了，或者在山里时刹车不管用了，她都不得不自己来修车。"迪克当兵的时候，我在一家银行工作。是，我本来可以像别人一样，在这几个月里无所事事，但我去银行找了一份工作，与那里的人们交谈，了解他们那些有趣的小风俗。现在，我的朋友遍布世界各国。我没有就那么坐着，只是思考我自己或者我的想法，或者我想做什么。我没有那样，我一直都对人感兴趣。我一直在努力工作。"然后，她指了指那个装满了信件的文件夹说，她一有空闲，就会写回信，每一封都要亲自回复。她继续说："没有人会希望收到一封毫无个人感情色彩的信，所以，我哪有时间去关心我钦佩谁或者我觉得自己像谁？我的生活从来都不容易的。我不像你们……"她突然停了下来，而且几乎在瞬间又回到了她先前的谨慎状态，仿佛什么都没有发生一样。她拍拍斯泰纳姆的胳膊，说："和你聊得很愉快。保重！"斯泰纳姆惊得目瞪口呆，不过帕特这短暂的怒火，却让她看起来更像普通人了。

帕特在列举她多年来从事的工作时，没有提到她曾在纽约北部的一家医院做过技术人员，专门治疗肺结核病人。她说，这是她一生中最“难忘”的六个月。“他们本来不应该做这种事，但一些年轻病人会偷偷溜出去滑雪橇，我就陪他们一起。”当被问及她是否害怕自己感染疾病时，她说：“我从未担心过这个。反倒是他们似乎认为能从我身上‘感染’健康。”

在白宫时，帕特每周都会收到几百封信（有时甚至超过一千封），而她引以为豪的是，她几乎会亲自读每封信。她不想别人花时间写信给她，却收到了一封用自动笔署名的打印信。晚饭后，她每天会在办公桌前坐上四五个小时，回复这些信件。她的办公室会用那种手风琴一样的棕色可伸缩文件夹，送一堆信件到二楼的住所，有时一天会送五六次。帕特每写完一封信，都会把它晾在一边，让蓝墨水干透。第二天上午 8 点半，通信主管回到办公室时，会发现那个文件夹已经整齐地放在她的办公桌上。东翼的女性员工确定总统会辞职的一个线索，就是那些文件夹突然不再送回来了。在那段痛苦的日子里，帕特没有打开过任何信件。

第一夫人经常会收到一些令人心痛的请求，比如父母来信为生病的孩子求助。有几个孩子，就是因为帕特的帮助，才被送进了国家卫生研究院。有个家庭写信给第一夫人，说他们的女儿病得很重，需要做心脏手术。第一夫人的一名助手给美国心脏协会打电话说了小女孩的名字和地址，并且告诉他们情况很紧急。三个月不到，帕特便收到了小女孩父母的来信，感谢她救了女儿的命：“这也许只是一个巧合，但收到您的信后不久，问题就得到了简单而顺利的解决。不过，我们觉得，事情肯定没有这么简单。”收到一些特别感人或好玩的信时，帕特还会保存起来，比如纽约埃尔蒙特一个五年级学生写了一篇题为《我是尼克松总统的妻子》的文章：“每次我发表演讲时，喉咙都会痛。和丈夫一起去出行时，我们一站就是几个小时，我的脚都痛死了。我的背也痛，因为要睡在很多不同的旅馆里。躺在床上想休息时，我听到的却是特工站在门外的声音。我真希望我能成为一个普通的家庭主妇，可以穿运动鞋和牛仔裤。”帕特回信说，她非常高兴能做第一夫人，但在写给助手的便条中，她却说:“我留下了她的信。她说得简直太对了！”

帕特觉得，回复信件是她作为第一夫人该做的工作，并且不想让任何人质疑这一点。有一次，厄里克曼要求与帕特会面，结果很快就发现了她在这一点上有多坚定。那天傍晚，他们在官邸二楼那个十分雅致而且俯瞰着南草坪的黄色椭圆厅见了面。厄里克曼说:“也许你只是觉得需要和人交流，甚至分担一些问题。比如，回复信件的事。我很乐意帮你减轻一下负担。”一提到邮件，帕特就警惕起来，立即明白了他为什么要来:为了盯着她，最终控制她的信件往来。“对于每个愿意给我写信的人，我都有责任，”她告诉他，“我可能跟不上时代，太老套了，但我觉得，每个人都应该收到带有个人感情色彩和个人署名的信。”当他对她说，她不可能有时间回复每一封信时，她只是点了一下头。这个话题到此结束。

离开前，厄里克曼告诉她，她越来越瘦了，让他很担心。“你觉得你有义务亲自回复那些写信的人，但你也有义务为了家人和朋友好好照顾自己。”他说，如果她想和别人说话了，可以给他妻子打电话——帕特和他妻子关系还不错。但第一夫人并没有任何反应。厄里克曼说，他原以为她会哭或者发火，但她只是冷冷地看着他，让他大为惊讶。他是被总统和豪德曼派去找她谈话的，但是他最后连再见都没记得说，就从房间溜了出来，他意识到，自己根本没有可报告的东西。这是一个有着完全控制力的女人。东西翼之间的战斗，因为尼克松夫人的奋起反抗，变得愈加激烈起来。

在采访中，她经常说自己从不觉得累，在竞选的路上，她有时候白天就吃一根香蕉，一直到晚餐时才吃饭，但她从没抱怨过自己饿。

她母亲在她很小时就去世了，所以她承担起了养家的责任，不敢觉得累或者饿。“我不生病，”她对一名记者说，“女儿们（特蕾西亚和朱莉）说，她们要是感觉不舒服，也不会告诉我，因为没意义。反正我也不会安慰她们。”她甚至说：“即使快死了，我也不会让任何人知道。”

和大多数第一夫人一样，她在政治上要比丈夫更偏向于自由派，支持堕胎和《平等权利修正案》。在一个难得的坦率时刻，她曾对一群女记者说，她正努力说服丈夫提名由女性来首次担任最高法院法官。“别担心，”她说，“我在劝。”总统让司法部长约翰·米切尔提供一份符合提名要求的女性名单，并且认真考虑要提名一位加州最高法院的法官，但后来又决定不这么做了。经过数周的考虑，他宣布让威廉·伦奎斯特和刘易斯·鲍威尔填补了空缺的两个位置。尼克松宣布这一消息时，豪德曼对他说，他“又大获全胜了”。“好吧，也许，但我妻子除外，她快要气疯了。”

那天晚上，愤怒的帕特打破了餐桌上的沉默。她曾顶着风险，公开说自己劝说他提名女性。现在，她收到的很多信都在同情她，说她丈夫如何“让她失望了”。“1971 年的女性，”她告诉他，“需要女性担任最高法院法官带给她们的那种认可。”总统重重地叹了口气，说：“我们真的已经尽力了，帕特。”

在尼克松总统辞职后突然接替了帕特职位的贝蒂·福特，是个很不寻常的第一夫人，因为她曾公开质疑丈夫的决定，并发表声明，差点儿把他那些男性政治顾问逼疯。1975 年，她与《60 分钟》的记者莫利·赛弗所做的访谈，震惊了全国。她说，她的孩子都曾试过大麻，她现在要是个十几岁的小姑娘，可能也会自己尝试一下。她还承认自己去看了精神病医生，并且透露，她支持堕胎。赛弗问她，如果他们 18 岁的女儿苏珊承认自己有外遇，她会怎样？贝蒂回答说：“我不会感到惊讶。我会觉得她就是一个正常人，和所有的年轻女孩一样。”结果，这引起了轩然大波，第一夫人的通信办公室收到了大量的恐吓信，愤怒的观众打爆了白宫的电话。

《60分钟》的采访之后不久，贝蒂在接受《麦克考尔》杂志的采访时，甚至更进一步，说她希望和丈夫“尽可能多地”做爱，而且正在“努力让女性进入最高法院”。但很快，表扬信的数量就超过了恐吓信，人们很高兴地看到，终于有一位第一夫人敢于表达自己的观点了。贝蒂的《60分钟》采访，以及一些有关她坦率直言的展览，现在是福特总统图书馆的特色内容。《时代》杂志的记者邦妮·安吉路总结贝蒂的坦率时，这样说道：“她没有真的成为政治聚光灯的俘虏，而一部分原因就是，她总是和孩子们在一起。所以，她并没有把自己所有的边角都磨平。”

在入主白宫之前，福特从未参加过激烈的初选活动，而他的家人也不习惯被当作展品一样摆出来。即使在1976年的总统竞选期间，贝蒂也直言不讳，不愿意保持沉默。这让福特的顾问很是不满。有一次，福特在竞选活动开始前与员工会面，一位政治分析师小心翼翼地提到了他妻子的“问题”：“总统先生，时间离大选已经很近了，我们都爱您的妻子，但是您觉得有没有机会和她聊聊，礼貌地问问她，看她是否能在大选结束前稍微低调一些？”福特环顾了一下桌旁的那些顾问，说：“我妻子的办公室就在那边的大厅里，她现在就在里面。你们要是有人愿意站起来，去跟她说一下，我很欢迎。”没有人敢接受他的提议。

福特一家给白宫带来了一种不拘礼节的温暖氛围，比如他们甚至允许十几岁的女儿在东厅里溜旱冰，在国事楼里穿牛仔裤出入，虽然那里的房间经常举行一些最正式和最公开的活动。住进白宫后，贝蒂想了解一下住在官邸的工作人员。她平易近人的态度，给木匠弥尔顿·弗雷姆留下了深刻印象。他深情地回忆说:“我记得福特太太，她会邀请你坐下，和她一起来喝茶。”贝蒂还喜欢逗弄员工。有一次在参观私人居住区时，她的新闻秘书希拉·拉伯·维登菲尔德注意到，一个花瓶上面有两个天使雕像，他们的手几乎碰在一起，而一支香烟就插在他们的手之间。“哦，那个啊，”第一夫人笑着说，“是我放在那儿的。我想测试一下，看这些女佣是否已经打扫过房间！”

她很爱玩闹，而且似乎一直都没有变过，即便在成为副总统夫人、成为第一夫人后，依然是来自弗吉尼亚州亚历山大城的那个敢说敢做的家庭主妇。与其他第一家庭相比，福特一家给白宫带来了一种中产阶级的感受。一个星期六的晚上，男仆詹姆斯·杰弗里斯被告知，先别洗碗了，上二楼去帮贝蒂办点儿事。他上楼后，贝蒂问:“男仆们去哪儿了？”她要找的是那些全职男仆。

“他们下楼了。我可以帮您叫他们。”他边回话，边按下了电梯按钮，准备下楼。

“我需要的就是个男人而已。”她在家庭餐厅里不耐烦地冲他喊道。

杰弗里斯挤眉弄眼地笑着说:“我心想，等等，这个女人想让我干什么啊。进去看了看才明白，她是想让我把那台十九英寸的电视搬到卧室里。”

VII

The Good Wife 贤　妻

能力和威仪是她的衣服。她想到日后的景况就喜笑。
她开口就发智慧，她舌上有仁慈的法则。
她观察家务，并不吃闲饭。
她的儿女起来称她有福，她的丈夫也称赞她，
说："才德的女子很多，唯独你超过一切！"

——《圣经·旧约·箴言》31：25－29

你母亲病得很重，她得去看精神病医生。

——贝蒂·福特某次精神崩溃后，
福特家的保姆克拉拉·鲍威尔对她的孩子如是说

杰姬·肯尼迪一直觉得，自己是丈夫“最大的累赘”：她太有钱，太漂亮，说话的声音有点儿滑稽，而且在竞选的高潮时期，她都怀着孩子，不能和他一起去。每当媒体写她如何奢侈消费，以及她的高贵出身（曾在波特女子学校和瓦萨学院、索邦大学接受教育，而且父母虽已经离婚，但都来自上流社会），还有她妹妹李在1959年嫁给了波兰王子斯坦尼斯拉斯·拉齐维尔时，总统都会很不高兴。她对他说：“对不起，我真是个废物。”（丈夫的品位就不太高雅了，她曾开玩笑说，他唯一真正很喜欢的音乐是《向总统致敬》。）但是，在1960年的总统竞选活动期间，她很快就发现，前来与会的人们其实是来看她的，而且她还收到了无数信件，询问她关于她的衣服，以及她的发型是怎么做的。在坐车去就职舞会的路上，肯尼迪总统告诉司机把车里的灯打开，“这样人们就可以看到杰姬了”。肯尼迪夫妇的朋友威廉·沃尔顿回忆说：“我们让她往前坐，好让围观者能看到她。”

1961年春天，也就是就职后不到六个月，肯尼迪夫妇访问了欧洲，他在那里说过一句名言：“我不认为这么自我介绍不合适……我是陪同杰奎琳·肯尼迪访问巴黎的那个人，而且我很享受这个过程。”杰姬让人群兴奋不已，五十万人在大街上高呼：“杰姬和肯尼迪万岁！”她和法国总统戴高乐交谈后，对方说她讲法语时“低沉、缓慢”，但“完美无瑕”。戴高乐还告诉总统，他的这位热爱法国的妻子，“比大多数法国女人都了解法国历史”。(杰姬从纽约著名的凯雷酒店聘请法国厨师热内·威尔登接管了白宫的厨房，换掉了从前那些掌管厨房的海军管理人员和厨师。她是第一个坚持用法语来写国宴菜单的第一夫人。)

杰姬想不知道自己多受欢迎都很难，而在这方面，她有时也很慷慨。在维也纳时，她曾站在阳台上，看着大约五千人在楼下大呼“杰姬”，然后，她熟练地把没人理会的妮娜·赫鲁晓夫，也就是苏联领导人尼基塔·赫鲁晓夫的妻子拉到身边，结果下面的喊叫变成了“杰姬、妮娜”。妮娜伸手拉住杰姬戴白手套的手，高高举起来，一起向人群致敬。到她们离开皇宫时，妮娜几乎获得了同样多的掌声。法国文化部部长、作家安德烈·马尔罗最初对年轻的美国总统和他的妻子持怀疑态度，但杰姬以他的名义，在白宫举行了一场精心安排的晚宴后，最终赢得了他的好感。在晚宴最后，她实现了自己梦寐以求的心愿——马尔罗凑到她耳边，轻声告诉她:“我会把《蒙娜丽莎》送来的。”就这样，莱昂纳多·达·芬奇的这幅杰作，第一次也是唯一一次借给了美国展览，而这一切都是杰姬的功劳。

杰姬为重新装修白宫筹集资金，开发了第一本白宫官方游览指南(在出版后十个月内便售出了惊人的五十万册)。曾参与装修工作的纳什·卡斯特罗回忆说，自己曾和她在白宫的黄色椭圆厅开了许多会，其中有一次开了两个小时，书的每一页她都仔细过了一遍，并且一边看，一边还向编辑提建议。她穿着宽松的居家连衣裙和休闲鞋，而且没穿袜子，和她平时光鲜亮丽的形象大相径庭。卡斯特罗回忆说，有一次下午 6 点开会时，杰姬连头发都还没做，妆也没化，但第二天早上他醒来后，却看到《华盛顿邮报》头版上刊登着白宫前一晚举行国宴的照片，而照片中的杰姬看起来光彩照人。

杰姬如此执着于外表，以及想让白宫的装饰达到最完美，似乎是为了压抑心中的悲伤，因为她知道丈夫经常背着她搞外遇。白宫招待纳尔逊·皮尔斯回忆说，杰姬在官邸的美观问题上，非常投入。“皮尔斯先生，我需要帮忙！”她常常这样冲他大喊。有一天，她又叫住他，说：“我想把这个沙发挪到那里。”皮尔斯问她，要不要他去找个门卫来帮忙，但她说不用。“你抬一头，我抬一头。”那天晚上在西客厅里，他们把沙发挪了三次地方后，她才最终决定想摆在那里。

总统似乎觉得妻子的这种痴迷很有意思。白宫电工拉里·布什回忆说，有一天，他在红厅里踩在两米高的梯子上给壁炉装两个黄金烛台，总统走进来时，他正好在割墙上贴的华丽红斜纹缎。“拉里，”他说，“你这是干什么？”“您太太想把这些黄金烛台……”布什回答。总统笑着摇了摇头，看了一两分钟后，回到了他的办公室。

数百页记录详尽的手写备忘录，揭示了杰姬到底有多么在乎白宫的历史及其古董的保护工作，她成功地把白宫变成了一座活生生的博物馆。“以前人们来参观白宫时，几乎看不到什么1948年之前的物品（白宫最近一次修缮是在杜鲁门总统时期），”1961年，《生活》杂志采访她时，她曾说，“每个来这里的男孩，都应该通过这里的东西，发展出自己的历史感。而对女孩来说，白宫应该看起来美丽，像是有人生活的地方。他们应该明白，壁炉里的火和漂亮的花朵可以为房子增添什么。”她讨厌“装修”这个说法，并坚称她肩负的是一项“恢复”官邸风貌的学术使命。虽然有一些备忘录——比如让官邸工作人员把“我们那些可怜的灯”拿下来，好让她可以检查一下，或者把东客厅“沙发旁边那两面可怕的镜子搬走”——听起来太过精英主义，但也展示了她想为每个美国人把白宫变得更美的热情和激情。“阳光会让绿厅、蓝厅、红厅的墙壁和窗帘褪色，所以参观一结束，你就把窗帘拉上。”她在备忘录中告诉总招待韦斯特，“另外，要确保蓝厅窗帘上的穗子翻到里面来……如果朝外面的话，也会被太阳晒坏。”

不过，从她的这些个人备忘录来看，她对完美的追求似乎永远不会得到满足：总有更多的家具要订购，有更多的艺术品被换掉或重新摆放。杰姬想要挂一些乔治·卡特林描绘美洲土著人生活的绘画，电工拉里·布什为这些画布光时，她就站在一边看。布什躺在钢琴下面测量聚光灯的安装位置，最终定下来后，伸手拿口袋里的笔和纸想记下来，但是尴尬地发现自己没带。"我这就去拿我的速记板。"她告诉他，然后记下了他安装聚光灯所需要的东西，而她明确地指出了她想要聚光灯装在哪儿。"左边一点儿。"她一边说，一边用手示意。

在 1962 年 2 月 14 日由哥伦比亚广播公司播出的那个广受欢迎的电视节目中，她用一个小时的时间，对白宫的恢复工作进行了详细介绍。这是有史以来白宫首次允许电视摄像机进入其内部，整个节目是在一天内拍完的，八架电视摄像机一共花了近七个小时。哥伦比亚广播公司的制片人佩里·伍尔夫说："她太棒了。我写了一个问题的脚本，但她准备得比我还充分，根本不需要这个。"伍尔夫在拍摄时，带了三个用不同颜色标记的脚本：一个是她只接受采访，一个是她只展示照片，还有一个是她领着摄像机参观。"但她把我的脚本扔到了一边，因为她早就成竹在胸。"

伍尔夫回忆说，杰姬顶住了压力，但在拍摄间隙，"她一直在吸烟"。那天晚上，她和专栏作家约瑟夫·阿尔索普及妻子苏珊·玛丽·阿尔索普共进晚餐时，"弹烟灰时老是弹不到烟灰缸里，把烟灰掉在了她正坐着的那个昂贵的丝绸沙发上。我明白，她其实很紧张"。晚些时候，她和肯尼迪总统一起观看了录制的一些片段，总统对她的表现印象非常深刻，甚至还问哥伦比亚广播公司，能否在第二天早上重新拍摄他的那些片段，好配得上她的表现。

在给夫妇二人的朋友威廉·沃尔顿的信中，杰姬写道："我曾经很害怕这里的生活，起初也被搞得不知所措，但现在已经一切正常，是我人生中最快乐的时光——不是因为我所处的位置——而是因为家人之间的亲密感……我从来没想过能在白宫里找到这种东西。”而在幕后，她则熟练地照顾着自己那位脆弱的丈夫——他有严重的背痛和其他一些疾病。在给白宫医生的一份备忘录里，她提醒对方，要用强生公司的背部膏药，那是肯尼迪的母亲寄来的。“他昨天用了一张，感觉效果很好。当然，这显然治标不治本，但能让疼痛的地方有一种温热感，总比只是痛强。”而且，杰姬还不会放过任何细节，比如在让医生多买点膏药时，她甚至还跟他讲了价格：每片 43 美分。在备忘录的最后，她让医生再拿一些矿物油和滑石粉，交给总统的贴身男仆乔治·托马斯，因为撕掉膏药之后，他的皮肤会有不适感，需要这些来缓和一下。

无论如何，杰姬都想让丈夫开心。在那些特别艰难的日子里，比如知道他正在努力解决一个重大问题时，她会给他画一些手绘漫画，或者滑稽地模仿世界各国的领导人或他的顾问来逗他开心。她总是希望孩子们在父亲下班回来见到他们时，他们能表现出最好的举止，并且一直在努力让白宫里的生活有一种“爱、舒适和缓和的氛围”。她会请夫妇俩最亲密的朋友来参加小型宴会，但经常都是到下午 6 点时，才请总统的私人秘书艾芙琳·林肯去打电话邀请，因为一般到这个时候，她才能知道丈夫是否有心情招待客人。每隔两周左右，她会组织一场精心安排的晚宴，请来管弦乐队，让客人在优雅、幽静的蓝厅里跳舞，一直到凌晨 3 点。她会尽力满足丈夫的所有需要，比如在 1963 年 4 月 2 日的一份备忘录中，她让总招待韦斯特问问史密森学会，请他们帮忙找一个木雕师，照着总统椭圆形办公室里的那张华丽办公桌，做一张一模一样的，摆放在他的总统图书馆。在另一份备忘录中，她告诉韦斯特，总统不喜欢内阁厅里的“泥色”地毯，并且要求把椭圆形办公室窗帘的“褶皱”弄少些，不要太“女性化”。她甚至还会让人从外地弄来他最喜欢的食物，比如迈阿密的“乔记石头蟹”。

有一次，她告诉朋友、历史学家小亚瑟·施莱辛格，说她犯了一个可怕的错误，竟然问丈夫越南发生了什么。“哦，我的天，孩子，”肯尼迪这样亲切地称呼她，但无疑让杰姬很不开心，很愤怒，“我一整天都在处理这些。别再让我想了。”总统这时刚刚完成他每日例行的游泳锻炼，沉浸在他“快乐的晚间心情”中，所以，她很是为自己提起这个话题而内疚。如果她想知道发生了什么，他告诉她，应该去找他的国家安全助理麦克乔治·邦迪，看看所有的电报。此前，她每周都会读美国中央情报局的简报以及印度和巴基斯坦的电报，而原因则主要是她喜欢驻印度大使、他们的老朋友和学者约翰·肯尼思·加尔布雷斯那种诙谐幽默的写作风格。

不过有一件事，她一点儿都不感到好奇，那就是丈夫出轨的细节，虽然她知道发生了什么。而且对于丈夫的拈花惹草，她还有一种幽默感。他们刚结婚的时候，丈夫因背部不舒服住进了医院，去看望他之前，她先和朋友们出去吃晚饭，碰巧遇到了美丽的女演员格蕾丝·凯利。杰姬准备离开时，凯利说：“你知道，我一直想见见肯尼迪参议员。”杰姬答道：“那你会愿意和我一起去医院，现在就见见他吗？”杰克曾经抱怨医院的护士年纪大，也长得不好看，于是杰姬请凯利穿戴好护士帽和制服，然后告诉肯尼迪，这是他的新夜班护士。有好几分钟，他都没看出这个人是谁，过了一会儿，才哈哈大笑起来。

肯尼迪总统经常会背叛杰姬，甚至还与在白宫工作的女性约过会，而其中年纪最小的竟然只有 19 岁。杰姬需要做决定：要么装作不知道，要么失去一切。肯尼迪就职前不久，杰姬给记者和作家弗莱彻·奈贝尔写了一封短信。“我想说的是，杰克在这方面和我一样，我们的生活都是一座冰山，”她写道，“公共生活在水面之上，私人生活在水下。”她父亲就经常不忠于她母亲，所以她早已对此习以为常。在他们结婚十周年纪念日的一周之后，杰姬给他们的朋友、多年前介绍他们认识的查尔斯·巴特莱特写了一封信。她告诉他，如果没有杰克，她的生活会“是一片废墟，我每走一步，都清楚这一点”。

但一直都假装视而不见却很难做到。一位名叫米米·阿尔福德的女性和总统发生关系时，才刚上大学一年级。当时，她和其他年轻女学生来新闻办公室做实习生，很快就与肯尼迪和他的一些助手产生了关系。“最令我惊讶的是，这两三个女孩是好朋友，是知己，可她们聚在角落里，低声聊和咯咯笑，她们之间似乎没有嫉妒，而这一切就是一个欢乐的大聚会，她们似乎并不憎恨总统或任何其他男人对其他女孩感兴趣，”肯尼迪总统的新闻助理芭芭拉·贾玛瑞肯回忆说，“这是一个分享的好例子，但我作为一个女人，觉得很难理解。”肯尼迪的不忠行为，在记者之间是个公开的秘密，他们经常会随便对此事评头论足，但在那些严肃的记者看来，这些不能登大雅之堂。

杰姬不是傻瓜。她找到一位医生——罗伯特·肯尼迪的朋友和邻居——倾诉了丈夫的外遇让她产生的抑郁情绪。有一次，她领着《巴黎竞赛》的一个记者朋友参观白宫时，领着对方去了椭圆形办公室的门厅，向总统的秘书艾芙琳·林肯问好。然后，她注意到一个据说和丈夫有染的女人正安静地坐在一旁，紧张得要死。杰姬转身对她的朋友用法语说：“据说就是这个女的正在睡我丈夫。”（几十年后，记者黛安·索耶问卡洛琳·肯尼迪，母亲有没有谈过肯尼迪的背叛，卡洛琳很不舒服地说：“要是告诉你什么的话，我也就不会是她的女儿了。”）

杰姬一直是个特立独行之人。总统曾拿着批评她穿的短裤太短的信来找她，但她只是简单地回答了一句“没有太短啊”，然后他只好作罢。不过，他倒是建议过她戴帽子，不要围围巾，搞得自己跟电影明星一样。在接受肯尼迪图书馆的采访时，杰姬的母亲简内特透露了自己在女儿担任第一夫人时给她的建议。“我真的认为你必须保持自己的独立性，不然你就会像柯立芝夫人一样，或者完全像艾森豪威尔夫人一样，像杜鲁门夫人一样。我觉得你必须努力去做——在允许范围内，当然，在公众视线里时，有些事情你显然不能做。我认为，总的来说，杰姬做得很对，她做的都是她认为正确或自然的事。”

杰姬说话的声音，就像小孩子低语（肯尼迪总统的姐妹曾在背后叫她“大小姐”），但她的意志其实很坚定，要是觉得谁背叛了她，就会直接和对方绝交。“卡米洛时代”的说法，就是她精心筹划的：她说服记者朋友西奥多·怀特在《生活》杂志中用这个意象来描绘肯尼迪当政的那些年——一个太过美好，以至于无法长期维持下去的迷人时代。“只有内心痛苦的人才会去写历史，”她对怀特说，“杰克的人生，更多的与神话、魔法、传奇和故事有关，而非政治理论或政治科学。”她很担心丈夫的梦想和成就会被遗忘。刺杀事件发生后，她要求约翰逊总统将佛罗里达州的卡纳维拉尔角航天中心，重新命名为肯尼迪航天中心。不到一小时，约翰逊就完成了任务。当然，她也不希望自己的贡献被人遗忘，在搬出白宫之前，她写了一份 11 页的备忘录，列出了她给白宫带来的宝贵财富，然后让人交给了约翰逊夫人。

丈夫被杀一周之后，杰姬请怀特去了马萨诸塞州科德角海恩尼斯港的肯尼迪宅邸，用四个小时的时间，生动地讲述了他们在白宫的生活。根据怀特在接受采访时所记的笔记，杰姬对他说：“我不想以肯尼迪的遗孀身份被公众记着；这一切结束后，我就会隐居起来。”杰姬还详细讲述了丈夫遭到枪击后的可怕时刻。当时，她用胳膊抱着他的头，在像飞一样开往达拉斯帕克兰德纪念医院的车上，一直叫他：“杰克，杰克，你能听到我说话吗？我爱你，杰克。”到医院后（路程其实很短，但感觉很长），杰姬最喜欢的特工克林特·希尔，恳求她允许他们把总统从车上抬下来。但她不想让任何人看到他的样子，因为他的大脑外露，而且到处都是血。

“肯尼迪夫人，”希尔说，“请让我们救总统吧。”但她就是不松手。

“求你了，肯尼迪夫人，”他恳求她，“请让我们把他送进医院。”她没有回答后，他本能地明白了问题所在，赶紧脱下外套，盖在总统的头上。这时，她才最终松手。

在医院里，她坚持要在棺材盖上前，再去看一下丈夫。一名警官帮她把沾血后已经变硬的白手套脱下来后，她把自己那枚血迹斑斑、朴素无华的金婚戒戴到了他的手指上，并吻了吻他的手。后来，她对这个决定有些后悔，因为感觉自己没有留下任何和他有关的东西，于是又叫肯尼迪最信任的一名助手打电话给太平间，要回了戒指。“这上面有我对他最亲密的回忆，”她对怀特说，“这是我们结婚之前，他在纽波特匆忙买下的。他把它给我的时候，上面甚至什么都没有。日期还是我后来刻上去的。”

她仔细地编辑了怀特的文章，后来，这篇长约千字的稿件发表在《生活》杂志 12 月 6 日的那一期上。在文中，她谈到了丈夫的总统任期所具有的“魔力”，以及他们在睡觉前如何听勒纳和洛伊的百老汇音乐剧《卡米洛》。她说，“夜里天太冷，他不想下床的时候，我会从床上下来，放给他听”，用两人卧室间更衣室里的那台“老手摇留声机”来帮他入睡。他最喜欢结尾的台词是:“不要忘记，历史上有一个地方，在一个短暂但闪耀的时刻，曾经名叫卡米洛。”

和其他第一夫人一样，杰姬是丈夫遗产最坚定的保护者。她对于任何诋毁他或任何质疑他执政的那一千多个神秘而完美的日日夜夜的人，都恨之入骨。1975 年，当他们的亲密友人、《华盛顿邮报》的编辑本·布拉德利出版了《对话肯尼迪》(*Conversations with Kennedy*)一书后，她便再也没有和他讲过话，因为她觉得这本书的内容太私密了。她选择了历史学家威廉·曼彻斯特来撰写有关丈夫遇刺事件的权威记录，并给了他前所未有的机会，花了很多个小时，从非常私人化的角度，向他详细回忆了丈夫的死。不过，她看到书的成品《总统之死》后非常生气，要求他的出版商哈珀与罗出版公司，以及准备刊登内容节选的《形象》杂志做了几百处修改。“我人生中最可怕的事，就是试着把曼彻斯特先生写的一些东西从书里删掉，”杰姬说，“我独自跟他做了一晚上的口述历史，闸门打开后，有时候很难停下来。”她还想方设法阻止曼彻斯特获得任何图书销售的利润，但没有成功，不过曼彻斯特倒是因为打官司带来的巨大压力而精神崩溃，最终住进了医院。

让杰姬同样愤怒的是，1978 年，她和约翰逊图书馆签署了她的口述历史赠予协议后，《时代》杂志的记者休·西迪很快就拿到了一份，并且就此写了一篇专栏文章。不久，其他组织也开始争抢文稿和采访录像的拷贝。按照规定，除非捐赠者反对，录音带和文字记录一般都会被公开，而由于杰姬已经和图书馆签署了赠予协议，所以这件事谁都无能为力。但她还是很生气，并且让她的律师坚持要求在她和图书馆达成新协议之前，所有文字记录和录像带都要从研究室中拿走。1978 年 8 月 3 日，约翰逊夫人写信给杰姬，像一位忧心忡忡的母亲那样说：“图书馆工作人员向我解释过了，档案管理规定的惯例，确实造成了你的采访不幸被人利用的情况。但无论如何，我们本来可以采取一些措施，而且也应该采取一些措施，更好地保护你才对。你已经在公众视野中承受了那么多的痛苦，虽然并非我们直接给你造成了如此不愉快的曝光，但我们还是十分自责。”约翰逊夫人永远都对杰奎琳有一种保护欲。

帕特·尼克松在加利福尼亚阿特西亚（位于洛杉矶东南约 32 千米处）的一个小商品果蔬农场长大。12 岁时，在母亲因癌症去世后，她便承担起了所有的家务活儿，比如洗衣服就是一件苦差事，要在室外的砖炉烧火，然后用长杆子把衣服从沸水中挑到冷水中，再把重重的湿衣服挂在晾衣绳上晒干。(即便到了有将近一百名员工的白宫里，帕特也坚持要自己洗内衣和睡衣，出门旅行也是自己打包。)

她告诉女儿朱莉："我母亲去世后，我就开始为自己的生活负责了。"此外，她还要照顾两个哥哥和她父亲，但五年之后，她父亲又因矽肺病去世了。就这样，在 17 岁时，帕特成了孤儿。她决心要获得大学学位，在南加州大学上学期间，一直勤工俭学，靠电话接线员和在电影里跑龙套来养活自己。1937 年，她最终以优异的成绩毕业。在银行工作时，她曾遭遇过持枪抢劫；但即便在这种时候，她还是很冷静地记住了强盗的脸，然后报告给了警方。1938 年，在参加当地要排演的《黑暗塔》(*The Dark Tower*) 的试镜时，她认识了同来试镜的理查德·尼克松。当时的她在加州惠蒂尔的一所高中教书，每月挣 190 美元，而他则是一名刚从杜克大学法学院毕业的年轻律师，在学校被戏称为"忧郁男"。

尼克松与帕特一见钟情，第二天便向她求婚，但他最终又追了两年，她才同意嫁给他。他非常喜欢她，甚至偶尔还会开车送她去洛杉矶和其他男人约会，就为了能和她在车里待上一会儿。她给他写的信都很友好，丝毫没有浪漫的意思。在 1938 年写了一封信，她说："哈喽，哈喽，最近怎样？"然后邀请尼克松去做客，她可以"给他做一个汉堡"。他给她的信，让我们看到一种深刻的爱恋，这种爱或许随着岁月的流逝减弱了一些，但在一开始却很强大。"日日夜夜，我都想见你，和你在一起。然而，我不想自私地独占你，也没有嫉妒心。事实上，我希望你一直都能按照自己的想法去活，因为如果你不这样做，那你就会改变，你就不是你了。"这样的口吻，让人很难想象是出自尼克松，"我们星期天去长途旅行吧；我们周末去爬山吧；我们坐在炉火前看书吧；最重要的是，我们一起成长吧，找到我们知道会属于我们的幸福。”1940 年 6 月 21 日，他们在加州里弗赛得举行了一场贵格会婚礼。帕特时年 28 岁，迪克 27 岁。第二次世界大战期间，尼克松曾在海军服役数年，之后，他决定竞选国会议员。帕特成了他的办公厅主任，虽然她从来没想过自己或者家人会涉政，但在后来的日子里，却一直都在支持他的政治抱负。

理查德・尼克松最小也是最后一个健在的兄弟埃德，仍然记得以前的那些日子。1939 年，9 岁时的他见到了 27 岁时的帕特，之后，她便开始照料他。他对帕特说他想看看海滩是什么样的，结果她说："好，那我们去看看吧！"尼克松一家是工薪家庭，全家都在惠蒂尔的家族杂货店和加油站工作。埃德说，他们除了工作以外，没有时间做任何事情。到海滩上之后，埃德说："我记得她一直在跑，几乎跑得跟我一样快，女孩子能跑那么快不容易……她想让我看到生活的另一面。"

帕特的办公厅主任、新闻秘书康妮・斯图尔特说，帕特一点儿都不希望成为 1968 年的第一夫人；她想当的是 1960 年的第一夫人，但是她丈夫在那年输给了约翰・肯尼迪。那次失败让帕特非常难过，也是唯一被人拍到她哭的照片。当时，丈夫在洛杉矶大使酒店的宴会厅向肯尼迪承认竞选失败后，两人准备一起回五楼的套房，她试着躲开摄像机，但后来实在无法再忍下去，便从他身旁跑开，冲进她的卧室，然后关上门，自己好好哭了一场。她曾在竞选过程中非常努力地工作，但现在却只能拼命地忍住苦涩的泪水："我永远都不会成为第一夫人了。"

那场失败还有一个原因，让她感到尤为刺痛：她丈夫对肯尼迪一直都很好，他们曾经一起担任过初级参议员，1954 年肯尼迪做背部手术时，差点儿死在手术台上，后来住院恢复时，尼克松还曾去看过他。

杰姬甚至还给尼克松写了一张便条，感谢他在她丈夫生病时提供的帮助：“我觉得，在世界上所有的人中，他最敬重的就是您了——这再次证明了您有多了不起。”然而，在1960年的竞选活动中，双方的竞争异常激烈，帕特也受到了严重伤害。几年后，当他们终于入主白宫，但身为总统的丈夫却陷入水门事件时，她很想知道的是，为什么当初媒体没有讨伐肯尼迪总统窃取了选举结果，因为那时曾风传，芝加哥市长理查德·戴利为肯尼迪窃取了伊利诺伊州的27张选举人票。（在1960年的激烈大选中，肯尼迪只多了30万张普选票，还不到选票总数的0.5%。）但为什么没有人调查在选举中舞弊的肯尼迪家族，而她自己的家人却要受到如此的审查？

1962年，竞选加州州长失败后，尼克松曾向帕特承诺，他将不会再参选公职，并且在退出前，还狠狠地批了一顿媒体：“你们以后再也没法欺负尼克松了。”

帕特松了一口气。1962年失败之后，她经历了人生中最幸福的一段时光。当时，全家搬到了纽约，尼克松继续当律师，一家人重新有了私生活。1963年肯尼迪遇刺后，尼克松夫妇曾给杰姬发去一封吊唁信，在回信中，杰姬说的一些话，肯定也让帕特想过丈夫是否应该重返政坛。“拥有生命时，我们从来都对它不够重视，”杰姬写道，“我知道你的感受，走了那么长的路，最后却与大奖擦肩而过——现在，你又要面对这个问题了，又要再次投入你和家人的希望和努力……但如果这次还是不成，不能如你长久以来的愿望，也请你感到安慰，因为你还有你的生命和你的家庭。”

1968年，帕特已经对再次参加竞选失去了热情。当他们在1969年1月入主白宫时，越南战争仍然激烈，女权主义运动也如火如荼地开展起来。作为艾森豪威尔总统的副总统的妻子，帕特曾从玛米·艾森豪威尔这位20世纪50年代典型的政治妻子身上学到很多，要在50年代和60年代初，她肯定会是一位优秀的第一夫人。康妮·斯图尔特认为：“可以这么说，生活和历史对帕特·尼克松很不公平。”在理查德·尼克松第一次就职总统的前夜，帕特被问到，是不是她想让丈夫从政。“不，”她说，“我不想。要我为他选择的话，我不会选政治，因为说到底，你无法像你希望的那样经常见到你的丈夫，而这么活着太难。”

尼克松获胜后，杰姬再次写信给帕特。这封亲笔信由信使从杰姬位于纽约第五大道1040号、面积约500平方米的公寓直接送到了尼克松夫妇位于第五大道810号的公寓（最著名的第一夫人和新任的第一夫人只隔着二十三个街区）。在信中，杰姬向帕特表示祝贺，但又补充一句有些不祥预感的话：“你们一家人如此亲密，我知道你即便在压力重重、缺乏隐私的情况下也会感到幸福。”坚信他们的麻烦已经过去，又真心希望丈夫当时放弃从政的帕特，筋疲力尽地在就职舞会前独自吃了点东西，而她的家人则在家庭餐厅里享用了一顿丰盛的牛排大餐。她说：“我不想吃了。”“你得吃点儿东西啊，帕特。”丈夫对她说。她没有再坚持，让人弄了一碗奶酪送到她的房间（结果，厨房人员一下子就慌了，因为他们发现农家鲜乳酪没了，最后只好派人赶紧去当地超市买）。帕特没有心情庆祝。

但是，她对待自己的工作仍然很尽责。作为第一夫人，她的出行里程超过十万英里，比之前的第一夫人访问的国家都多（78个）。她的出访包括了1972年尼克松对中国的历史性访问，以及1970年的秘鲁之行——当时秘鲁发生了地震，她肩负重要的人道主义使命，为成千上万的受灾群众带去了大量捐赠的食品、衣物和医疗用品。1969年，她还前往越南南部，看望受伤的美国士兵，成为自埃莉诺·罗斯福之后首位前往战区的第一夫人。从西贡机场到总统官邸时，为了避开狙击手的火力，她乘坐的是那种几乎可以垂直起飞和降落的直升飞机，她的特工人员则配备了机关枪，肩上披着子弹带。在参观一所拥有774

名儿童的孤儿院时，战斗机和在上空盘旋的直升机，几乎淹没了她与孩子们的谈话。

1969 年秋天，反战的抗议已经越来越庞大，以至于总统不得不召集了数百名军人到华盛顿保卫白宫。有些日子里，连窗户的帘子都必须拉上，而东翼下面的防空洞则被用作正式的指挥中心，可以直接与军队取得联系，以防需要召集国民警卫队。尼克松的社交秘书露西·温切斯特把一年一度的参议院女士午餐安排在了 1971 年 5 月，但她没有料到的是，5 月到来时，越南战争的抗议也达到了高潮。20 万示威者涌入了华盛顿，将白宫周围的街道挤得水泄不通。温切斯特说，她下班出来时，抗议者会跳上她的车，往她的挡风玻璃上吐痰。

“您确定要继续吗？我们可以取消。”她告诉第一夫人。

“绝对不行。”帕特说——丈夫是副总统时，她曾担任过这个组织的主席——“参议员不知道我们每天都在经历什么。他们看不到这些。如果他们的妻子来看到我们的遭遇，她们会告诉自己的丈夫。”她告诉温切斯特，晚上就在三楼的客房里过夜，不要忘了她的宴会礼服。“我可不能让你在早上被外面那些三流演员困住。午餐会必须举行。”

尽管她从未在公共场合垮掉，但水门事件还是对帕特·尼克松的健康造成了严重影响，她的失眠越来越严重，但还是要努力装出一副勇敢无畏的样子。她的体重也下降了很多，有关她酗酒的传闻开始流传开来，不过，她的忠实助手粉碎了这些传言，说她只是在漫长的一天结束时，偶尔会喝上一杯高杯酒，抽一根烟。“水门事件是唯一一场把我打垮的危机，”帕特对她的女儿朱莉说，“永无宁日。而且我明白，我永远也不会活到被证明无辜的那一天。”玛米·艾森豪威尔从她在宾夕法尼亚州葛底斯堡的家中写信来说：“亲爱的帕特，这不是一个强制的邀请，但我希望总统不在的时候，你可以过来，休息一下，散散步，看看书，和我聊聊八卦——请记住，一切都会很低调。”她在信末的署名是“爱你的，玛米·E”，而且对于水门事件只字未提，不过言外之意很明显，她明白帕特需要一个地方来躲几天清净。

帕特强烈反对丈夫决定公布与水门事件有关的秘密录音带。她说，这些应该被销毁（最好是烧掉）。但让她很受伤的是，丈夫根本没有征求她的意见，就公布了录音带的内容。她告诉好朋友海伦娜·德朗，这些磁带其实就像“私人情书”，只是给“一个人”看的。她对丈夫非常忠诚，在他近三十年的政治生涯中，一直站在他身旁。

众议院少数党领袖、共和党人约翰·罗兹，在早餐会上对一群记者说，为避免被弹劾，总统应该考虑辞职。“如果尼克松得出结论，认为他不能再担任总统，那肯定采取措施。”罗兹说，“如果他辞职的话，我会接受。”事实上，他说，辞职的话，或许“对党来说更有益”。

当晚，在国会山的一个派对上，罗兹见到了帕特·尼克松。

“你好，尼克松夫人。”他问候她。

这时，一位摄影师让他们微笑一下，拍张合照，她抿着嘴说：“是啊。那我们微笑吧，就像我们是真的喜欢对方一样。”

“尼克松夫人，”罗兹回答道，“事实不是您听到的那样。”

“呵，”她冷冷地答道，“别人也都这么说。”

1974年的春夏，也就是丈夫辞职之前，她大部分时间都待在白宫二楼那间淡黄色的卧室里——一名名副其实的白宫囚犯。她还是会一边望着国家广场的壮观景色，一边尽可能多地写回信。她会读一些关于友谊和爱情的书，大约在上午11点时，她会让人在下午1点时给她送来一杯咖啡和厨师做的沙拉或者汤，但在很多时候，她只会端起餐盘里的咖啡。白宫里的气氛变得越来越紧张，以至于男仆都要跑着给尼克松一家送晚餐，因为他们坐下来后，家里的餐厅会安静得可怕，五分钟感觉起来就像是一个小时。不过，虽然是徒劳，但总统也会努力活跃一下气氛。比如一天早上，他突然看着妻子，那是当天他第一次注意看她，然后说："天，你穿的这件衣服很好看啊，帕特，你真漂亮。我喜欢。"她有些尖刻地回答："哎，迪克，这衣服我穿了好几年了。你以前见过。你知道这不是新衣服的。"

1974年的情人节，也就是总统辞职前的六个月，尼克松一家人罕见地外出，在离白宫不远的商人维克饭店吃了一顿晚餐。合众社的记者海伦·托马斯和哥伦比亚广播公司的记者莱思莉·斯塔尔发现他们会去那儿吃饭后，也在附近订了一张桌子。和尼克松一家一起来的还有总统的好朋友贝贝·雷博佐，当他们起身离开时，托马斯和斯塔尔便冲到他们前面问问题。这两位记者以为自己会得到独家新闻，但是当尼克松一家来到外面时，早已守候在饭店外的记者把麦克风和摄像机推到了他们的脸上。斯塔尔和托马斯则被推到了一边，每个人都在争着问总统水门事件的问题。当托马斯向左边瞥了一眼，看到还有一个人也被落在了后面：帕特·尼克松。"你好吗？"托马斯问她。"海伦，"第一夫人流着泪说，"你能相信吗？迪克虽然麻烦缠身、压力重重，但还愿意为我做这样的事。"托马斯不知道该说什么——但她认为，总统欠他忠实的妻子可不止一次晚餐约会。

8月初，尼克松总统向家人宣布了他的辞职决定，他们恳求他重新考虑一下，但即使是他们也明白，自从所谓的录音文字铁证（记录了总统和豪德曼之间的会面，证明了他在掩盖非法闯入水门酒店的事上有责任）在1972年6月23日被公布后，他已经深陷困境了。"这是最后一击，棺材上的最后一颗钉，"尼克松在1983年的一段视频中，对前助手弗兰克·加农说，"但如果已经在棺材里的话，就不需要最后一颗钉了——比如我们。"8月7日，由共和党参议员巴里·戈德华特领导的国会代表团告诉总统，他不可能在弹劾投票中幸免。那天晚上，尼克松最终决定辞职。帕特开始连夜收拾行李，反正想睡也睡不着。

无论如何，她都会站在他身边。“在我们身上，有时候，”总统回想说，“话不必在公开场合说，甚至不必在私下里说。没说出口的话，反倒说得更深刻。”

1974 年 8 月 9 日，他们搬出了白宫，然后在他们位于加州圣克莱门特的家中度过了几个月的自我放逐。前总统因肺部出现血凝块住院后，帕特给他带去了麦当劳的汉堡，两人挤在病床上，一起看了重播的《伯南扎的牛仔》，这部剧他们以前一直没有时间看。他们的生活发生了很大的变化。他们家的直升机降落场，被改成了临时的排球场，他们的小高尔夫球场上则长满了杂草。他们以前习惯有助手围着他们，在两人之间做缓冲，但现在，这是他们自 1946 年首次参加政治竞选以来，第一次真正单独待在一起。朱莉说，她和特蕾西亚看着两人“挺了过来，因为当我父亲失魂落魄的时候，母亲会支持他，当她精神沮丧的时候，他会安慰她。我们从没见过他们同时绝望”。尼克松会鼓励妻子在晚餐时多吃点儿东西：“试试花园里的美味南瓜。”而晚上睡觉前，她会在他的枕头上放下一朵栀子花。

在弗吉尼亚州亚历山大市的家中被小凳子绊倒后，贝蒂·福特便因神经受压而一直遭受着极度的痛苦，而且她还患有关节炎，1964 年她去看脖子时，医生给她开了止痛药，从此她便产生了依赖。当她的医生又给她开了别的药之后，比如治疗疼痛、焦虑和失眠的药，这些处方药的数量更是成倍增长。她每天最多要服用 20 片药，而且还经常把它们和酒混合在一起喝。当时，她正在郊区的家里抚养四个孩子长大，却依赖上了这种可能致命的组合。不过这样的依赖，就连她丈夫也不想承认。

东翼的一些女员工明显意识到了第一夫人有严重的问题。东翼的一名工作人员和一名经常陪同她出行的海军护士，一起去见了白宫医生威廉·卢卡什，告诉他，第一夫人出行时会带七八瓶药，包括止痛药，这让他们很担心。他们说:“我们认为，福特夫人在过量服用药物。”但他却盯着他们问:“你们是在哪儿上的医学院？”

就像她那一代的许多女性一样，贝蒂想成为一个完美的家庭主妇。她感觉自己负担沉重，不但要独自一人在郊区抚养孩子，还要在丈夫、他的同事和他们的朋友面前保持体面。但在幕后，苏珊·福特回忆说，她曾目睹母亲不堪重负，在家中精神崩溃。当时，她那位国会议员父亲正和约翰逊总统乘坐“红杉号”总统游艇外出游玩。八岁的苏珊来到客厅时，发现母亲正一个人在哭。她便跑去找到保姆克拉拉，克拉拉又打电话给福特，告诉他赶紧回家。克拉拉对孩子们说:“你妈妈病得很重，她得去看精神病医生。”苏珊·福特回忆说，在那么小的年纪，她根本不理解这一切。“我不知道该怎么做，我应该去哪里。我害怕妈妈会在我的朋友面前崩溃。”

在白宫期间，贝蒂一直保持着自己这个痛苦的秘密。但当白宫岁月的光环退去，夫妇二人已经退休，搬到加州棕榈泉附近的海市蜃楼山庄后，她的毒瘾终于不能再被忽视了。几十年来，福特总统一直睁一只眼闭一只眼，拒绝承认这一事实。在苏珊·福特的坚持下，全家人决定进行干预。1978 年一个周六的早晨，贝蒂本来想打电话给住在匹兹堡的儿子迈克和他的妻子盖尔，但是门铃响了之后，她一开门，迈克走了进来。突然间，她发现自己坐在客厅的沙发上，而她的孩子们坐在椅子上，在她面前围了个半圆。贝蒂惊呆了。“他们一个接一个地说我怎么让他们失望了，我怎么让他们难过了。当然，这就像在拿刀割我一样。我很受伤。我觉得我一生都献给了他们，但他们现在却说我辜负了他们。”

他们拿证据与她对质，比如有些早上，她因为喝了太多酒，根本记不得前一晚他们对她说了什么；比如在他们成长的过程中，因为母亲经常尽不到自己的责任，所以他们不得不向克拉拉求助。儿子杰克说，他都不敢带朋友回家，因为不知道她是否会稀里糊涂地说出什么话来。迈克和盖尔告诉她，他们希望她能为了孙子、孙女让自己健康起来。斯蒂夫提到了不久前的一个周末，当时他和女朋友做好了晚饭，但他们让贝蒂过来吃时，她却拒绝走到桌前和他们一起吃。“你只是坐在电视机前，喝了一杯、两杯、三杯。你伤害了我。”她觉得自己受到了羞辱，而且有一种怪异的孤独感，突然间，她大哭起来。福特总统后来说:“我们永远不会忘记那一天，但我可以肯定地说，正是这次干预，挽救了贝蒂的生命。”

贝蒂不愿意承认自己是个酒鬼，但承认自己对药片有依赖，并在一定程度上，将其归咎于多年来一直给她开药太多的医生。她说:“给一个女人一些镇静剂，让她赶紧走，要比坐下来听她说更简单。”1978年，60岁的贝蒂进入了长滩海军医院的酒精和药物康复中心。她进房间放东西时，惊讶地发现里面有四张床，于是便说，除非她有自己的房间，否则不会签字同意入院。海军医生乔·珀什告诉她:“如果你坚持要自己住，那我就让其他的女士都搬出去。”听了之后，她赶忙说:“不，不，我不想那样。”不到一小时，她就搬了进去，并向记者发布了一份声明。

花了好几天时间治疗，贝蒂才终于承认她不仅依赖药物，而且还酗酒。“你是想躲在你丈夫身后。”珀什说，“你为什么不问问他，如果你承认自己有酗酒问题，是否会让他难堪？”她哭了起来，这时，丈夫握住她的手说:“我不会感到难堪。你继续说，把应该说的都说出来。”她哭得都止不住，那天晚上，她躺在床上写了一份声明，第一次说出了全部真相。“我发现我不仅对治疗关节炎的药物上瘾，而且还对酒精上瘾。”以前，福特一家每天都会在晚饭前喝点儿东西，但当贝蒂从治疗中心出来后，福特放弃了他的杰克·丹尼威士忌，转而用酸橙苏打水代替。贝蒂多年来一直在支持他，现在，轮到他来支持她了。

福特总统在2006年去世后，贝蒂变得抑郁起来，并且在一个人独自面对生活方面，遇到了困难。福特是第一个在就职演说中提到妻子的总统，他说："对于男人，我谁都不亏欠；对于女人，我只亏欠一个。"在丈夫的国葬期间，住在布莱尔大厦的贝蒂，每天晚上几乎都是哭着睡着的。(当时的总统小布什告诉一位筹备葬礼的员工："不管他们需要什么，都答应。")"你觉得葬礼办得还行吗？"贝蒂问她的助理安·卡伦。"我跟您说，"卡伦回答，"我觉得您已经做得非常棒了。"贝蒂哭了起来，说："好吧，我必须这么做，我是在为他做这件事。"国葬的举行地点是华盛顿国家大教堂，按照计划，小布什总统要护送贝蒂到座位上，于是便问她要不要坐轮椅。当时贝蒂已经88岁，身体虚弱，而且还要忍受几天的全国性哀悼，但她拒绝了。她告诉朋友们："我只是做了我丈夫想让我做的。"

福特总统被埋葬在位于密歇根大急流城的福特博物馆（他的总统图书馆在安阿伯），贝蒂来到墓地后，家人一直问她要不要坐轮椅，但她还是拒绝了。她以前和丈夫沿河边散步时，曾经经过他现在被埋葬的地方，她想和他最后沿着河边散一次步。每个人都在担心她的健康，但她心里想的，却只有丈夫和他们在58年的婚姻中对对方深切的爱。她坚持要从下车的地方走到墓地，并且对任何表示反对的人说："这是我最后一次走这条路了。"葬礼结束后，她把白色的圣诞灯挂在自家门前的一棵橄榄树上，并且全年都亮着。她告诉朋友和家人，这样的话，丈夫就能从天堂看到她了，可以知道她一切都好。他们的私人厨师洛林·奥耐拉斯见到丈夫刚刚去世的贝蒂后，两人一起在夫妇二人的床边坐下来，贝蒂把已故丈夫的照片往床头柜的边上推了推，然后伤感地说："这样好多了。""我只想去找我男朋友。"她对孩子们说，"我不知道为什么我还在这里，我不想待在这儿，我已经准备好去了。”

和帕特·尼克松一样，罗莎琳·卡特从很早的时候就扮演起了母亲的角色。1940年，她父亲埃德加去世，只有13岁的她，在少女时代就经历了失去亲人的痛苦。维尔本·埃德加·史密斯是一个种棉花和花生的农民兼机械工，对孩子们管教也很严，但总的来说，他还是喜欢和四个孩子打成一片，尽情地陪他们玩耍。罗莎琳说:“我们有的东西和镇上其他人的差不多，所以根本没有意识到我们很穷。”她会帮忙给奶牛挤奶，她父亲则会在牛奶里加上香草或巧克力调味，然后以每瓶5美分的价格出售。她还修剪过西瓜藤，给棉花涂抹过砷，以抗击破坏棉花的棉铃虫。在收获季节，她会去帮着摘棉花，收花生时，她会直接把它们从地下拽出来，抖掉它们带着的泥。她父亲在44岁时死于白血病后，她的生活彻底发生了改变，她不得不开始帮助她当时只有34岁的母亲阿丽·史密斯过活。罗莎琳的母亲曾回忆过那段痛苦的日子，当时，丈夫把孩子们聚在一起——其中最小的只有四岁——然后告诉他们，他的病好不起来了，他希望他们好好照顾他们的母亲。“孩子们开始大哭大叫起来，”罗莎琳的母亲说，“当然，我也哭了。”罗莎琳后来回忆说:“我母亲需要我来帮忙带那些小孩子。我去普兰斯的一家美容店工作了一段时间。不过现在回头来看，我其实并没有拼尽全力帮助她。”她会帮忙做饭、洗衣服、打扫卫生，好让母亲去邮局工作，养活一家人。

罗莎琳学习很刻苦，是学校的优秀毕业生，而且在七年级时，镇上的一个人还曾给过她五美元（大概相当于今天的85美元），因为这个人说，他自己没有念到七年级，所以想给平均成绩最高的学生一点现金奖励。

罗莎琳会与吉米·卡特相识，一点都不令人惊讶，因为他在佐治亚州的普兰斯长大，而这是一个尘土飞扬的小镇，人口不足七百人，在他们小时候，一袋糖果只要五分钱，而且镇上的每个人都互相认识。离这里最近的电影院在不到十五公里外的阿梅里克斯，也就是说，如果他们去看电影的话，一去就要一整天。在罗莎琳的高中班上，有九个女孩和六个男孩。她是校篮球队的队员，但因为她的学校太小，队员们在比赛后，还要当啦啦队。

罗莎琳的母亲是一个真正的南方女人（她说，在生四个孩子的时候，“我都尽量不叫出声”），在她的养育之下，罗莎琳成了一个喜欢玩洋娃娃、娇气且腼腆的女孩。她的母亲回忆说：“有些孩子会跑出去玩，弄得脏兮兮的，但她从来都干净整洁。”

罗莎琳通过吉米的妹妹、她的好朋友露丝介绍，认识了吉米。吉米的妈妈莉莉安（一个嘴巴不饶人的女性，几乎被所有人都亲切地称为“莉莉安小姐”），是城里的一名护士，在罗莎琳的父亲去世前的一年半里，她还曾帮忙照顾过重病的他。莉莉安知道罗莎琳的母亲有四个孩子要照顾，所以去他们家护理完罗莎琳的父亲后，偶尔会带着她回自己家去。要是她父亲的病痛实在难以忍受时，罗莎琳的母亲有时会叫她去请医生。有一次，罗莎琳没有等医生来，而是跑着去了医生那里拿药，但她跑得太快，到他家时，连气都喘不过来，根本没法告诉他出了什么问题，于是他只好开车把她送回家。“那段时间太可怕了。”罗莎琳的母亲回忆道。

和约翰逊夫妇一样，罗莎琳和吉米在结婚前对对方也不是特别了解，不过他在马里兰州安纳波利斯的美国海军学院读书，她在佐治亚州西南大学读书时，每天都会给对方写信。1946 年，18 岁的罗莎琳和 21 岁的吉米终于结婚了，不过仪式很简单，只有他们两个人。那时，他们都渴望离开普兰斯。“结婚前我心想，我和所有与吉米没有亲戚关系的人都是亲戚，”罗莎琳说，“但一旦结婚后，我们就和镇上所有人都是亲戚了。”罗莎琳成了一位海军的妻子，他们的三个儿子出生时，吉米都在海上。他们在国内搬来搬去，先是从弗吉尼亚州的基地搬到了夏威夷，后来又去了康涅狄格州。他们的三个儿子，每个都在不同的州出生，罗莎琳在把他们带大的同时，还要记录下所有的家庭账单(直到今天都是如此)。孩子们的大部分衣服和她的衣服都是她亲手做的。(多年后，当她搬到白宫时，还带了一台缝纫机去，就放在她的更衣室里，用来快速修改缝补她自己和女儿艾米的衣服。)吉米曾被招入一个精英核潜艇计划，但后来拒掉了这个机会，因为他父亲在1953年去世后，他们得回普兰斯照看家里的花生农场。不过，他没有事先和妻子商量过这个决定，就这样，在当了七年海军军官之后，一家人再次举家搬迁。罗莎琳对此非常愤怒，从他们原来住的纽约斯克塔迪克回普兰斯的一路上，都拒绝与他交谈。罗莎琳说:“我不是很想再回去。我还想看世界呢。”在那儿之后，卡特学到了一个教训:在重大决策上，一定要征求妻子的意见。

回到普兰斯后，罗莎琳帮助经营花生农场，并在那里养大了她的孩子们。她回忆说，回到普兰斯之前，最高法院刚刚就布朗诉教育委员会案做出裁定，法官一致认为，公立学校的种族隔离违反了《第十四条修正案》。“那段时间对我们来说很艰难。”罗莎琳说，因为他们支持种族融合，所以一些邻居对他们很不友好，“我记得去教堂时，人们不会跟我们说话，我们成了某种边缘人。”有时候，他们去加油站时，根本没有人出来给他们加油。

不久之后，吉米开始了他的第一次政治竞选。1962年，他赢得了佐治亚州参议院的选举，并于1971年当选为州长。到1974年12月他宣布竞选总统时，罗莎琳自己已经是一位经验丰富的政治家了。她会给丈夫的笑话编号，这样他就不会对同一群人讲同样的笑话了，她还会用打字机给丈夫在竞选活动中遇到的人写感谢信，她甚至去上了提高记忆力的课程，以便能记住更多的面孔和名字。罗莎琳不知疲倦地工作着，经常会熬夜到凌晨，帮助丈夫联系竞选演讲。

1976 年，卡特与杰拉尔德·福特竞争总统一职时，还是一个华盛顿的局外人。在他赢得民主党总统候选人提名前，他曾有过一群来自佐治亚州的志愿者，这群被称为“花生旅”的人，会为他挨家挨户上门拉票。罗莎琳在竞选期间，抱着一种志在必得的心态，每到达一个小镇，她都会先找到最高的天线，然后径直去那儿找当地电视台和广播电台，主动提出愿意接受采访。一些电台规模小到只有一名员工，而且通常不知道吉米·卡特是谁。但罗莎琳早有准备，随身带着一份单子，上面列着她想被问的五六个问题。她说，十分之九的人都用了她列的问题，“我把我的信息传出去了”。

1976 年，卡特以 51% 的普选票、297 张选举人票，险胜福特总统（241 张选举人票）。就职典礼之后，曾是浸礼会主日学校教师的卡特，宣布白宫的正式晚宴上不再提供烈性酒。此外，他还坚持不再播放《向总统致敬》——这一传统可以追溯到 1829 年——认为这首歌曲太过浮夸。宣誓就职时，他穿着在佐治亚州时买的价值 175 美元的西装，发誓要削减为员工提供的私人轿车，还卖掉了总统游艇“红杉号”，想要努力做一名公民总统。

丈夫当选总统后，罗莎琳有时会觉得害怕。她回忆说，在就职典礼前，福特总统的国务卿亨利·基辛格来普兰斯向卡特汇报工作时，她去给基辛格端水，但心里特别害怕，因为盛水的水杯上面印着《兔八哥》里的翠迪鸟。她想，到了白宫后，我要用水晶杯来给他盛水。

吉米和罗莎琳决定在就职典礼后，牵着女儿艾米的手，走过宾夕法尼亚大道。这么做虽然忽略了安全考虑，也打破了传统，但这是他们俩的共同心愿，他们希望与普通人产生共鸣，远离他们所谓的尼克松那种帝王总统风格。在 1977 年的就职舞会上，罗莎琳穿的衣服，甚至就是参加丈夫 1971 年的州长就职典礼时的那套——外面是绣着金线的无袖外套，里面是蓝色的雪纺裙。卡特的两个儿子及其家人、他母亲和兄弟比利都时不时会住在官邸，而罗莎琳则不得不应付这位性格古怪、嗜酒如命的婆婆，比如由于儿子看得很紧，她甚至会花钱收买男仆，让他们走到康涅狄格大道给她买杰克丹尼。(一位助理记得她曾说:“好了，吉米走了，你要不要喝一杯？”) 总统的弟弟比利，曾在哥哥担任总统期间卷入了好几起丑闻，而且酷爱喝啤酒。卡特夫妇的一个朋友说:“有一次看到他清醒的样子之后，我才知道他原来喝酒。”

吉米·卡特是第一位出生在医院的美国总统，在很多方面，他的妻子对第一夫人办公室进行了许多现代化改革。年轻时，罗莎琳曾目睹过埃莉诺·罗斯福做第一夫人时拥有的巨大权力和影响力，成为第一夫人之后，她则首开先河，在东翼设立了自己的办公室。此外，她还是第一位雇用办公厅主任的第一夫人，而且这个职位的政府薪水和级别，都和总统的办公室主任一样。在她的领导下，东翼的全职工作岗位增加了近 20%。为了每天能有效地开始工作，不被从早上 8 点到中午 12 点参观白宫的游客打扰，罗莎琳会通过官邸地下室的一条秘密通道，经过大型洗衣间、水管店和防空洞，然后由一个楼梯上来，直接来到她的东翼办公室。地下室上方的蒸汽管道使这条线路在寒冷的天气里尤其舒服。她开玩笑说:“拜吉米的节能计划所赐，白宫里只有那儿真正暖和。”

每周三，罗莎琳都会和丈夫在椭圆形办公室吃一顿正式的午餐。这样的安排很不寻常，因为一般来说，只有总统和副总统才有每周一起吃午餐的传统。这一安排之所以出现，是因为罗莎琳有很多紧迫的问题要和丈夫讨论，包括他们的个人财务和子女，以及她所关心的一些政策问题。在这之前，总统每天晚上从二楼的电梯里走出来时，都有些害怕见到她，因为他知道她会冲过来，劈头盖脸地向他提一堆问题和建议。后来他提议每周一起吃一次午餐后，她便开始整理自己的想法，并把重要的笔记放在一个她每周都会带去的棕色文件夹里。一般到星期三的时候，文件夹就已经完全塞满了。有时，她会提出一些人事问题——比如她曾力劝丈夫解雇卫生、教育和福利部长乔·卡利法诺。“我的理由纯粹是出于政治目的。”她说，“我觉得吉米可以找到一个能胜任这份工作而且还能保持低调的人。”她在政治问题上，远比丈夫要热情，经常会激烈地同他争论，要求把某些决策和公告推迟到他连任之后，比如中东和平协议的部分内容和联邦预算削减计划——当时距离纽约州初选只有一个星期，削减预算的计划会影响纽约市的民主党选民。她逼问他：“你就不能等一个星期吗？”但是，对于她的恳求，他早就有了一个常用的回应，不过却更加激怒了她，因为那句话听起来很是自以为是：“我决不会做伤害我的国家的事。”

总统三位高级顾问之一的杰瑞·拉夫森，如果无法说服总统做什么事时，就会向罗莎琳求助。他说，民意调查专家帕特·卡德尔也会这么干。如果卡德尔担心拉夫森和其他助理在推行某件事，就会去告诉罗莎琳。“这些家伙搞砸了，他们是我的朋友，但他们错了。”拉夫森说，“然后她就会去找吉米，而吉米又会来找我们。”有时候，卡德尔会单独和卡特夫妇共进晚餐。拉夫森说，第二天时他总能看出来，因为总统走进椭圆形办公室时，眼里会满是血丝，肯定是前一晚上，第一夫人又一直在试图说服他去做什么卡德尔告诉她的事。拉夫森和办公厅主任汉密尔顿·乔丹会开玩笑说：“她闹了他一晚上。”

在 1976 年的竞选期间，媒体曾将罗莎琳称为“铁玉兰”，因为她把聪明才智掩盖在了她的那种南方女性气质之下。(她并不介意这个昵称，说：“钢很硬，玉兰很南方。”）她是一个十分活跃的第一夫人，根据《华盛顿星报》的统计，在就职后的头14个月中，她一共访问了18个国家和27个美国城市，发表了15篇重要演讲，举行了22场新闻发布会。很显然，她非常享受这其中的每一分钟，总统让她去访问拉丁美洲的7个国家，她非常激动，去了之后，在人权和防止核扩散问题上，向这些国家的领导人施加了相当大的压力。此外，她还参加了以色列总理贝京和埃及总统萨达特在戴维营举行的会晤。1978年9月，双方在马里兰州卡特廷山这块占地54万平方米的僻静度假地达成了一项历史性的协议，而为期13天的峰会，罗莎琳基本上都参加了。卡特的副总统沃尔特·蒙代尔说:“大部分时间里，我都在场，亲眼见到她深入参与了整个过程。”在自传中，罗莎琳写了他们与萨达特和贝京的经历，并且说:“我们发现这两个人非常不同。”罗莎琳是丈夫的知己，她很有洞察力，总能看到总统看不到的一些事。拉夫森说:“他不善于发现人们在对他撒谎，或者在逢迎他，但她很擅长。”

在峰会期间，罗莎琳做了将近200页的笔记。如果不能旁听会议时，总统一走进门口，她就会问他:“发生了什么事？”在那一系列重要会议中，她经历了许多起伏和失败的开端与结果。她比任何人都更了解自己的丈夫，在笔记中，她曾写道:“吉米思考时，会变得很安静，我可以看到他太阳穴那儿有根血管在起伏。今晚，它在怦怦地跳，第三天的太阳落山了，但我们两个人都吃不下多少东西。”(1978年2月，也就是戴维营谈判开始前七个月时，罗莎琳曾邀请萨达特和妻子吉安来访问戴维营，最终协助铺平了谈判的道路。卡特夫妇和萨达特夫妇坐着机动雪橇游览了这个美丽的总统度假地，而罗莎琳还让人随时都为萨达特准备好他最喜欢的热薄荷茶。)1978年9月18日，是吉米·卡特的总统生涯中最棒的一个星期一。当天，在楼厅上坐着的萨达特和贝京的注视下，卡特向国会的联席会议通报了峰会取得的成功，一共收获了25次掌声。罗莎琳坐在两位领导人之间，身上穿的是一件漂亮的蓝色衬衫和配套的裙子。但很少有人知道，她对谈判有多么重要，几乎经历了其中所有的曲折。

担任第一夫人时，罗莎琳做过的最具争议的一件事是参加了内阁会议，这是其他第一夫人从来没有做过的事——至少外界从没听说过。但她说，她需要知道发生了什么事，这样才能告诉美国人民。“当然，我从来都不喜欢这个批评，但我也没有很在意。”罗莎琳在一次采访中说，“因为我早就明白，无论你做什么都会受到批评，那么为什么不干脆去做你想做的事呢？”但是，其他女性却不怪她，比如 2008 年曾竞选总统、2012 年被提名为共和党总统候选人的米特·罗姆尼的妻子安·罗姆尼就曾说:“坦率地说，我也想去（参加内阁会议）。谁不想呢？”

卡特总统说，他毫不介意妻子参加高层会议。杰瑞·拉夫森说，这不出所料，因为卡特夫妇之间几乎无话不谈。“不管有什么秘密，”副总统蒙代尔说，“她都知道。”但这种亲密关系会让人很不安，即便对那些长期助理而言也是。拉夫森说:“他们读《圣经》都是读西班牙语版。所以，汉密尔顿和我有时候会很担心，比如我们和卡特夫妇开会时，如果提到的某个话题有点儿敏感，或者我们在力主什么的话，他们会突然开始用西班牙语交流。”拉夫森和汉密尔顿都不会说西班牙语。(赫伯特·胡佛和他的妻子露曾经在中国生活过几年，都会说中文，所以把这当作了两人之间的秘密语言，比如在白宫迎宾时，如果不想让别人知道他们在说什么，就会用中文和对方耳语。)

罗莎琳参加的第一场内阁会议，是 1978 年 2 月 28 日那场。当时，她坐在退伍军人管理局局长麦克斯·克里兰身旁，偶尔还会做笔记。卡特总统说，没有人注意到她。但他知道，“我一直都知道我妻子在盯着我看。”但通过参加这样的高层会议，罗莎琳也容易让自己遭到外界的批评。相比之下，和她一样有着很大权力的南希·里根，是绝对不可能容忍的。(南希说她参加内阁会议的话，会觉得很“尴尬”，但事实上，她曾帮助丈夫遴选过内阁成员，在丈夫的政治生涯中，包括他担任加州州长的两个任期内，都扮演了重要角色。)

就职典礼几个月后，卡特总统要求罗莎琳替他履行一项特别任务。他说，能源危机和中东和平进程占据了他的所有精力，他自己去不了。正因如此，1977 年 6 月前两周的那场中美洲和南美洲之行，并不像典型的第一夫人出访一样，只是参观学校和医院。这一次，罗莎琳是被派到哥斯达黎加、厄瓜多尔、哥伦比亚和委内瑞拉，向那里的领导人转达一条有关人权问题的重要信息。但是，美国国会和媒体的批评者对此非常愤怒——《新闻周刊》的一名记者就说，除非在出问题时，可以追究她的责任，否则第一夫人就不应被赋予如此重大的外交任务。但罗莎琳决定不能被人轻视，她花了两个月的时间来准备这次史无前例的出访，阅读了美国国务院的无数封简报。此外，她还请了国务卿塞勒斯·万斯的妻子盖伊·万斯到白宫的阳光浴室，每周用三个上午的时间，帮助自己温习西班牙语。在同领导人会谈时，她会做笔记，然后根据笔记，写下长长的备忘录，发给总统和国务院。这不是一次轻松的访问。会见哥斯达黎加总统时，对方曾邀请妻子和他们一起见面，让她很担心他把这次访问当成了一场社交活动。“不管我问他什么，他都会对着我们这边的男性回答，”她说，“但我下定决心要引起他的注意，说我想说的话，所以最后，我打开笔记本，继续直接向他提出问题，这时，他才开始回应我。”最终，她一个接一个地赢得了南美领导人的支持。他们中的大多数都不习惯和一个女人谈论政策，但他们逐渐意识到，她可以直达总统，与她沟通要比和内阁成员沟通更有效。

同任何精明的政客一样，她知道在出访期间的新闻发布会上，自己会被问到那些最近的争议话题，比如一位美国金融家被控欺诈，目前在向哥斯达黎加寻求庇护。但她比记者团领先一步：“在离开华盛顿之前，我就已经预料到了这一点，所以刻意没有听取有关他的汇报，这样的话，我就可以有理由说，我对此事一无所知了。”回到华盛顿后，她向参议院外交关系委员会汇报了情况。

她的标志性议题是“精神健康”——在几十年后，这个话题会经常占据新闻的头条。小时候，罗莎琳有一个远房表亲就患有精神疾病。她回忆说，那时听到他在小镇的街道上扯着嗓子唱歌时，她就会赶紧跑开，然后躲起来。多年以后再回想起来，她对自己这样对待他感到羞愧，所以到了白宫后，她有很大一部分时间都花在倡导更好地照顾精神病人上。她希望人们能像对待任何其他身体疾病那样对待精神疾病。上任一个月后，卡特总统成立了心理健康委员会。在宣布委员会成立的当天，罗莎琳告诉媒体，她当天早上刚刚收到了一份通知，告诉她，司法部禁止总统任命近亲，比如妻子，担任非官方组织的职位。在此之前，她曾计划担任该委员会的主席。“不过，被指定为名誉主席，却没有任何问题，”在记者的笑声中，她说，“所以，我将成为一名非常活跃的名誉主席。”让她很不高兴的是，媒体忽视了委员会的工作，转而去报道了一些“更性感”的事情，比如卡特禁止在国宴上提供烈性酒。不过，她还是热情投入到了委员会的工作当中，并协助起草了一份法案，1979 年，这项旨在为治疗和预防精神疾病提供更多资金的法案，最终提交给了国会。她是历史上第二个在国会面前做证的第一夫人（埃莉诺·罗斯福是第一个，曾代表矿工做证）。虽然时任参议院委员会主席的泰德·肯尼迪准备在 1980 年的初选中挑战她的丈夫，但她还是一直不断同他以及众议院委员会主席亨利·韦克斯曼就这个法案谈判。通过之后，卡特总统于 1980 年 10 月签署命令，使《精神卫生系统法案》正式成为法律。不过，里根总统上台后，削减了该法案的大部分经费。“我觉得被背叛了，”罗莎琳说，“这是我一生中最大的失望之一。”现在，每当她看到人们把精神健康当作重要问题来讨论时，就会很懊恼。罗莎琳的白宫项目主任凯瑟琳·凯德说，在私下会面时，罗莎琳曾几次说过，如果她的委员会所提的建议在30年前就得到落实的话，精神健康问题现在或许就不是危机了。

卡特政府最艰难的一段时期，是伊朗人质危机期间，这场危机几乎占据了她丈夫总统任期的最后444天。1979年11月4日，伊斯兰革命分子袭击了美国驻德黑兰大使馆，并劫持了六十多名美国人质。劫持人质者（多数是学生）宣布，流亡的伊朗前国王目前正在美国接受癌症治疗，如果美国不将他送回伊朗受审，就不会释放美国人质。革命者声称，国王是“反伊斯兰分子”，并指控他窃取了数十亿美元。罗莎琳承认，她想把伊朗国王送回到伊朗，换取人质的释放，但她也明白，他回去之后很可能会被杀掉。“所以我一直都在想，要是我们一开始就不让他入境就好了，要是吉米当时能遵循他的第一直觉就好了。但是国王生病了，让他入境才是正确的做法，我猜我们总是想做‘正确的事’。”1980年的大选期间（卡特与罗纳德·里根），由于总统决定留在白宫处理这场危机，所以，竞选活动在很大程度上都落到了罗莎琳的身上。在参加竞选活动的路上，她每天都会打好几次电话了解情况，无法与丈夫交谈时，就直接与国家安全事务助理兹比格涅夫·布热津斯基沟通。布热津斯基甚至还主动与她会面，讨论如何应对危机。“我会把最新情况都告诉她，因为我知道她会和总统讨论这些问题。”

1981年1月，卡特一家离开白宫后，回到了普兰斯，然后开启了美国历史上最长、最雄心勃勃的后总统任期。尽管取得了许多成就，但吉米·卡特却说，在他91年的人生里，最自豪的事便是与罗莎琳结婚，“那是我生命的顶峰”。

同贝蒂·福特一样（父亲是一个酒鬼，在她16岁的时候自杀了），南希·里根和她父亲的关系也充满了痛苦。在她出生几个月后，她父亲离开了她母亲伊迪丝——一位百老汇演员。和丈夫离婚后，在伊迪丝的抚养下，女儿南希也继承了她那种坚韧性格。伊迪丝生南希时，她去医院后却被告知没有空房，于是便说："没有房间了？那我觉得我就只能躺在大厅的地板上生孩子了！"南希两岁时，伊迪丝为了继续她的演艺事业，把她送到了自己住在华盛顿之外马里兰州贝塞斯达的姐姐和姐夫那里。后来，被母亲抛弃的这六年时光，便一直困扰着南希。5 岁时得过双性肺炎的南希曾对自己说，如果我的女儿生病了，我一定会陪在她身边。

南希 7 岁时，她母亲嫁给了著名的外科医生洛伊尔·戴维斯，此后，南希便去了芝加哥和伊迪丝一起生活。伊迪丝放弃了表演，专注于推广丈夫的事业，一家人住在芝加哥湖滨大道上一栋公寓的十四楼，这里是该城富有的黄金海岸地区。南希恳求洛伊尔收养她，他以她亲生父亲还活着为由，拒绝了她的请求。但她十分坚决，最终在 16 岁时，正式成为洛伊尔的女儿。就像她的母亲一样，南希一旦认定一件事，就一定会让它实现。所以，当她决定罗纳德·里根会成为她丈夫后，便每周末都会去他在洛杉矶的马场，通过帮他干一些给篱笆刷漆这种单调乏味的事，最终赢得了他的心。

对于从丈夫那里得到的无条件的爱，南希非常感激，所以对他有一种强烈的保护欲，不让任何她认为心里没有把丈夫的利益摆在第一位的人靠近他。西翼的那些男性员工非常害怕她，在她背后会叫她"埃维塔"（指阿根廷第一夫人伊娃·庇隆）或"太太"。一名工作人员说："说到底，第一夫人每晚都会和总统睡在一起，她可能会说，'我真想让你帮我做这件事'。而他则很可能会答应。"

1994 年 11 月 9 日——罗纳德·里根卸任五年后——约翰逊夫人写信给南希。在信中，她提到了南希在纽约第 92 街基督教青年会和查理·罗斯做的那场采访。在采访中，南希对弗吉尼亚州共和党参议员候选人奥利弗·诺斯进行了猛烈抨击。罗斯问她怎么看诺斯，她回答："奥利·诺斯——我很高兴跟你讲讲他的事，"因为现场的笑声和鼓掌，她顿了顿，"他对我的丈夫撒过谎，还撒过有关我丈夫的谎，跟他隐瞒了本不该隐瞒的事情。这就是我对奥利·诺斯的看法。"她指的是诺斯在伊朗门事件中扮演的核心角色。当时，里根政府承认违反禁令，为了交换人质曾向伊朗出售武器，并利用所得资金资助了尼加拉瓜反政府武装。"上次你我聊的时候，还讨论了接不接受采访，"约翰逊夫人写道，"我觉得我完全明白你为什么这么做，因为奥利弗·诺斯曾试图伤害你的丈夫——要是我的话，也会想反击。但我忍不住要告诉你，南希，你的采访造成的'后果'，对我来说，是一个非常大的惊喜和帮助。"原来，在阴差阳错中，当时最知名的共和党女性南希·里根，竟然帮助了约翰逊夫人的女婿、弗吉尼亚州民主党参议员查尔斯·罗伯，因为他当时正在再度竞选参议员，而对手恰好是奥利弗·诺斯，南希的评价摧毁了诺斯的政治生涯，帮助罗伯赢得了选举。

南希尤其对丈夫的办公厅主任唐·雷根处理伊朗门丑闻的方式感到愤怒，便催促丈夫发表公开声明，解雇那些该为此事负责的人。在此之前，里根总统一直都反对这么做，但在接受了妻子的建议，公开丑闻的细节，并承认自己的错误后，他的支持率瞬间就升了上去。此外，国家安全事务顾问理查德·艾伦和威廉·克拉克、内政部长詹姆斯·瓦特以及卫生和公众服务部部长玛格丽特·赫克勒被解职，也有南希插手，不过唐·雷根是她那种怒火的最著名受害者。在担任里根办公厅主任两年后，雷根最终被炒了鱿鱼。对于雷根的离开，里根的第一任办公厅主任詹姆斯·贝克有一个很简单的解释："他没有费心确保团队的另一半（南希）站在他这边，这是一个根本性错误。"

南希认为，雷根正在把她丈夫往各种错误的方向上逼。1987 年，发表国情咨文演讲前三周，里根刚刚做过前列腺手术，这让南希非常担心。“他不需要老是去办公室，”她告诉雷根，“他可以在官邸里工作。”认为雷根无法胜任工作的，不止南希一个人。副总统老布什就曾对南希说：“你真的要处理一下唐纳德·雷根的事情了。”

“我要做些什么？那你呢？”她说。

“哦，不，不，不。那不是我的职责范围。”虽然严格来讲，解雇高级别的总统助理也不是她的工作职责，不过她说：“事情还是落在了我的头上。”如果没有人出头的话，那她就自己来。她机智地安排了丈夫与前民主党全国委员会主席罗伯特·施特劳斯会面，因为总统很尊重他的意见，而他也认为雷根不能再留。施特劳斯的建议进一步支持了南希的观点，雷根很快就被解雇了。

后来她说，雷根在其他方面也做得很过分，甚至还试图监控总统的电话。而他挂断她两次电话之后，更是坚定了她必须让他离开的想法。“挂断一次也就罢了，还两次！”里根的儿子罗恩说，“唐·雷根就是这么完蛋的。我妈妈可不会忍受你这样对她。”

在她的回忆录中，南希说自己是个“忧虑者”，她写道：“下辈子，我想变成罗纳德·里根。因为你永远看不出来他是不是在忧虑……我似乎是在替我们两个人忧虑。”里根总统外出时，南希会给他一张小卡片，上面写着各种提醒：下午5点吃药，下午6点晚餐，晚上9点刷牙，晚上9点半睡觉。1987年，里根因为前列腺肥大去做了手术，之后，她还提醒他：“亲爱的，别说话了，去洗澡吧。”白宫男仆乔治·汉尼说，南希会坐在白宫西客厅的窗户前，看着总统为玫瑰园举行的记者会做准备，如果她觉得他的西装不太合适，就会让所有人都知道。“这个，给他拿过去。”她会这么说，然后递给男仆一件不同的衣服。有一次，离记者会开始已经没多少时间了，男仆不想打扰总统，但他还是乖乖地跑到了玫瑰园。没有人想让里根夫人失望。

里根的顾问迈克尔·德福回忆说，1980 年的总统竞选期间，在访问弗吉尼亚州米德尔堡附近的一所圣公会教堂时，发生了一件很好笑的事。在确保布道词内容合适，没有什么会让里根夫妇措手不及之后，他定下来他们去参加 11 点的仪式。但是当被邀请和其他教会成员一起到教堂前面去领圣餐时，里根夫妇惊呆了。南希一脸惊恐，在教堂的过道上走时，低声说:“迈克尔！他们是在用同一个杯子喝吗？”在里根夫妇位于洛杉矶贝尔艾尔的长老会教堂里，举行圣餐仪式时，小杯的葡萄汁和方块面包会传到每个人的手上，所以里根夫妇有些不知所措。德福告诉南希，她可以把圣饼在杯子里蘸一下，但当她这么做的时候，圣饼却掉到了杯子里。里根也学着妻子的样子，把圣饼丢到了酒杯里。南希窘迫至极，但是她丈夫走到正午的阳光下时，脸上却挂着笑容，认为一切都进行得很顺利，丢下南希自己在那儿担心媒体会不会注意到他俩根本不知道如何参加圣餐仪式。

南希最关心的问题是哪个人在为丈夫出谋划策，而在这个问题上，她有最终决定权。在丈夫的第一个总统任期时，她想让偏温和派的共和党人詹姆斯·贝克担任总统办公室主任，虽然丈夫想要更保守的埃德温·梅西，但最终，还是贝克得到了那份工作。贝克承认:“如果不是南希·里根，我绝对不会进入里根总统的白宫。这点我敢肯定。”贝克挑选了南希的密友德福作为他的副手。这是一个十分明智的决定，表明他很清楚让第一夫人站在他这边到底有多重要。南希竭力确保了围在丈夫身边的助理都是忠心耿耿之人，她比较支持温和派，因为她知道丈夫必须与民主党控制的国会合作，而温和派更有机会把事情办成。里根的政治顾问斯图尔特·斯宾塞说:“从竞选加州州长到竞选总统，谁会出现在她丈夫身边，都是她做的决定。这就是她的角色。”她参加了几乎所有的竞选活动，并且结识了很多有钱的加州朋友，因为她知道，这些朋友可以帮助她丈夫的州长竞选，以及后来的总统竞选。

“我和人们说话，他们告诉我事情。如果有什么事可能变成问题，我就会打电话给工作人员询问一下。”在1987年于纽约举行的美国报纸出版商协会会议上，南希这样说：“我深爱着我的丈夫，当然会替他的个人和政治福祉着想，我不会为此而道歉。”

甚至在外交政策中，她也插过手。比如她曾认为，美国与苏联开展对话非常重要，但国家安全顾问威廉·克拉克在苏联问题上太过强硬，于是她便一直找属于温和派的国务卿乔治·舒尔茨沟通，最终她把克拉克排挤了出去。“罗尼觉得，”她急忙补充道，“我也觉得，必须要有一个突破口……所以，我没有坐视不管，我去找人说了。”

1984年9月，总统邀请苏联外交部长葛罗米柯访问白宫。午饭前，男人们正在喝雪利酒时，南希穿着一件标志性的亮红色连衣裙，走了进来。“你的丈夫相信和平吗？”葛罗米柯问她。

“当然。”她说。

“那你每天晚上都要在他耳边轻声说一下。”

“我会的，我也会在你耳边轻声说。”她想给对方留下点儿印象，让他带回克里姆林宫。

南希总是在丈夫的政治助理中寻找着不忠的迹象，丈夫说话时，她会扫视人群，看看谁给了他应有的尊重，谁没有。与民主党竞争对手蒙代尔参加意大利裔美国人联合会晚宴时，南希说：“轮到罗尼演讲时，我注意到沃尔特·蒙代尔没有鼓掌，一次都没有。”在1984年的连任竞选中，里根与蒙代尔辩论时表现非常糟糕，南希想知道为什么会这样。丈夫告诉她，自己被折磨人的辩论准备工作“折腾坏了”，在老行政办公楼里进行正式预演时，灯光和摄像机一应俱全，还有大约30名员工连珠炮似的给他提建议。她听了之后，非常愤怒。“我很难过，因为我觉得他们这么做不对。事实也证明他们错了。他们把他累垮了。”

里根的儿子罗恩说，他父亲特别招人喜欢。“你可以不喜欢他的政策，或者他说的一些话，但就他个人而言，你很难不去喜欢他。”但南希的性格中“带着更多的刺儿”，所以，很多原本该指向他父亲的批评，都被他母亲吸引到了自己身上。人们不同意总统的意见时，反而会给第一夫人贴上标签，说她是个“无情、无趣的控制狂”，以此来发泄他们的不满。罗恩说，他不敢确定母亲是有意还是无意挑起了这副重担，但她这样做，让丈夫免受了许多痛苦，把她自己变成了他的政府的避雷针。罗纳德·里根非常想让每个人都喜欢他，当然，每个人都想被人喜欢，但南希却愿意牺牲这种喜爱，来成为她丈夫的终极保护者，而她也为此付出了代价：1981 年 12 月的一项盖洛普民意调查显示，在所有现代的第一夫人中，她最不被人喜欢——不支持率达到了 26%。

希拉里·克林顿眼中的好妻子定义，与她的前任截然不同，更多带着一种交易色彩。她不想只是列席内阁会议，她还想在内阁会议上发言。起初，她想成为丈夫国内政策的负责人，但总统的民意调查员斯坦·格林伯格最终说服他们，这样做会非常不受欢迎。总统的卫生和公共事业部部长唐娜·沙拉拉和财政部长罗伊德·本岑曾警告克林顿，不要让希拉里领导国家医疗改革特别工作组——这是自罗斯福总统创立社会保障制度以来最大规模的社会计划。希拉里率领着一个庞大的团队，提出了新的医疗保险体系计划，这个新计划会极大降低成本，并且扩大医保覆盖范围，而她的工作就是负责让国会议员和商界领袖支持该计划。克林顿在就职典礼仅五天后便宣布妻子的任命，引起了西翼的警惕。但是，总统知道，她很想解决这个问题，而且他也觉得自己必须把这个重要任务交给她，毕竟，在他被控与詹妮弗·弗拉沃斯有染期间，她一直坚定地站在身边支持他。(弗拉沃斯声称，克林顿还在阿肯色州时，她曾与他有过一段十二年的外遇；几年之后，他最终承认了 1977 年发生过一次。)

显然，他的顾问说对了。希拉里诠释的第一夫人，与大多数美国人所期望的不一样。一项盖洛普民意测验发现，1993 年的就职典礼之后，67% 的美国人对希拉里持正面看法，但到 1994 年 7 月时，只剩下 48% 的人对她评价很好，很多人认为，她在西翼设立办公室太过出格。她邀请了一群女记者到白宫吃午餐，询问她们如何软化自己的形象。“人们对我的看法，让我很惊讶。”她对包括《纽约时报》的玛丽安·波罗斯和《纽约邮报》的辛迪·亚当斯在内的记者说，“有时候我看新闻，或者听到别人对我的一些说法时，我会说：‘哎呀，要是我，我也不喜欢她。’这和我眼中的自己和朋友们眼中的我，完全不一样啊。”波罗斯回去写了一篇报道——《希拉里·克林顿求助，想让自己的形象更柔和》——刊登在了《纽约时报》的头版上。希拉里非常愤怒，并且要求她道歉，理由是这顿午餐是非正式活动，不应该被报道出来。“我被惊呆了，”波罗斯说，“那篇报道里没有什么有损她形象的内容。恰恰相反，我把整件事都录了下来，包括她授意我们引用她的话。”希拉里的控制欲，盖过了这篇报道的内容，成了深夜新闻的谈资。

她想要在政策决策中扮演一个主要角色，但在她的医保计划未能获得国会批准，以及民主党在 1994 年的中期选举中惨败后，她决定要尽可能少待在华盛顿。据曾报道过克林顿夫妇的美国广播公司资深记者安·康普顿说，她有一个“300 千米的范围圈”。在华盛顿时，希拉里是个难以接近的人，但离那里越远，她就会越容易接近。希拉里喜欢去国外旅行，尤其是和切尔西一起。在陪同她出行时，媒体记者有很多与她单独在一起的时间，他们会坐下来，开诚布公地聊天，不过通常都是不供发表的那种。康普顿回忆说：“我们一回国，那堵政治墙就又立起来了。”为了能一睹毫无戒备的希拉里，记者们争先恐后地想获得陪她旅行的机会。据她当时的新闻秘书尼尔·拉提莫说，她第一次出国旅行时，感兴趣的人太多，以至于她不得不把记者们带到行李舱，让他们把一些东西拿下飞机去，因为超载了。(超重的行李被放到了另一架支援飞机上。)

希拉里还是第一夫人时，便决定要去竞选参议员，当时，她与比尔因为莱温斯基丑闻的争吵渐渐平息了下来，白宫里的状况好了很多。希拉里的朋友苏珊·托马西斯说："如果给她个煎锅的话，她肯定拿过来就朝他砸了。不过，我觉得她从没有想过要离开他，或者和他离婚。"一位希拉里核心圈子的成员说，竞选参议员的想法来自纽约国会议员查理·兰赫尔，但很明显，不管是谁先提出来的，她并不需要太多的劝服。克林顿总统也在幕后鼓励她竞选——他知道自己对她有亏欠。1999 年接受《谈话》杂志采访时，兰赫尔说："他（克林顿）问得最多的问题就是她怎么才能赢。你可以看到他脸上写满了内疚。任谁都会想尽力摆脱他那种丢脸的处境。"当希拉里第一次告诉托马西斯自己的想法时，她这位朋友说，不希望看到她在竞选中遭受重创。"但随后我便清楚了，这是她真正想要做的事情，她让我意识到，她自己得到选民的认可，对她来说非常重要。"在担任第一夫人的最后几个月里，她还会为正式晚宴寻找花饰，但很显然，她的心思已经在别的地方了。白宫花卉师鲍勃·斯坎伦说："你能感觉到她有些心不在焉。有时她会叹口气说：'我得赶时间，我得先走了。'"因为她有更大的事情要考虑。

丈夫被参议员弹劾时，希拉里曾奋力维护丈夫。她在民主党党团会议的成员面前尽可能冷静地争辩，他的所作所为是错误的，但不足以被弹劾，最终帮助他赢得了他们的支持。"你们或许对比尔·克林顿感到愤怒。说实话，我对我丈夫的行为也很不高兴。但弹劾并不是答案，"她告诉他们，"事关重大，我们要把注意力集中在那些真正重要的事情上。”有些成员离开时，眼里满是泪水。

就在参议院投票反对弹劾的同一天，希拉里会见了哈罗德·伊克斯，这位纽约的政客曾是丈夫的办公室副主任，现在要为她竞选参议员出谋划策了。她不愿意在此后的人生中都被称为“前第一夫人”。她曾利用自己的明星力量，在蒙受羞辱的状况下，帮助丈夫挽救了他的总统职位，现在轮到她了。她说:“经过了有头衔但无职责的八年之后，我现在是‘当选参议员’了。”颇具讽刺意味的是，多年后，当被问到她在竞选总统期间休息时最喜欢看什么电视节目，她给出的回答是:《傲骨贤妻》(*The Good Wife*)。

VIII

Bad Blood 嫌　隙

米歇尔·奥巴马如何看待克林顿……我不想说她看不起他们——但她确实有点儿。

——奥巴马政府某位前助理

1960年的总统大选期间，共和党总统德怀特·艾森豪威尔选择了支持他的副总统理查德·尼克松，而对年轻的约翰·肯尼迪，则称之为“那小子”，厌恶之情可见一斑。因此，当肯尼迪赢得大选后，艾森豪威尔将此视为对他个人的沉重打击。这种愤恨是相互的。肯尼迪的朋友查尔斯·斯鲍丁说，肯尼迪认为艾森豪威尔是“一个非总统”，没有“完全意识到他的权力”。

在所有的第一夫人中——希拉里·克林顿除外——玛米·艾森豪威尔是最不想离开白宫的一个：因为在“二战”期间，曾任欧洲盟军最高指挥官的艾森豪威尔，经常在海外作战，而他当上总统后，是她这辈子和他在一起相处最久的一段时间。时年64岁的玛米，非常讨厌她的继任者，轻蔑地称她为“女大学生”。但是，杰姬·肯尼迪的美貌和领先的时尚风格，很快就盖过了艾森豪威尔夫人那种中产阶级过分女性化的衬衫连衣裙、珍珠项链和短刘海。

按照传统，即将卸任的第一夫人会带领她的继任者参观一下白宫二楼、三楼的私人生活区。就像露·胡佛曾经带着埃莉诺·罗斯福参观，贝丝·杜鲁门带着玛米参观一样，媒体争先恐后地想要搞清楚玛米什么时候会带杰姬去参观。杰姬从未去过二楼，但直到11月中旬，也没有人知道她究竟什么时候能去看一眼。当时，杰姬有孕在身，预产期很快就要到了，所以什么时候去非常关键。在1960年11月22日的新闻发布会上，肯尼迪夫妇那位活泼的社交秘书利蒂希娅·鲍德里奇告诉记者：“邀请现在还没有发出，但我们希望它会。”

白宫的工作人员告诉杰姬，她将在11月中旬时收到邀请，但玛米显然不想高调宣布，或者在众人面前展示她对这位年轻漂亮的继任者的感觉。控制权在玛米手中，她想好好享受一下这个位置。最后，玛米的秘书联络了杰姬的秘书，正式邀请她在12月9日来参观。电话打来后过了几天，11月25日，杰姬通过剖腹产生下了儿子约翰-约翰。与1952年总统大选后，贝丝·杜鲁门自己给玛米打电话邀请她来参观相比，这次的邀请要更正式一些，不过，备受期待的正式会面却是在杰姬到达五分钟之后才向记者透露。

在访问之前，杰姬的特工再次打电话给负责官邸各项工作的总招待韦斯特，建议他准备一辆轮椅，再安排一名工作人员来推，因为在剖腹产后，杰姬的身体仍然很虚弱。当韦斯特告诉玛米时，她回答说：“哦，我的天，我本来还想单独带她转转呢。”玛米建议，先准备好轮椅，但先别拿出来，杰姬要的时候再给。

在距离丈夫的就职典礼还有一个多月时，疲惫不堪、面色苍白的杰姬，穿着黑色外套，戴着黑皮毛、黑手套，在9日中午独自抵达了白宫。韦斯特带着她经过雄伟的外交接待厅，坐电梯上二楼后，看到玛米正威严地站在走廊里等。

“这位是肯尼迪夫人。”韦斯特介绍新晋的第一夫人。玛米站在原地，冷冷地朝杰姬伸出手，杰姬只好慢慢地朝她走过去，看来，这位旧的第一夫人不打算让这个要顶替她的女人轻轻松松就参观完。“我转身离开她们，回到了我的办公室里等轮椅的电话，”韦斯特回忆道，“但一直没有来。”一段时间后，招待办公室的两个蜂鸣器响了，意思是玛米和杰姬要坐电梯下来了。这次参观持续了一个小时零十分钟，玛米带着杰姬看了大约30个房间。随后，第一夫人走向一辆克莱斯勒豪华轿车，去参加她固定的扑克局，而杰姬则安静又缓慢地走向她那辆已经开了三年的旅行轿车。韦斯特说："我看到她很痛，脸都变黑了。"没有给她安排轮椅，这一点很显然了。第二天早上，韦斯特和领班查尔斯·费科林去玛米的卧室开每天的例会。第一夫人背后放着枕头，靠在粉色的床头板上，正在吃早餐。她头发上甚至还别着一个粉红色的蝴蝶结。她压低声音说："这里以后肯定会发生一些变化的！"

参观完白宫后，杰姬去机场和家人会面，准备飞往棕榈滩的肯尼迪庄园。向来都深谙政治的杰姬骗记者说，玛米想得非常周到，专门为她安排了轮椅，但是她选择了自己走。一位记者问她打算把约翰-约翰的婴儿房刷成什么颜色时，她笑了笑："别问这种傻问题了。"她脑子里有远比婴儿房重要的事情需要考虑。她随身带了整个白宫楼层平面图复印件，在就职典礼前的这个假期里，她把大部分时间都用在了筹划如何改变每个房间上。

过了两个月，杰姬顺利地成为第一夫人后，问韦斯特："你知道我第一次去白宫那天，我的医生让人安排轮椅了吗？"

"嗯，我知道。"他回答。

她糊涂了："那么你为什么没给我啊？在房子里转了两个小时，我差点儿累死，回到家在床上整整躺了两周！"韦斯特告诉她，玛米叫他把轮椅放在电梯旁边的壁橱门后，以防她需要。但玛米从未向她的客人提起过这事。杰姬笑笑，说："我太害怕艾森豪威尔夫人了，没敢问。"

1960 年，丈夫输给约翰·肯尼迪后，帕特·尼克松觉得非常丢脸，不但不想让丈夫过早承认选举失败，甚至要求重新计票。而杰姬那边，感情上也受到了伤害。在竞选期间，杰姬曾被指责每年花 3 万美元买衣服，还去巴黎疯狂购物，对此，她回击道："除非我穿的是貂皮内衣，否则根本不可能花那么多钱。”她又恶毒地补充了一句，“我敢肯定，我在衣服上花的钱要比尼克松夫人的少。”杰姬后来说，她很感激丈夫没有让她“烫成卷发，变成帕特·尼克松”。

不过神奇的是，杰姬和帕特的第一次见面，是在嫁给肯尼迪之前。当时，杰姬正为《华盛顿时代先驱报》担任“好奇的相机女郎”，以每周 42.5 美元的薪水，每天拖着一台五公斤重的格雷夫雷克斯相机，在华盛顿为她的短篇专栏做各种闲聊采访。在某个专栏里，杰姬问六位家庭主妇:“你认为艾森豪威尔夫人的刘海会不会流行全国？”采访当时还是副总统的妻子帕特·尼克松时，她问:“现在共和党重新掌权后，谁将成为华盛顿的头号女主人？”帕特机灵地回答:“当然是艾森豪威尔夫人啊。”杰姬甚至还为她的专栏中采访了六岁的特蕾西亚·尼克松。艾森豪威尔首次当选总统三天后，杰姬去了新任副总统位于华盛顿蒂尔登大街上的家，她问特蕾西亚:“现在你对参议员尼克松有什么看法？”小女孩令人心碎地回答说:“他总是不在家。要是他很有名的话，为什么他不能待在家里？”杰姬告诉报社的老板她准备辞职，和参议员约翰·肯尼迪结婚时，对方逗她说:“你不觉得他太老吗？”杰姬当时 24 岁，杰克 36 岁。

由于尼克松是艾森豪威尔的副总统，所以肯尼迪夫妇按照惯例，在就职典礼当天早晨去白宫喝咖啡时，免不了要与他们打败的竞争对手见面。杰姬回忆说:“我记得我是坐在尼克松夫人旁边的沙发上，她那天看起来很漂亮。你能看出来，如果她愿意的话，完全可以有纽约的那种时尚感。”玛米·艾森豪威尔和杰姬以及负责就职典礼部分工作的新罕布什尔州参议员斯泰尔丝·布里吉斯坐在车里等时，最后又挖苦了一次杰姬。当时，艾森豪威尔总统和当选总统肯尼迪头上戴着黑色的大礼帽从车旁走过，玛米惊叫道:“快看艾克戴着的大礼帽。他看起来就像个爱尔兰人潘迪！”毫无疑问，玛米故意提到了这个讽刺爱尔兰人的形象，是因为第一位爱尔兰裔的天主教总统，正准备去参加他的就职典礼。

杰姬和她的继任者小瓢虫·约翰逊之间的关系很复杂。林登·约翰逊担任她丈夫的副总统后，杰姬对约翰逊夫人有了更深的了解。她说，她从没见过有人这么迫切地想要为丈夫做事。她发牢骚道，约翰逊夫人“会为了林登在满是碎玻璃的宾夕法尼亚大街上爬来爬去”。有一次与朋友、历史学家小亚瑟·施莱辛格聊天时，杰姬说起她看到约翰逊夫人为丈夫记笔记的样子，就像一条“训练有素的猎狗”。在为约翰逊总统图书馆所做的口述史中，杰姬重述了这段故事，但是角度不一样，她说，约翰逊被选为肯尼迪的竞选伙伴后，在肯尼迪位于海恩尼斯港的家里，约翰逊夫人记录那些重要人物的名字时，“给她留下了深刻印象”。在这个版本中，约翰逊夫人腿上放着一个小小的螺旋记事本，和杰姬以及她妹妹李坐在客厅的一个角落里聊天，而男人则坐对面聊公事。约翰逊偶尔会喊一句：“小鸟，你知道某某的电话吗？”她从来都是随手一翻就能找到。“然后继续和我们坐在一起，一脸平静。”杰姬回忆说，“这让我印象很深刻。”

她们的关系之所以复杂，部分缘于1960年的总统大选，当时，约翰逊和肯尼迪都在争夺民主党的提名。在竞选活动的白热化时，杰姬曾把林登·约翰逊称作“玉米面包议员”，把约翰逊夫人称作“猪排夫人”。不过，约翰逊夫人却欣赏杰奎琳，甚至对她有一点儿畏惧。约翰逊与杰姬的小叔子罗伯特·肯尼迪的关系也很糟糕。约翰逊的顾问乔·卡利法诺说，肯尼迪一家和约翰逊一家是“站在街两边的街头斗士”。约翰逊认为，肯尼迪总统的大多数助手都不喜欢他，并且曾对社交秘书贝丝·阿贝尔说：“好在我在白宫还有一个朋友，而且幸运的是，他叫杰克·肯尼迪。”肯尼迪遇刺后，杰姬曾做过一系列的口述史采访，在其中，她说，尽管她丈夫没有打算把约翰逊从1964年候选人名单上剔除，但是曾对她说过：“老天，你能想象如果林登当了总统，这个国家会变成什么样吗？”去世前不久，肯尼迪还与弟弟罗伯特商量了如何阻止约翰逊在1968年竞选总统。

在白宫时，约翰逊夫人说她不知道帕布罗·卡萨尔斯是谁，让杰姬有些尴尬。卡萨尔斯被公认为是世界上最伟大的大提琴家，在这之前，杰姬邀请了他在国宴上表演。但约翰逊夫人从来没有假装自己是别的什么人，她还是那个得克萨斯州东部小镇上最杰出的人的女儿。“老天爷，”她笑着说，“我连普通扶手椅和法式扶手椅都分不清。”肯尼迪夫妇对待约翰逊夫妇的方式，让两人深感受伤，约翰逊成为总统后，东翼的员工在组织任何活动时，生怕会加深人们对约翰逊夫妇的刻板印象。阿贝尔说：“我倒很想在东厅为外国来宾组织一场方块舞——美国的民间舞蹈——但我觉得我们会挨训。”她仍然还记得当时那种紧张的气氛。

杰姬和约翰逊夫人近20岁的年龄差距，更是于事无补。肯尼迪被选为国会议员后，约翰逊夫人邀请杰姬和其他十几位参议员的夫人一起坐了坐。约翰逊夫人回忆道，喝茶时，她的感觉是，杰姬就像一只“羽毛美丽的鸟儿，坐在我们一群灰色的小鹪鹩之间”。约翰逊夫人觉得杰姬很有魅力，而且她一直都记得杰姬念她名字的方式：“Lay-dee Bird（小瓢虫）。”但她在杰姬身旁时，常常很笨拙。1963年11月22日，他们乘坐“空军一号”从达拉斯飞回华盛顿时，她曾试图安慰杰姬，但她的话却有些欠考虑，尤其是总统才刚刚被暗杀。“我不知道该说什么，”约翰逊夫人对惊魂未定的杰姬说，“最让我受伤的是，这一切竟然发生在我深爱的得克萨斯。”杰姬没回答她，只是一动不动地坐在那里，身上还沾满了丈夫的鲜血。约翰逊夫人提出，叫个人陪杰姬去“空军一号”上的私人卧室里把她血迹斑斑的衣服换下来，但遭到了杰姬的强烈拒绝:“我要他们看看他们对杰克做了什么。”

约翰逊夫人明确表示，她不想让杰姬觉得被催着离开白宫。但她们之间的大部分互动其实很生硬，也很正式。“无论怎么说，我和肯尼迪夫人都不算亲密，”约翰逊夫人说，“实际上，林登更经常见到她，因为她是一个很有魅力的女人。我记得，她如果想要做成什么事时，绝对是最优雅的人。但与此同时，我觉得她也可能是一个难缠的对手。”杰姬没有在1964年的总统选举中投票，当时，约翰逊的竞争对手是共和党人巴里·戈德华特，她说，原因是“杰克要是活着的话，那一票该是他的”。投票期间，她刚刚搬到纽约，不过她的选民登记仍然在马萨诸塞州，所以她完全可以通过缺席投票来投，但她拒绝了。约翰逊获胜之后，她也没有发过祝贺电报，因为她觉得她丈夫才应该是那个坐在总统办公室里的人。杰姬说，她听说了约翰逊总统因为她没有投票觉得很难过。“嫁给杰克之前，我从来没投过票，”她说，“我想，我不会投票给其他人，因为这张投票应该是他的。”就连恨死了约翰逊总统的罗伯特·肯尼迪也催促杰姬去投票，因为他知道如果她没有投票的消息传出去，会引发一场巨大的媒体风暴。但杰姬非常坚决，对他说:“不管你说什么，我都不打算去。”

杰姬成为第一夫人不到一个月，就建立了白宫艺术品委员会，并且劝服了很多“经济宽裕”的人加入。露西·约翰逊说，刺杀事件发生后，她母亲担心没有了杰姬掌舵，那些有钱人也会离开。她还担心，肯尼迪的助手会在丈夫最需要他们的时候离他而去，因为她知道丈夫的性格难以捉摸、容易激动，在担任副总统时，经常和他们发生冲突。约翰逊夫人让他们的家庭厨师泽弗尔·莱特烤了几十个面包，每块都包上铝箔，外面再系一根精致的丝带，然后用购物车推着这些刚刚出炉的自制面包，在白宫的走廊里四处散发。她走到每一间办公室后，都会感谢助手们对肯尼迪总统和夫人的支持，并请求他们继续支持自己的丈夫。

轮到她离开白宫时，约翰逊夫人把接力棒传给了一个她很熟识的人。帕特·尼克松和她已经相识多年，因为她们的丈夫曾同时在国会工作过，而且她们都参加过参议院女士午餐会。1968 年的选举之后，约翰逊夫人带着帕特和女儿特蕾西亚参观了白宫的私人居住区。她为他们的狗留下的那些污渍向帕特道歉，然后说，她也没有换掉那块以前还很白的地毯，因为她觉得他们会自己选一块新地毯。（帕特告诉女儿们，她真希望约翰逊至少做过一点点的维护保养。）约翰逊夫人十分大度，甚至还打开了每间卧室里的衣橱。她一直都不愿意改变杰姬所做的那些装饰，因为她知道，要是改掉的话，很可能会引发一场公关噩梦，所以经过约翰逊一家五年花费不菲的宴请活动，以及 700 万游客的参观后，这所房子已经破旧不堪了。

尽管约翰逊夫人和帕特关系很好，但是在去国会大厦参加宣誓仪式的车上，两个人还是经常沉默下来，或者生硬地尬聊。约翰逊夫人说："真高兴今天没有雨夹雪。"帕特回答："我们也许会走运，不会下雨。"她们的车和她们丈夫的车之间，是一辆坐满了特工的车。八年前，约翰逊夫人和帕特就曾走过这段路，当时身为副总统夫人的帕特准备离开华盛顿，而约翰逊夫人则要接替她的位置。她们的闲聊很友好，但约翰逊夫人对尼克松总统的感受，以及她对民主党的忠诚，在她对四十五分钟的就职典礼的批评中显而易见。"在我看来，有些太低调、克制、严肃，"她在日记中写道，"也许是时势决定了这种氛围。没有青春的激情，没有肯尼迪就职典礼那种诗意的光彩，也没有我们杰克逊追随者那股子强劲、咆哮的气质。"丈夫登上回得克萨斯的飞机后，约翰逊夫人发现她的座位上放着一束尼克松夫妇送来的小黄玫瑰，这让她很感动。五天后，她尽责地从自家的得州农场给帕特写了一封感谢信："多么真诚和体贴的举动啊！"她比谁都清楚尼克松夫妇即将要面对的挑战是什么。

成为第一夫人后，帕特才通过惨痛的亲身经历，明白了为什么约翰逊夫人没有改变官邸里的任何东西。在约翰逊政府的最后一个月里，由约翰逊夫人主持的白宫保护委员会，曾决定把林肯卧房的一个木制壁炉架，换成一个具有历史意义的18世纪大理石壁炉架。杰姬曾经在那个木制壁炉架上刻了一句温柔的话:“在担任美国总统的两年十个月零两天里，约翰·菲茨杰拉德·肯尼迪和他的妻子杰奎琳，住在这个房间里。”这个架子要被换掉的消息传出后，引发了公众的抗议。头条上写着:“帕特·尼克松拆掉了杰姬的东西。”这一决定本来是在约翰逊政府期间做出的，但直到尼克松一家入主白宫后才得到执行，因而遭受批评的人就成了帕特。在换掉任何卡米洛时期的物品方面，第一夫人都必须小心行事。多年后，贝蒂·福特大胆决定换掉杰姬亲自挑选的古董墙纸——贴在二楼的家庭餐厅里——上面画的是独立战争的场景，贝蒂像往常一样诚恳地说:“坐在那儿，看着人们朝对方开枪，还有那些血，很难让人吃得下去饭。”

1976年，罗纳德·里根大胆地向福特总统发起挑战，争夺共和党的总统候选人提名，结果把共和党搞得四分五裂。里根意图发动“宫廷政变”之前，其实早有蛛丝马迹，比如在一场活动中，罗纳德和南希就走在了福特夫妇的前面，让福特的政治助理目瞪口呆。在内部已经分裂的共和党全国代表大会上，还出现过一个戏剧性场面，当时，贝蒂·福特和南希·里根分别坐在会场的两端，为她们鼓掌时，各自的支持者比起了哪一方的掌声更响亮。让南希很不高兴的是，身为第一夫人的贝蒂被分配到了会场地板上的座位，而她被分配到了“天台”上。大会的第二天晚上，南希又觉得贝蒂抢了她的风头，尤其是观众正在为南希鼓掌时，贝蒂却和托尼·奥兰多伴着《老橡树上的黄丝带》

跳起了舞。大家的注意力立刻转向贝蒂。她俩从来都不和。贝蒂·福特的助理说:“福特夫人并不欣赏南希·里根。”得知南希不支持《平等权利修正案》后，贝蒂特别生气。“我不明白，一个自己也工作过的女性怎么能对其他职业女性这么冷漠？”大会结束后，贝蒂在接受采访时说，“我觉得南希遇到罗尼后，她自己的人生就没了。她就直接崩溃了。”虽然贝蒂的新闻秘书希拉·拉伯·维登菲尔德催促她说:“你必须打电话说事实不是这样，你从来没有那么说过。”但贝蒂的立场很坚定，拒绝打电话给南希道歉，她就是这么想的，所以也不会为此道歉。

苏珊·波特·罗斯曾负责过帕特·尼克松的联络和日程安排，协调过贝蒂·福特的日程，在芭芭拉·布什担任第二夫人和第一夫人期间做过她的办公厅主任，她说，一旦来到白宫后，政客自然会想保卫好他们来之不易的地盘。政党无关紧要，她说，你可以讨厌自己党内的人。“他们非常自我……我觉得你当上总统之后，有的人做过总统或第一夫人，有的人想做，但你是总统时，就不想别人去想当总统的事。”

1988 年，萨拉·威丁顿去约翰逊的得克萨斯农场，为《好管家》杂志采访小瓢虫·约翰逊、贝蒂·福特和罗莎琳·卡特时，见到了三位就像老朋友一样的前第一夫人。这三个女人曾经联合起来，努力推动《平等权利修正案》通过（失败了）；她们都参加过 1977 年在休斯敦举办的全国妇女会议，这是第一次也是唯一由联邦政府赞助的全国妇女会议。她们中的每一个人都体会过失败的刺痛：罗莎琳和贝蒂在她们的丈夫竞选失败之后，都曾流下过痛苦的泪水，而约翰逊夫人则为丈夫不谋求连任的决定而挣扎过。约翰逊夫人亲自到机场去接了贝蒂和罗莎琳，来她的得克萨斯农场度过周末，还指给她们看各种自己最喜欢的动物和花。威丁顿回忆说，和贝蒂、罗莎琳坐飞机返回时，她和贝蒂聊到了他们一家人离开白宫时很不舍。贝蒂说:“不管你后面是谁，你都觉得他们不配在那儿。”罗莎琳无意中听到了她们的谈话，虽然她就是贝蒂后面的那个人，但是一点都没有觉得被冒犯，反而插话说:“贝蒂，你说得太对了！”

尽管福特夫妇和卡特夫妇在离开白宫后关系变得密切起来，但起初在丈夫输给吉米·卡特时，贝蒂非常愤怒。像许多其他第一夫人一样，她是代表全家在怨恨。在激烈的1976年竞选期间，看过罗莎琳·卡特在一个早间新闻节目中做的采访后，贝蒂对一名助理说:“罗莎琳·卡特看起来很累……她可以一边冲你笑，一边在你背上捅一刀。她这个人太做作了。”卡特赢得选举后，1976年12月初，按照传统，福特夫妇邀请卡特夫妇到白宫参观。卡特夫妇当时住在街对面宾夕法尼亚大道上的官方酒店布莱尔大厦，但在参观前，罗莎琳突然接到贝蒂的助理打来电话说，第一夫人身体不舒服，参观将不得不取消。罗莎琳当时没有意识到贝蒂有药物上瘾的问题。那天，担任了两年半第一夫人的贝蒂·福特很脆弱。

不一会儿，又有一个电话打来了。“大家都觉得您还是今天下午来吧。”福特的助理告诉罗莎琳。但随后，又来了另一个电话，说第一夫人身体还是不行，没法见客。接下来的一堆电话是吉米·卡特打来的，他告诉他的妻子，她应该去，如果她不去的话，会上新闻。于是，罗莎琳穿上了那件专门为这次参观买的一件棕色和蓝色的羊毛套装，和贝蒂对白宫进行了短暂但友好的参观。

戴维·休姆·肯纳里是福特总统的白宫摄影师，也是他的密友。他回忆说，在卡特赢得选举后，等待他们第一次访问白宫时，贝蒂一点都不想去跟他们打招呼。站在白宫门口等卡特夫妇时，她凑到丈夫耳边说:“我真的不想干这个。”他说:“不想也得想，我们得输得起。”(不过，私下里，福特总统曾抱怨:“难以置信，我竟然败给了一个种花生的农民。”）肯纳里说，他能理解贝蒂的反应，“谁都不喜欢被人打败；对那些打败你的人，你也没法真的热情、温柔”。

比起妻子，福特总统则更轻松地把自己受伤的感情放到了一边。他甚至还提出，吉米·卡特在就职前听汇报的话，可以用他在椭圆形办公室旁边的私人办公室，不过卡特婉拒了。“直到今天，切尼（曾是福特的办公厅主任）都不喜欢卡特。很多人都把这场失败看成了自己的损失，大家情绪都很激动。”肯纳里说，“我认为卡特的做法，真的伤害了贝蒂的丈夫，她可不会轻松就忘掉。”不过最终，贝蒂伤心（苏珊·福特实际上称之为“悲痛”）过后恢复了正常，在一家人离开之前，她决定找点乐子。她在白宫的最后一天，贝蒂向丈夫的西翼员工告别后，准备回官邸，经过空荡荡的内阁时，心想：唉，我一直想在内阁厅的桌子上跳支舞。她在 29 岁的肯纳里身上，找到了一个心甘情愿的同伙。

“我觉得我想做。”她告诉他。

“好啊，反正现在也没人。”他一边说，一边把照相机准备好。

“我脱了鞋，跳到上面，摆了个姿势。”她回忆道，把她在玛莎·葛兰姆舞团跳舞的经验，带到了世界上最具影响力的房间里。这张照片让她觉得有点儿尴尬，所以她把照片封存在丈夫的总统图书馆档案室里，直到二十多年后的 1995 年，这张照片才被肯纳里在他的书中公布出来。他回忆说，福特总统第一次看到照片时，“差点儿从椅子上摔下来”。福特看了看妻子，说：“啊，贝蒂，你可从来没告诉我你干过这个。”

“没告诉你的事还有很多，杰瑞！”

罗莎琳·卡特承认，她现在仍然对丈夫在 1980 年输给罗纳德·里根感到耿耿于怀。在她的自传结尾，这位来自普兰斯的第一夫人说：“我想让人们知道我们是对的，吉米·卡特当时做的事，是为了我们国家好，人们没投票给他是错误的。”她在这里流露了她的个人野心，“我们在民调中的失利，是我想回到白宫的最大原因。我不喜欢输。”对卡特总统来说，最糟糕的时刻，不是他发现自己输掉了选举时，而是得把这个消息告诉妻子的那一刻。“先什么都不要对罗莎琳说，”卡特指示他的员工，“我来告诉她吧。”罗莎琳就是拒绝接受那个悬殊的结果。“我当时就是拒不承认，”她在数年后坦言，“我无法相信，人们在得知事实之后，竟然投给了里根。”

但其实早在选举之前，卡特夫妇和里根夫妇之间的关系就已经很糟糕了。在竞选期间，里根的儿子罗恩曾指责卡特总统“有着蛇的品德”，“为了再次当选，可以出卖自己的母亲”。罗恩说，他之所以这么说，是因为他痛恨卡特曾暗示他父亲是“种族主义者和好战分子”。现在回想起来，他说:“你那是在竞争，而且是一种非常个人化的竞争。不是体育运动，你不是在网球场上，即便在最好的情况下，你也在与你的思想和品行竞争，所以在竞选期间，这种竞争会变得很个人化。”听到有传言说南希·里根想让卡特一家在就职典礼前几周搬离白宫，住到对面的布莱尔大厦，好让她早点儿开始装修私人居住区时，罗莎琳更是气得无以复加。她说，南希打电话给她，否认了有关想赶走他们的报道。“我不记得她有没有说对不起了，”罗莎琳说，“她只是说她没有说过那些话。”

白宫花卉师朗恩·佩恩说，从大选结束到里根总统的就职典礼，他每次去私人居住区时，都能听到至少有一个卡特家族的人在哭。罗莎琳回忆说，大选和就职典礼之间的那几个星期，简直不堪忍受。“你输了 11 月 4 日的选举后，就已经准备好回家了。”或许，失败的惨重程度——卡特仅赢得了 41% 的普选票——也让他们更难以接受。选举后的第二天，卡特的通信主任杰瑞·拉夫森去椭圆形办公室见总统时，发现他满眼泪水地坐着，他说:“有四千一百六十万人不喜欢我。”卡特最好的朋友和首席顾问罗莎琳也承认，她“心里的怨恨都够他们两个人的了”。即便到多年后的1999年，罗莎琳在接受《纽约时报》采访时也仍然在说：“我人生的最大遗憾是吉米被击败了。”

南希第一次参观官邸时，罗莎琳尽职尽责地带她看了二楼、三楼，走到黄色椭圆厅时，还向南希介绍了她为展示美国油画作品所做的努力。但是她一点儿都没有热情，而且在没有带南希去看总统卧室和书房的情况下，便突然中断了参观。南希回忆说：“她的态度和房间的寒意很吻合。”（因为能源危机，吉米·卡特曾要求白宫在白天把温度保持在18摄氏度，还不算冷，但晚上要降到12摄氏度，这就非常冷了。白宫员工经常只能戴着手套打字，而一位女佣去买秋裤时，甚至还为罗莎琳顺便带了一件。）

伊朗人质危机则进一步加剧了里根总统就职典礼上的紧张气氛。伊朗人最终决定释放人质，却将飞机和准备回国的美国人扣在跑道上，直到罗纳德·里根在中午就任总统后，才允许他们离开伊朗的领空。罗莎琳非常愤怒，认为这是对丈夫的最后一次嘲讽。按照传统，与即将上任的总统和妻子在蓝厅里喝过咖啡后，卡特夫妇和里根夫妇一同前往国会大厦参加宣誓就职仪式。芭芭拉·布什是即将上任的副总统的妻子，她回忆说，罗莎琳向白宫工作人员告别时，她们就一直在旁边等待着。芭芭拉和南希·里根感觉她们大概等了有四十五分钟，就那么无所事事地站着。当时，芭芭拉还小声对南希说：“轮到我们时，肯定不会这么拖着。”12年后，芭芭拉说，当她也要离开白宫时，才理解了为什么罗莎琳那样做。

罗莎琳说，和南希·里根聊天时，她感觉“非常得意”，因为她知道被伊朗关押了一年多的52名美国人质就要回家了。但她也知道，大多数人会认为是里根让他们被释放的。卡特的副总统蒙代尔说：“里根夫妇不太善于夸奖别人。这不是他们的强项。”南希回忆说，与罗莎琳坐车去国会大厦时，一路上非常尴尬，不过让她感到欣慰的是，众议院少数党领袖约翰·罗兹也在车里，还可以说说话。“罗莎琳望着窗外，一言不发。我不知道该说什么，所以我也没说话。好在路程很短。”

1980 年，总统大选过去将近一年后，南希和罗莎琳之间的旧伤还依然如新。1981 年在开罗阅兵时，埃及前总统萨达特被伊斯兰极端分子刺杀身亡，特勤处认为，里根总统（六个月之前刚刚躲过一次暗杀）和副总统布什都不应该去参加萨达特的葬礼。但前所未有的是，为了展示对美国盟友的支持，尼克松前总统、福特前总统和卡特前总统都同意代替里根出席。罗莎琳·卡特也决定陪同丈夫前往，因为在戴维营谈判和平协议时，她与萨达特和妻子吉安建立了亲密的友谊。里根总统的助手凯瑟琳·奥斯本回忆说，看到罗莎琳后，大家都很惊讶，三位前总统中间站着一位前第一夫人。她说:“我不知道是不是默认就只有三位前总统去，还是明确说过，但她出现后，大家都不知道该怎么办了。我猜是她决定去的，这倒没什么，有人先告诉我们一声的话，就好了。”数百名员工站在南草坪上，注视着前总统和前第一夫人从直升机上走下来，穿过白宫的大草坪，去见里根总统。没人看到芭芭拉的表情，她当时正站在白宫里，隔着厚厚的丝绸窗帘，透过窗户望着草坪上发生的一切，脸上还带着一丝苦笑。“我倒觉得还挺有趣的，”她说，“我真不觉得他们有多喜欢对方。”

卡特夫妇和克林顿夫妇，似乎都是天生的盟友: 两位前总统都是南方出生的浸信会信徒，在 1964 年至 2004 年赢得大选的总统中，只有他俩是民主党人。罗莎琳和希拉里·克林顿都曾挑战传统，想要在高层会议上寻求一席之地。和希拉里一样，在丈夫失败后，罗莎琳也曾被她的政党要求竞选参议员。早在 1976 年卡特竞选总统时，克林顿夫妇就是他的支持者，而比尔·克林顿担任阿肯色州州长时，也选择了支持卡特而非参议员泰德·肯尼迪获得 1980 年的民主党总统候选人提名。不过，卡特夫妇和克林顿夫妇之间的关系最终却破裂了。而且情况糟糕到了卡特夫妇私下里甚至希望，马萨诸塞州的自由派参议员伊丽莎白·沃伦，可以争夺希拉里·克林顿的2016年民主党总统候选人提名。而如果希拉里·克林顿赢得大选的话，他们希望沃伦能在2020年挑战她。

1974年，卡特总统成为民主党全国委员会的竞选主席后，曾去小石城帮助“这个正在竞选国会议员的小子比尔·克林顿”。和往常一样，克林顿又迟到了，卡特的助理杰瑞·拉夫森和卡特的高级顾问汉密尔顿·乔丹、乔迪·鲍威尔等了四十五分钟才见到他。拉夫森冲他吼道:“你在干什么啊？迟到了！”卡特从来不迟到，这个优点，拉夫森认为，应该归功于他在美国海军学院的岁月。虽然第一次会面出了些意外，但卡特夫妇和克林顿夫妇仍然坚定地支持着对方。不过，希拉里很快就惹恼了卡特的核心圈子。她没有化妆，戴着标志性的厚眼镜，跑到卡特在亚特兰大的竞选总部，找到乔丹，说她想搞定伊利诺伊州，因为她来自芝加哥。他嘲笑地对她说:“你认为你能搞定戴利市长？”乔丹认定，那位锋芒毕露、出身工薪阶级家庭的爱尔兰裔市长，不可能有兴趣会见这个自称是女权主义者的常春藤名校生。“我能搞定他。”她说。但乔丹没有同意，而是给了她一份不太重要的任务，把她派去了印第安纳州。

对他们的关系打击最大的事情，发生在1980年5月。当时，卡特将一万八千名古巴难民送到了阿肯色州的查菲堡拘禁后，几百人逃了出去，然后跑到大街上高喊着“自由了！自由了”，给时任阿肯色州州长的克林顿带来了一场政治灾难。克林顿打电话给卡特总统进行交涉，却被踢给了一名中级助理来处理。最终，卡特承诺不再送难民去查菲堡，但他在谋求自己的连任时——三个月后，克林顿也将竞选连任——还是打破了他的诺言，把先前送到那些关键州（比如宾夕法尼亚州）的难民全送到了阿肯色。克林顿相信，正是卡特的决定导致了他的失败。希拉里·克林顿在回忆录中写道:“为支持他的总统，比尔付出了巨大的政治代价。”

克林顿竞选总统时，没有去和这位只有一个任期、被很多人认为很失败的民主党总统套近乎，而卡特要求与新总统讨论外交政策的请求，也从未收到回应。克林顿就职后不久，卡特在接受《纽约时报》采访时，借机表达了自己的不满。他说，克林顿夫妇没有像卡特夫妇那样送小女儿艾米去华盛顿特区的公立学校上学，而是决定把切尔西送到西德威尔友谊学校，让他“很失望”。他还挖苦了一下克林顿夫妇前一年夏天去格鲁吉亚帮助卡特为仁人家园建造房屋的事情，轻蔑地说:“他显然不是一个有经验的木匠。”不过，卡特阵营真正的尖酸刻薄，却留给了希拉里。2001 年，在《华尔街日报》的一篇专栏文章中，卡特的前办公厅主任汉密尔顿·乔丹写道:“希拉里·克林顿非但没有因为他的公开背叛而离开他，反而利用了她公众眼中受尽委屈但依然忠诚的配偶形象，为自己创造了一个新形象，赢得了参议院的选举。克林顿夫妇不是夫妻关系，而是商业伙伴关系;不是基于爱，甚或是贪婪，而是基于共同的野心。”

克林顿夫妇在白宫时，罗莎琳只见过她几次，其中一次是在尼克松总统的葬礼上。当罗莎琳被问及希拉里成为第一夫人后，她多久会见一次希拉里时，罗莎琳说:“好尴尬。”罗莎琳明白她们这种距离背后的政治。“他们第一次到华盛顿时，比尔·克林顿是南方的一位州长，”她说，“吉米还没有再次当选。我觉得他们想拉开些距离。我能理解这一点。”罗莎琳承认，她和她的民主党继任者——希拉里·克林顿、米歇尔·奥巴马——之间存在距离，她们很少会向她征求意见。第一夫人，她说，“因为白宫的生活和所有相关的经历而被绑在了一起”，但她补充说，“我不敢说我们会把第一夫人的关系称为姐妹关系。我们一般只是在新的总统图书馆建成或者举行葬礼时，才会见面”。

轮到自己离开白宫时，南希·里根显然没有主动提出要提前离开白宫。她和芭芭拉·布什的关系，在老布什担任里根总统的副总统时，就非常不好，以至于芭芭拉在搬进白宫前，都不太清楚里面是什么。在担任第二夫人的八年时间里，她很少被邀请到家庭居住区去。芭芭拉说，总招待来到副总统官邸，向她展示了白宫二楼、三楼房间的照片。“我真的不知道白宫楼上的情况，他跟我介绍了一下，然后我记下了那些要送到白宫的东西，我们大部分的东西都送到了缅因州的家里(他们在肯纳邦克波特的避暑别墅)。”

1988 年，老布什在他的一篇私人日记中直白地写道:“南希不喜欢芭芭拉。”他说南希嫉妒他的妻子。“她觉得芭芭拉有她南希没有的东西，而且她永远都无法达到芭芭拉的层次。”正式的官邸参观，直到 1 月 11 日才进行，离布什一家搬进白宫只剩九天，而且既简短，又让人满意。不过，仇恨是相互的。有关南希·里根的一本负面传记出版后，芭芭拉立即就买了一本，但为了不想让别人知道她在读什么，她把另一本书的封皮包在上面。1992 年，当芭芭拉以第一夫人的身份参观圣安东尼奥的一家诊所时，一名戒毒者递给她一张他自己的照片，请她在上面题“坚决说不”几个字——南希的反毒品口号——但芭芭拉就签了她自己的名字。

南希·里根有自己的朋友，芭芭拉也有她的朋友。芭芭拉来自一个旧式的贵族家庭——她在纽约的莱伊长大，和富兰克林·皮尔斯总统有亲戚关系——所以，绝不会不赞同南希那种公然争夺权力的行为和她的那些电影明星朋友。被问及如何描述两人的关系时，南希·里根的助手简·厄肯贝克有些沉默。毕竟，她们有八年的时间来了解彼此。“这个我不想谈，”她顿了一下说，“她在那儿，是因为她丈夫是副总统。里根夫人在那儿，是因为她丈夫是总统。丈夫们的关系非常好，经常见面……比如你丈夫和我丈夫是律师事务所的合伙人，是朋友，经常见面，但这并不意味着你和我必须成为好朋友。”有一个记者问她对芭芭拉的看法时，南希停顿了一下。“哦，我一直没有跟她熟起来。”她说。

身为第一夫人的芭芭拉，很善于和人打交道，被她丈夫的助理亲切地称为“国宝”。她成了所有人最喜欢的奶奶：慈爱、喜欢自嘲，以及最重要的，充满了同情心。她丝毫不在意她的发型或者着装，为自己树立了一种和南希完全相反的形象。在丈夫的就职典礼前夕，芭芭拉说：“我从收到的信中得知，很多身材臃肿、白发苍苍、满脸皱纹的老太太都高兴坏了。我的意思是，看看我这样子——如果我能成功的话，她们也能。”1987 年，苏联领导人米哈伊尔·戈尔巴乔夫和妻子赖莎访问了华盛顿，这是自 1959 年尼基塔·赫鲁晓夫来访以来，苏联领导人第一次访问华盛顿，戈尔巴乔夫在白宫的欢迎仪式上受到了全世界的关注。芭芭拉在她的日记中写道，她穿着“一件非常共和党的布衣，南希则穿着她的貂皮大衣”。芭芭拉不是在装样子，曾在第一夫人办公室对面的军事办公室工作过的乔尼·斯蒂文斯说。在楼梯口的男厕和女厕之间，挂着芭芭拉·布什和老布什的两张巨幅照片［这类照片被称为 jumbos（庞然大物），散布于东西翼的墙上，而且会定期更换］。布什夫妇搬进白宫几天后，斯蒂文斯去卫生间时，在楼梯口遇到了芭芭拉。“那个皱巴巴的白发老太太是谁啊？”芭芭拉指着自己的照片问道，然后又看了看她的特工，对方哈哈大笑起来。

芭芭拉和南希属于同一个政党，但个性却差别很大，以至于她们反倒和一些民主党人的关系更密切。芭芭拉与民主党人小瓢虫·约翰逊私交甚好，南希对民主党人杰姬·肯尼迪推崇备至。芭芭拉曾向南希示好，但最终却适得其反。1980 年大选之前，里根和卡特之间只有过一场辩论，芭芭拉和丈夫与南希坐在礼堂里观看时，低声说：“我认为他（里根）看起来比卡特好很多，他的妆化得更好。”南希轻蔑地回答说：“罗尼从来不化妆。”当丈夫选择了老布什做竞选伙伴时，南希欣然承认她不喜欢老布什，因为在共和党初选期间，布什曾与里根竞争，并批评过他的政策。南希在回忆录中写道：“乔治用‘巫毒经济学’来形容罗尼提出的减税政策，仍然让人生气。”

南希是位完美主义者，对于她希望白宫成为的样子，有着非常独特的想法。而且，她还不停地在掂量别人。白宫花卉师朗恩·佩恩回忆说，当戈尔巴乔夫来访时，第一夫人和她的社交秘书来到一楼的花卉店，说：“我们想让赖莎目瞪口呆。”佩恩说：“一天之内，我们把白宫里的每一朵花都更换了三次：早上到达时，下午茶时，还有国宴时。每朵花换三次，每一朵都换。”但南希和赖莎相处得并不好。简·厄肯贝克回忆说，她们第一次喝咖啡的时候，还有翻译作陪，但其间有好几次，赖莎说话时讲的都是英语。“她就是想让第一夫人难堪：‘我会说英语，也会说俄语。但你不会说俄语。’此后的会面都是这样的基调。”芭芭拉形容说，这两位第一夫人之间的敌意，就像“化学反应”。赖莎和芭芭拉的关系，比和南希要好，她甚至问芭芭拉，为什么她觉得南希不喜欢她。芭芭拉答不上来。

南希是一位很难取悦的第一夫人，有时给人的感觉甚至是她在故意找碴儿。行政管家克里斯汀·利默里克不太愿意说前任老板的坏话，但一件涉及里根夫妇私人物品的事，曾使她离开白宫五年时间，后来在芭芭拉·布什的要求下，她才重新回来。克里斯汀和南希相处得还不错，甚至还和她聊过自己的感情生活（第一夫人认为自己天生适合说媒，得知克里斯汀要嫁给白宫电工罗伯特·利默里克时，兴奋得不得了）。利默里克苦笑着说，里根夫妇“有很多东西，是因为他们不需要自己来清理”。如果南希的任何收藏品——包括25个利摩日手绘小瓷盒以及银相框和昂贵的香水瓶——在清洁后没有放回原处，利默里克就会挨训。“里根政府初期时，有好几件东西被弄坏了：一次是被家政人员，一次是被特工人员，还有一次是被运营部。”但南希·里根把这些都怪到了利默里克头上，恶狠狠地对她大加训斥，以至于总招待莱克斯·斯卡尔顿都不得不出来替利默里克辩解。南希非常生气，让利默里克把她在私人居住区摆放的大部分纪念品都收了起来，直到几个月后情况渐渐平息后，才又拿出来。利默里克决定，她需要暂时离开白宫一段时间。里根夫妇住在白宫的那些年里，走廊里那些窃窃私语，对里根夫妇的子女而言并不意外，因为他们知道母亲很重视物品的摆放整齐和对它们的尊重。里根夫妇的女儿帕蒂·戴维斯说："我们家里很少有东西被打碎；饮料不会被洒在沙发上，巧克力不会被抹在窗帘上。我们也不会去碰法贝热彩蛋和中国的古董花瓶。"后面这个"我们"指的是她和弟弟罗恩。

时间无法治愈南希和芭芭拉之间的旧伤。1989 年，里根的官方肖像在白宫揭幕前，身为第一夫人的芭芭拉看过来宾名单后，七窍生烟。因为南希把名单抢了过去，再次越俎代庖。"她很生气，觉得他们是在强迫她，"和芭芭拉很亲近的白宫招待克里斯·艾莫里说，"她是第一夫人，那是她的白宫，可他们却在告诉她该怎么做，就好像是他们在负责一样。"老布什在离任前，给里根总统颁发了总统自由勋章。南希打电话给他们的朋友、时任国防部长的迪克·切尼，请他务必要出席东厅的仪式；她告诉切尼，他们在那儿需要盟友。显然，南希不认为布什夫妇是站在他们那边的。"南希从未对芭芭拉说过谢谢。"布什总统在日记中回忆道。

2004 年，里根去世后，小布什和老布什曾在葬礼上发言，但几周后，罗恩·里根却在《时尚先生》杂志上发表了一篇有关小布什的尖刻评论。南希打电话给芭芭拉·布什道歉，但这显然不够：双方的芥蒂太多了。在小布什和夫人的邀请下，南希曾在白宫留宿。在布什担任总统期间，她多次通过中间人，力劝他支持胚胎干细胞研究，因为她丈夫曾备受阿尔茨海默病的折磨，而胚胎干细胞研究有望成为治疗该病的手段。但是，布什最终还是限制了联邦政府对那些需要使用人类胚胎细胞的相关实验的资助。南希说，她记得有一次直接和他说过这件事，“但后来再没提过”。

其实，芭芭拉·布什与南希·里根的共同点，要远比她愿意认为的多：她们都比丈夫爱担心，也不像她们的丈夫那样关心别人对她们的看法。和南希一样，芭芭拉是全家的主要纪律执行者和记仇者。老布什总统曾对记者这样形容妻子：“当心，这只银狐真的很生你的气。”小布什则对记者说，他母亲“隔着一公里就能闻到骗子的味道”。

老布什卸任几周前，夫妇二人访问了莫斯科，老布什还在那里签署了一份核条约。记者克拉格·海因斯刚刚写过一篇有关布什输给克林顿的反面报道。“银狐”很不高兴。海因斯当时正和一群随行记者兴冲冲地拍克里姆林宫，看到芭芭拉从楼梯上下来后，朝他们走来。从1964年布什竞选参议员失败时，海因斯便一直跟踪报道布什总统的竞选，所以毫不拘束地便迎上前去：“布什夫人，我能跟您合张影吗？”她瞪了他一眼：“不和你拍，小子。”

和南希一样，芭芭拉也不吝对丈夫的顾问团队提出意见。比如丈夫选择了41岁的印第安纳州参议员丹·奎尔作为竞选伙伴后，芭芭拉便很不满。在宣布决定之前，布什并未告诉自己的那些高级助理。芭芭拉站在布什的老朋友那边，他们也同样对这个决定以及被排除在决策过程之外感到十分不满。入主白宫后，布什夫妇和奎尔夫妇的关系日趋紧张起来。奎尔的一些丢丑行为，时常遭到媒体的嘲讽，比如他去新泽西特伦顿的一所学校参观时，有名学生被叫到黑板前拼写“土豆（potato）”的单词，结果他催促那个学生，说单词最后还有个“e”。

芭芭拉一直都没能和奎尔的妻子、比她小20岁的玛丽莲热络起来。玛丽莲的一位朋友说，受邀参加国宴，简直就像在给副总统和他的妻子“拔牙”。但是，副总统的妻子和总统夫人之间的关系，几乎从来都是麻烦不断，很像媳妇儿和婆婆的关系。芭芭拉会明确说她不想让玛丽莲谈论某件事或去参加某项活动。玛丽莲的朋友说：“芭芭拉·布什给南希·里根当了八年的学生，所以她觉得玛丽莲也应该忍着。”

1992年竞选中的两名副总统候选人阿尔·戈尔和丹·奎尔，都把他们的女儿送到了华盛顿的精英女校国家大教堂学校。克里斯汀·戈尔、莎拉·戈尔和考琳·奎尔不但同在学校上课，还是学校的三星长曲棍球运动员。美国广播公司前新闻记者安·康普顿说：“玛丽莲·奎尔告诉我，这些女孩子告诉我，她们团结在一起，互相保护对方，不去理会政治世界和竞选活动。”玛丽莲·奎尔的前办公厅主任玛格丽特·萨利文说，第二夫人的生活与第一夫人的生活截然不同。他们有许多职位方面的排场，包括特工的保护，但没有那些奢侈。“如果你想去哪儿，会有和第一夫人一样的保安措施，但你要么只能飞商业航空，要么让别人给你捐一架飞机。”第二夫人盖过第一夫人的风采，会被认为是大罪；华盛顿有一种共识，那就是副总统不一定能帮助他们的竞选伙伴当选，却很可能破坏他们当选的机会，副总统的妻子也是如此。在竞选期间，副总统候选人的妻子会被派到那些被视为第二层级或第三层级、不会决定选举成败的地区。

劳拉·布什和副总统迪克·切尼的妻子琳·切尼很友好，但不亲密。琳从没想过丈夫会成为副总统——她告诉一个朋友，得知丈夫是负责为布什筛选竞选伙伴的委员会成员时，她非常宽慰：她认为这就可以确保他自己不被提名。布什的竞选顾问一致认为，琳在演讲方面比劳拉更擅长，但在2000年的竞选中，还是决定少用她，这样她的风头就不会超过劳拉了。

萨利文说，总统和妻子、副总统和妻子，就像中世纪时期的骑士。“骑士们有各自的随从，他们聚到一起，然后分头去做自己的事。”第二夫人不能胡作非为——她们必须是总统竞选这个庞大环节的一个链条，只能扮演她们被指派的角色。芭芭拉·布什不会让玛丽莲·奎尔忘记这一点。

担任第一夫人时，芭芭拉·布什身上只有过一次真正的争议。（“除了拿斧子劈人以外，”布什的前发言人希拉·泰特说，“我觉得不管干什么，她都能逍遥法外。她太无害了。”）1990年，她曾受邀在马萨诸塞州韦尔斯利女子学院的毕业典礼上做主旨演讲。150名学生签署了一份请愿书，称她们对于邀请芭芭拉来发言的决定感到“愤怒”，因为她之所以有名，完全是因为她丈夫有名。（芭芭拉上完大一后，从史密斯女子学院退学，决定将自己的精力全放在布什身上。）很快，风暴便过去了，但是芭芭拉可不会被人愚弄完就算了——一位助理说，去演讲前，她给那两个带头抗议的韦尔斯利学生打了电话，好“把插进去的刀再稍微转一下”，给她们点儿难堪。在演讲中，芭芭拉说，女性应该总是家庭第一，事业第二。

在幕后，芭芭拉是一个对丈夫和子女呵护有加的妻子和母亲。（1984年，她曾称丈夫的竞争对手、民主党副总统候选人杰拉丁·费拉罗为“那个400万美元——后面的字我不能说，但和‘有钱’[1]押韵”。）芭芭拉陪着丈夫经历了他的两届国会任期，陪他担任过联合国大使、共和党主席、美国驻中国大使和中央情报局局长。她把人生全部奉献给了家人，就像贝蒂·福特一样，她基本上独自带大了六个孩子。她说，她曾与抑郁症做过斗争，部分原因是“妇女解放运动让我觉得我白活了”。她代

1 有钱为 rich，押韵的是指 bitch（婊子）。

表的那代人，与她的继任者希拉里·克林顿不同，希拉里是骄傲的女权主义者，属于婴儿潮一代。在1992年的竞选期间，希拉里被问及她对芭芭拉在她的母校韦尔斯利发表的演讲有什么看法时，给出了一个相当克制的回答："就我个人而言，我认为女性应该把她的家人和关系——这是你是谁和你如何理解世界的真正根源——放在你的优先级清单前面。我不认为我或者芭芭拉·布什，应该告诉女性她们要先把什么放在第一位……我们必须要摆脱的是，只有一种正确选择这样的观念。"

芭芭拉很崇拜丈夫，总是将他的需求置于她自己的需求之上。老布什的哥哥乔纳森谈到夫妇二人的爱情时，说："她喜欢他喜欢到发狂。对乔治来说，要是有人想要对他发狂，他绝对没意见。"夫妇二人结婚后，一共搬过29次家，其中前六年有11次。有一次，当他们终于安定下来，和他们不断变大的家庭扎下根之后，喜欢到处跑的乔治·布什有一天却回到家，拍了拍她的手，对妻子说："我们要搬到得州的奥德萨。"芭芭拉心里很难过，但沉默一会儿后，她平静下来，抬头看着丈夫说："我一直想去奥德萨生活。"她知道，老布什的本性如此，他不可能在同一个地方待太久。

1988年的总统竞选期间，芭芭拉十分担心布什的顾问李·阿特沃特和罗杰·埃尔斯搞的负面竞选广告，担心这会给她丈夫带来不好的影响。当埃尔斯走进房间时，她疲惫地笑笑说："我的坏小子来了。"但是到1992年与克林顿竞选，丈夫的连任前景看起来十分黯淡时，芭芭拉却直截了当地说："我选择搞负面。"希拉里一次又一次地攻击老布什时，芭芭拉也一次又一次地把账记了下来。她永远不会忘记希拉里曾将布什执政的四年，称为"领导能力的失败"。当有迹象表明，为了报复有关比尔风流韵事的所有报道，希拉里想要揭露老布什总统曾与一名私人助理有过婚外情后，芭芭拉十分震怒，进而与希拉里展开了一场至今仍未解冻的冷战。

1992 年，在《名利场》的一篇文章中，希拉里说，她和一位富有的亚特兰大社交名流聊天时，对方跟她讲了布什与一名助理的所谓绯闻。她诡秘地说："很显然，这在华盛顿尽人皆知。"希拉里指的是珍妮弗·菲茨杰拉德，据传布什与她有过多年的性爱关系。希拉里说："我相信，部分在于建制派——无论是哪个政党——串通一气，他们会把矛头对准珍妮弗。"克林顿的竞选团队竭力让布什的所谓绯闻曝光，而布什的竞选团队则指责克林顿的竞选团队恶意栽赃。"这绝对是不择手段。"芭芭拉说。布什在日记中写道，这些指控羞辱了他和他的家人。"今天早上我和芭芭拉聊天时，她告诉我，她的朋友都听到了这些恶毒的谣言。"芭芭拉邀请时任《休斯敦纪事报》华盛顿分社社长克拉格·海因斯来西客厅做了一次深入采访。第一夫人穿着一套漂亮的淡紫色套装，端庄地坐在扶手椅上，但从海因斯走进来的那一刻，她便严肃地挑明了自己的意图。他笑着回忆道："这是她每天最关注的事。"她说，任何有关她丈夫出轨的说法都很"恶心"，很"恶毒"。芭芭拉并未提及希拉里，但当海因斯问她这是不是竞选活动的最低谷时，她回答说："不可能更低了。"

芭芭拉是家人中最记仇的一位，她永远不会原谅希拉里。2000 年，在她大儿子当选总统四个月之前，尽管时间离希拉里第一次批评她丈夫已经过去十年，但在某次采访中，芭芭拉还说，她的儿媳劳拉会和希拉里非常不一样，因为她"不会卷入外交事务或者争议中……我认为她会给这个国家带来积极的影响"。然后她又夹枪带棒地补充了一句："我不是在批评克林顿夫人，但确实是油和水的差别。我们在说的是两个不同的主体，两个完全不同的人。我觉得劳拉会为别人着想。"言下之意，不言而喻：劳拉不会像希拉里担任第一夫人时那样越轨，不会在西翼有办公室，也不会干涉总统的事。芭芭拉一直以来就把希拉里当成了政客，所以当然可以批评她。在 1992 年的竞选活动中，芭芭拉说:“克林顿州长和夫人都说过,他们会联合执政。”

老布什和比尔·克林顿之间的友谊,未能缓和他们妻子之间的关系。2004年,在前往南亚地区帮助海啸灾民时,两人成了朋友,对于克林顿来说,布什在某种程度上就像一位父亲。据白宫的一些前官员称,布什邀请比尔·克林顿去他们位于缅因州肯尼邦克港的别墅避暑时,希拉里有其他事抽不开身,并非巧合。“富兰克林和埃莉诺·罗斯福的关系,听起来很像比尔和希拉里的关系,”芭芭拉在日记中写道,“尊重彼此,但各自生活。谁知道呢?”

不过,即便是对于自己的儿媳妇劳拉,芭芭拉有时也会刁钻刻薄,让从来都镇定自若的劳拉翻白眼,或者忍着不还嘴。当布什全家聚在一起时,这两个女人会互相保持距离,但当芭芭拉提些抚养孩子的建议时,劳拉偶尔也会清楚地让她知道自己的女儿该有谁来管。珍娜·布什说她的祖母是“执法者”。在老布什就职典礼当晚,白宫的所有房间都被布什家族的成员住满了。如果孙辈来白宫时,没有带可以阅读的东西,芭芭拉就会拉着他去白宫图书馆挑一本书。她对子女们则说:“如果你们要过夜的话,自带床单!”有一次,男仆乔治·汉尼说,她的一帮孙辈在白宫举行泳池派对,芭芭拉问他:“乔治,他们在泳池那边干什么呀?”

“夫人,他们点了三明治,正在泳池边吃。”

“打住,”她说,“把东西都拿到阳光浴室去。让他们过来拿。”然后她走到楼下的室外游泳池,让他们都从水里出来,告诉他们,如果想要吃的话,就到里面去吃。

2012年,芭芭拉和劳拉到林登·约翰逊总统图书馆参加了一次会议。图书馆馆长马克·阿德格雷夫介绍她们时说道:“劳拉·布什很亲切地允许我打今晚起叫她劳拉,所以我会叫她劳拉,叫您布什夫人。”芭芭拉瞥了他一眼,说:“我当然希望如此。”观众哄堂大笑。说到底,对小布什的爱，将芭芭拉和劳拉紧密联系在一起。当劳拉在会上被问及人们对她丈夫最大的误解是什么时，她说:“应该是觉得他像个吊儿郎当的牛仔吧。”芭芭拉插嘴说:“别跟我说这个，我会很生气。”当芭芭拉被问及对她丈夫的最大误解是什么时，她回答:“没有误解，他是个圣人。”劳拉的办公厅主任阿妮塔·麦克布莱德说，大部分时候，劳拉都对她婆婆百依百顺，“她知道芭芭拉就是这样”。

有位员工跟芭芭拉说起她曾经告诉丈夫他需要减肥后，芭芭拉说:“有时想起自己说过的话，我会感到很窘迫。”但正是这种坦率，让芭芭拉赢得了白宫员工的爱戴——她经常会取笑逗弄他们。她对媒体的态度是一样的。在外国旅行时记者问她:“您会在巴林买珍珠吗？”她看着记者，说:“只要（人造珠宝设计师）肯尼思·杰伊·莱恩还活着，就不会。”

希拉里·克林顿打算再次竞选总统时，就连她的一些密友也持谨慎态度。他们不明白她为什么还想让自己再经历一遍那些事。上一次在白宫时，她曾经历过独立检察官肯尼斯·斯塔尔长达四年的调查，包括白水土地交易和白宫旅行办公室解雇多名老员工的所谓“旅行门”在内的一系列指控。当然，最大的丑闻还是 1998 年 1 月，她丈夫被爆出曾与白宫实习生莫妮卡·莱温斯基发生过婚外情这件事。在绯闻发生的 1995 年 11 月到 1997 年 3 月，男仆经常会在白宫的家庭影院里看到总统和莱温斯基。他们被看到在一起的频率非常高，以至于员工看到莱温斯基时，都会互相知会一下。西翼的工作人员称莫妮卡为“埃尔维拉”，因为她的黑发和丰满的乳沟，让人想起了电视剧中的角色“黑暗夫人”埃尔维拉。希拉里的朋友好奇，她为什么会想再次被提醒这些事？

几十年来，希拉里一直生活在一个泡泡里；她已经有近二十年没有自己开过车了，如果赢得 2016 年的选举，那她有望成为第一位在自己还没入主白宫前就已经被特工保护了整整二十四年的总统。克林顿夫妇是 20 世纪以来唯一在华盛顿之外没有住所的第一家庭。（1999 年，在离开白宫前不久，为了给希拉里竞选纽约州参议员做准备，他们以 170 万美元的价格，在纽约的查帕夸买下一座有十一个房间的荷兰殖民时代风格的住宅。在那之后不久，他们又花了 285 万美元，在华盛顿特区的使馆街附近买了一座房子。在此之前，克林顿夫妇已经 16 年没有自己的房子了。）搬到白宫时，他们把所有身家都带了过去，然后把大部分放在马里兰州的里弗代尔（距华盛顿大约 18 公里）一处有气候控制功能的存储场所；在那里，每一年在白宫中用过的家具都会被仔细地分门别类。希拉里核心圈子里的一名成员说，她决定再次竞选，有一个显然的原因：在一定程度上，为了一雪 2008 年输给奥巴马之耻。“第一次讨论希拉里的竞选时，我们曾经说过，想迫不及待地把他（奥巴马总统）赶走，把能做事的人送进去。”这位前工作人员说，奥巴马没有希拉里那种坚定的职业操守。

希拉里的忠实员工认为，人们衡量米歇尔·奥巴马和劳拉·布什的标准与衡量希拉里的不同。在政府过渡期间，劳拉·布什的办公厅主任安迪·鲍尔，曾与时任希拉里办公厅主任的梅兰妮·维维尔有过密切合作，此后也一直保持着很好的关系。“9·11”事件后不久，劳拉·布什成为第一位发表每周总统例行广播讲话的第一夫人——借此呼吁人们关注阿富汗妇女遭受的人权侵犯，利用总统的“天字第一号讲坛”来说明问题：“打击恐怖主义的斗争，也是争取妇女权利和尊严的斗争。”劳拉的广播讲话结束后，维维尔第一个打电话给鲍尔。“希拉里永远都不可能这么做。”她说，“如果她拿起总统演讲台上的麦克风发表演讲，肯定会天下大乱。可是人们没有预料到劳拉·布什会这样做。”这可能是因为这种事情，并不是她天生会倾向于去做的事，而是她丈夫的主意，她看了看声明，然后用自己的话说了一遍。她不知道会造成何种影响。

2008 年的总统大选，给克林顿和奥巴马阵营都留下了深刻而久远的创伤，而且至今都没有愈合。奥巴马的一名助理说，米歇尔希望副总统拜登能与希拉里争夺 2016 年民主党总统候选人的提名。她与拜登夫妇关系十分密切，尤其是拜登的妻子吉尔，两人曾一起合作，为军人家庭争取权益。双方阵营中的一些高级顾问，都十分鄙视他们的前对手，甚至还放出过一些故事，给对方抹黑。希拉里的好友苏西·汤普金斯·布艾尔——她曾经说，对于希拉里而言，她就是“一条急流中的漩涡”——在被问及希拉里是否后悔在白宫西翼设立办公室时，十分抗拒，反问道:“那米歇尔·奥巴马的办公室在哪里？”(米歇尔的办公室在东翼。)

为克林顿、布什或者奥巴马工作，就像在为一家大公司工作。工作人员会逐渐与他们服务的政客产生高度认同。有些助理甚至会为总统和第一夫人去卧轨，而且他们也通常要比总统和第一夫人记仇。在 2008 年新罕布什尔州初选前夕，希拉里在艾奥瓦州党团会议选举中排名第三后被问了一个问题，几乎让她哭出来:“你是怎么做到的？”问她问题的玛丽安·珀诺德说，这是一个“女人的问题”，她想知道希拉里如何做到每天早上起来后，能看起来如此镇定。希拉里顿了十秒钟，露出了她少有人能见到的一面，声音有些颤抖地说:“你知道，这个国家给了我很多机会。我不想看到我们往后退，你知道吗？”然后她补充说，“这对我来说，其实很私人，不仅仅与政治有关，不仅仅与公众有关。我看到了正在发生的事，我们必须扭转它。”在新罕布什尔州的初选获胜后，她成为赢得总统初选的第一位女性。然而，不是每个人都认为她是真情流露。劳拉·布什的办公厅主任阿妮塔·麦克布莱德回忆说，她在白宫东翼的办公室看希拉里回答珀诺德的问题时，打电话给劳拉，告诉她打开电视:“你快看看。”尽管麦克布莱德和其他工作人员目瞪口呆，认为希拉里突然的情绪外露，只不过是一种策略，但当时的第一夫人却认为这是真情实感，劳拉告诉他们："你们不明白的。"

在新罕布什尔州的初选前，希拉里曾说，马丁·路德·金需要约翰逊总统通过《民权法案》，才能开始实现他的种族平等之梦。她说："这需要一位总统才能完成。"批评人士说，她贬低了金在法律通过中起到的作用。随着越来越多的朋友，包括参议员泰德·肯尼迪在内——肯尼迪是她在参议院时的导师，也是她和丈夫崇拜备至的肯尼迪家族的一员——开始公开表达对奥巴马的支持，她也变得越来越愤怒。在奥巴马以28分的优势赢得了南卡罗来纳州初选后，克林顿总统第二天早上为妻子竞选时，说："杰西·杰克逊在1984年和1988年赢了南卡罗来纳。杰克逊竞选得很卖力。奥巴马在这里也竞选得很卖力。"把奥巴马和杰克逊相提并论，很快便遭到了该州非裔美国人的谴责，包括影响力巨大的前多数党党鞭、国会黑人核心小组的关键成员、众议员吉姆·克莱伯恩，他说这位前总统的行为很"怪异"，并在电视上恳求他"冷静一下"。

比尔·克林顿为妻子如此卖力地竞选，或许是他自己内疚的一种表现，毕竟自他们一起开始生活以来，他已经让她经历过太多太多。希拉里在阿肯色州的老朋友玛丽安·坎贝尔回忆说，克林顿夫妇还在州长官邸时，曾在小石城举办过一场"希拉里吐槽大会"的慈善活动。坎贝尔也被安排了吐槽希拉里的棘手任务，于是就拿希拉里的外表开了些玩笑："每个人都在笑，除了比尔。希拉里也捧腹大笑，因为她知道我喜欢她。"比尔上台后，瞥了一眼坎贝尔，尖锐地说："我喜欢希拉里的卷发。我喜欢她的大眼镜。我喜欢不化妆的希拉里。"比尔受不了别人取笑他妻子，就像在竞选期间受不了奥巴马批评她一样。

米歇尔第一次见到希拉里时，希拉里是她丈夫在2008年民主党总统候选人提名中的竞争对手，与劳拉·布什不同的是，她永远都不会忘记希拉里说她丈夫的那些话，尤其是她对他的竞选口号"希望"和

“改变”的嘲讽。“我也可以站在这里说：我们让大家都齐心协力，让我们团结起来。”2008年2月，希拉里在俄亥俄的一次竞选活动中充满讽刺地说，“然后天会打开，光明会降临，天上的唱诗班开始歌唱，所有人都知道自己应该做正确的事，世界完美了。”

在奥巴马夫妇看来，克林顿夫妇是一个比他们有资历的政治王朝。奥巴马的一位前助理表示：“他们的关系中，更多包含的是一种工作实用性，而非亲密的私人关系。”奥巴马夫妇自认为没有他们那么工于算计。尽管克林顿的员工强烈争辩，希拉里自己认为，每位第一夫人在做这份工作时，都要找到一种对她和她的家人最有利的角度，但她的大多数密友都认为，米歇尔·奥巴马在担任第一夫人时，做得很不够。“她放弃了很多利益。”一位克林顿的前员工悄声说道。

担任国务卿时，希拉里经常会去白宫，但克林顿夫妇和奥巴马夫妇却没有一起吃过晚餐，是有原因的。那时，曾是参议员的希拉里，在总统继任顺序中排第四。“我觉得米歇尔从来不怎么看得起克林顿夫妇。”奥巴马的一位前顾问表示，“即便在总统竞选之前，即便真正开始竞选后，我觉得奥巴马夫妇对克林顿夫妇的看法还是，他们那些年浪费了很多机会。本可以做成些大事，却一直只是小打小闹，而且很多时间也都被克林顿总统的丑闻吞噬了。”2007年，在《华盛顿邮报》的一篇报道中，米歇尔拒绝回答如果丈夫没有参加竞选，她是否会投票给希拉里。“这次我更关心的是，找到一位最适合这个时代的总统，如果是位女性，那会挺伟大的。”她说，“如果我丈夫没有竞选，我是不是自然会支持希拉里？我不知道，那样的话，我看待竞选的角度会完全不同。对我来说，我很难看到我丈夫的奇迹以外的事。”

在奥巴马入主白宫前不久，劳拉·布什的东翼助手交给了米歇尔的助理很多文件夹，里面详细记录了哪位第一夫人增加了哪些活动，以及劳拉曾参与过的不同项目。劳拉曾是“拯救美国珍宝”项目的坚定支持者——由希拉里·克林顿发起，旨在保护历史遗迹——劳拉的工作人员认定米歇尔也会觉得有义务支持这个项目，因为希拉里即将成为她丈夫内阁的一员。但米歇尔没觉得有这种义务，也没有优先考虑这个项目（此后失去了资金支持）。2015年，在做客《斯蒂芬·科贝尔深夜秀》时，科贝尔问米歇尔，如果下一任总统是女性，她会为她丈夫留建议信吗？米歇尔刚开始给了一个似乎很安全、不会引发争议的回答："我会说，追随你的激情，做你自己。"科贝尔迅速说："我觉得他会。"观众们哄堂大笑，暗示的是比尔·克林顿一直都在追随他的激情。她大笑着对科贝尔说："我想他会的。"科贝尔又迅速说："我那句话完全没有别的意思。"米歇尔说："我没有说……我坐在这儿，谁都没招惹。"她举起双手，意思是这一切都与自己无关。

近来针对拥有20亿美元的"克林顿全球计划"基金会存在腐败和混乱捐款的指控，进一步助长了敌对派系之间的仇恨。"这很符合有关克林顿夫妇的一些说法，那就是他们想要的只是成功和金钱。"奥巴马的一位前顾问，对两对夫妇之间的关系非常了解，他说，"米歇尔·奥巴马对克林顿夫妇的看法，我不想说她对他们鄙夷至极——但确实如此。"

即便如此，在必要时，奥巴马总统也会利用克林顿夫妇的人气。2010年12月10日下午，两位总统出人意料地同时出现在詹姆斯·布雷迪新闻发布厅时，你很难忽视他们身上的不同之处。一个声音在白宫的记者工作间里提前十分钟做了预告，但没有人想到前总统克林顿会出来，和奥巴马总统一起站在台上。在半个小时的问答中，这位前总统愉快地回答了记者的问题，并为奥巴马总统与国会共和党人达成的延长减税和失业福利的妥协协议进行了辩护。但克林顿可不愿意放弃这个机会。"我已经让第一夫人等了半个小时了，所以我得走了，"奥巴马对记者说，"我不想让她生气。"克林顿说："快去吧。"然后，他独自又回答了23分钟的问题。看起来，他几乎和他妻子一样想要回到白宫。

IX

Keep Calm and Carry On 保持冷静，继续前进

我的上帝，我觉得我快要吐了。

——贝蒂·福特在某次竞选演讲前如是说

高层的职位导致高度的焦虑，第一家庭面临的压力便异常庞大。白宫前男仆领班乔治·汉尼回忆说，奥巴马总统的情绪有时候很善变。“这天他会跟你聊死亡，转天他再从你身边走过时，可能什么也不会说。他头发白了就是因为这个，他想的事太多。”第一夫人也是如此，他说，她们可能在走廊里经过工作人员身边时，向他们问好，但也可能太过专注于自己的想法和个人顾虑，眼睛直直地盯着前方什么也不说。“你能看出来他们的心思在别的地方。这不怪他们，他们只是在思考罢了。”汉尼说，希拉里在为莱温斯基丑闻担忧时，尤其会特别安静。曾在肯尼迪、尼克松和福特政府工作过的格温·金回忆说，有一天，杰姬·肯尼迪从白宫慌慌张张打电话给她，因为自己弄丢了有钱人捐赠的一份 18 世纪的历史文件。金自告奋勇去帮她找，最后在会议室里的一个小文件夹里找到了。“看她一直忙不迭感谢我的那股劲儿，你会以为我是她多好的朋友呢。可第二天，我在大厅里遇到她时，她会直接视我为无物。这是杰姬·肯尼迪。”

约翰逊夫人是“总安慰长”，大多数时间都在安慰她脾气暴躁的丈夫。她是一位举止无可挑剔的南方女性，而她的丈夫却经常坐在卫生间里，开着门与助理交谈。作为一个东北人，和大多数在肯尼迪的白宫工作过的人一样，白宫的藏品总监吉姆·凯彻姆有些不习惯约翰逊的得州口音，而总统的傲慢性格和魁梧体格也让他有些不舒服。“没有人喜欢改变。”他说。

约翰逊夫人为了保护丈夫的遗产不遗余力，所以她一直都很后悔曾把一份录音谈话公之于众。在录音中，总统指示裁缝给他做裤子时，胯部的空间要多一点儿，用他的话来说就是，“在我的蛋耷拉的地方”，“再多给我放长几厘米，不然会勒得难受，就跟骑在铁丝栅栏上一样”。1960 年的竞选期间，比尔·莫耶斯曾为约翰逊的竞选提供了不少帮助，后来在约翰逊当选总统后，又担任了他的新闻秘书。在选举前令人筋疲力尽的那几个月里，他从竞选路上回来，去参加参议员会议时，经常就在约翰逊家地下室的床上过夜。莫耶斯非常想念身在得克萨斯的妻子和六个月大的儿子，而约翰逊夫人可以看出来他很想。“她经常会下两层楼，到地下室来问我有没有事。”他说，“一天晚上，参议员和我回家比平时还晚，而且他还有一些在参议院的休息室没能解决的争端，到午夜时，我仍然可以听到他在上面大呼小叫，仿佛要肃清民主党党团会议的成员。很快，我又听到了她下楼的脚步声，于是我大声喊：‘约翰逊夫人，你不用下来了，我没事的。’她听到后，也冲我喊：‘那就好，我就是想下来告诉你，我也没事。’”

约翰逊夫人经常会遭受人们对她丈夫政策的批评，因为和总统相比，第一夫人是个更容易接近的目标。1968 年 1 月 18 日，她在白宫举行午宴，邀请了一群女性来讨论如何减少犯罪。嘉宾名单上有一个是带着挑事情绪前来赴宴的著名歌手兼演员伊尔萨·基特。在老家庭餐厅举行的这场优雅午宴上，约翰逊夫人注意到，基特都没有碰她的海鲜汤或薄荷冰激凌，也没有为任何一个演讲者鼓掌。但当约翰逊夫人请观众提问时，基特却突然举起了手。她径直走向约翰逊夫人，盯着她说：“我们把这个国家的最优秀的人送去挨枪子或者受伤。他们在街上造反，他们吸大麻，他们各种嗨，他们不想去上学，是因为他们会从他们的母亲身边被抢走，到越南去送死。”约翰逊夫人也盯着她，两个人就这么“互相瞪着对方”。接着，基特的撒手锏来了，她用手指着约翰逊夫人，说：“你是一位母亲……我有孩子，然而你却送他去打仗。”第一夫人面无血色、声音颤抖地回答说：“我不敢说感同身受。我没有经历过你的生活背景，也不会像你这样激情地讲话，但我们必须将我们的目光、我们的心和我们的能量，集中在那些建设性的地方，努力做一些事情，让这片土地变得更快乐，文明程度更高。”但她不会提高嗓门儿。总招待韦斯特说，“随着周围的世界越来越愤怒”，约翰逊夫人“似乎更平静了”。

约翰逊夫人早已不再是那个曾经害羞的得克萨斯女孩了。1959年，她去了首都演讲俱乐部，开始跟随赫斯特·普罗文森学习演讲，以克服她对公开场合发表讲话的恐惧。普罗文森在华盛顿享有盛名，教着两个满员的班，而学生都是参议员和国会议员的妻子。课程每周一节，一共上九个月，约翰逊夫人报名参加，是因为“我对自己感到很恼火，我太害羞、太安静了，被人问话的时候，经常不知道说什么”。在丈夫政治生涯刚开始时，约翰逊夫人甚至连“谢谢你邀请我来吃烤肉”这种简单的话都不愿意站起来说。普罗文森告诉她其他在座的人也和她一样后，在一定程度上消除了她的恐惧。

普罗文森的学生在毕业前，必须要针对分配给她们的题目，做一个三到五分钟的演讲。话题从“美国印第安人的困境”，到“我在《国会食谱》中喜欢什么”都有。约翰逊分到了很适合她的话题：“为什么得克萨斯又叫孤星州？”这些上流社会的女人在演讲中每打一次磕巴，普罗文森就会往锡杯里丢一分钱。后来，当约翰逊夫人成为第一夫人后，每当要发表一篇特别困难的演讲时，她就会请普罗文森来白宫二楼帮助她练习。社交秘书贝丝·阿贝尔说：“我好像从来没见她紧张过，只记得看见她拿着演讲卡不停地练习。”后来，约翰逊夫人那种缓慢、甜美的南方口音，成了她演讲的标志之一，朋友和家人都说，她讲话的方式，就像诗歌一样优美。

第一夫人所面临的压力，并非都与高层的政策或演讲有关，其中一些压力更私人，更个人。纳什·卡斯特罗曾和约翰逊夫人在她标志性的道路美化项目上合作过，他回忆说，大多数时候，他会在下午5点接到她的电话，叫他去杜鲁门阳台上找她。“她喝的是掺了半杯水的红酒，因为她一直很注意自己的体重，而我则会要一杯苏格兰威士忌和一杯水，我们中间还会摆一大碗爆米花，边吃边聊各种事。”但约翰逊夫人一直都在节食，因此，在这些非正式的欢乐时光里，她一般都只会吃几粒爆米花。1964年，《时代》杂志有一期的封面故事，赞扬了她在竞选活动中的技巧，却尖刻地评价，“她的鼻子太长，嘴巴太宽，脚踝有点儿粗，而且在着装方面也不出众”，这让她非常受伤。不过，其实就连向来很清楚自己美貌的杰姬·肯尼迪，也会担心屁股太大。杰姬对体重的控制非常严格——只有54公斤——如果要是重了一两斤，她就会禁食一天，然后增加锻炼强度，并且在随后的几天里只吃水果。(杰姬还有一套认真的美容养生法，比如每天晚上梳50到100次头发，以及把护肤霜涂在睫毛上。) 约翰逊夫人对一位助理说，她真希望自己在成为第一夫人之前就把鼻子整一下，但是到她的名字家喻户晓时，她的外表已经被人品评太多，再做的话就欲盖弥彰了。她觉得，自己永远会被拿来和她的前任比。

《时代》杂志有一件事说对了，那就是，约翰逊夫人根本不在乎潮流时装。贝丝·阿贝尔说，她经常得劝说约翰逊夫人不去买那些货架上的成衣。约翰逊夫人说：“我觉得衣服没那么重要。”不过，她也有自己的限度，比如在一次国宴前，《华盛顿邮报》的当家人凯瑟琳·格雷厄姆穿的衣服和约翰逊夫人穿的一模一样，阿贝尔赶紧跑上楼去告诉第一夫人，随后，她很快就换上了一件不同的晚装。

尼克松辞职将近九个月后，一天晚上，唐·休斯将军和尼克松夫妇共进晚餐时，总统第一次了解到西贡已经沦陷，越南战争就此结束。“那天晚上，他表现出了极大的懊悔，”休斯说，“他说：‘如果我在的话，那些王八蛋永远不可能越过非军事区。’他没有哭，而是很生气，生自己的气。”休斯早就习惯了总统这种时不时就会爆发的震怒，帕特也是。在1960年的总统竞选中，休斯曾被派去保护帕特，虽然他曾参加过三场战争，却说，没有什么比那场竞选更让人筋疲力尽了。

1960年，当丈夫承诺要去50个州竞选时，已经担任了八年第二夫人的帕特，并没有退缩。看着民主党人约翰·肯尼迪领先她丈夫两个点后，她愿意做任何事。当时她差不多50岁了，却拒绝被年轻、华贵的杰姬·肯尼迪吓倒。不过，理查德·尼克松就没那么平静了。有一次，他们驾车经过艾奥瓦州时，尼克松非常用力地踢了一下他前面的座位，结果坐在前面的休斯一下子把头撞到了仪表盘上。休斯不得不离开车去冷静了一下。在第一次总统电视辩论的前两周，尼克松夫妇一共访问了25个州，都已筋疲力尽了。尼克松还发起了39℃高烧，不过帕特从未说过自己不舒服。在丈夫因失眠而疲惫不堪、大发怒火时，她依然咬紧牙关坚持着。

更糟的事她也经历过。1957年11月底，艾森豪威尔总统轻度中风后，玛米开始频繁要求帕特来替她出席活动。虽然被繁重的工作累得半死，但帕特从来都不允许自己承认这一点。虽然玛米会让她来替自己办些苦差事，就像杰姬曾经利用约翰逊夫人那样，但是艾森豪威尔夫妇却从来没有邀请尼克松夫妇去白宫参加过派对。艾森豪威尔夫妇只是在需要的时候，乐呵呵地利用他们一下。

比如在1958年春天，艾森豪威尔总统就要求尼克松夫妇去南美，进行一场为期18天的外交访问。此行的目的是庆祝阿图罗·弗朗迪西的就职典礼，他是阿根廷20年来的首位民选总统。这次旅行刚开始很顺利，但尼克松夫妇来到秘鲁首都利马的圣马科斯大学后，那里左翼示威者开始向他们扔石头。不过，出访中最惊险的一幕，发生在他们访问委内瑞拉首都加拉加斯时。尼克松夫妇抵达机场后，抗议者开始朝他们吐口水，扔水果和垃圾。开车去加拉加斯的路上，帕特和休斯以及外交部长的妻子坐在一辆车里，尼克松副总统和外交部长则坐在他们前面的那辆车里。抗议者用一辆汽车挡在路中央，数百人涌上街头，开始袭击那两辆汽车，朝它们扔石块和铁管。帕特望了望丈夫坐的车，不知道他俩是否能活下来。坐在帕特旁边的外交部长的妻子，慌了起来。帕特像抱婴儿那样把她抱在怀里，努力安慰她。“我竭力想要帮忙，但尼克松夫人不需要；最终，尼克松夫人让她冷静下来，并且不停安慰她，直到我们抵达了安全的地方。”休斯回忆说，那天是他最接近死亡的一天。一块石头击中了副总统那辆车的窗户后，碎玻璃砸到了外交部长的眼睛上，他开始流血不止，随后，示威者开始摇晃副总统的车，想把它翻过来。特工不太愿意拔枪，因为担心这会火上浇油。十多分钟后，特工用一辆媒体的车挡住了车流和人流，给尼克松的车队开出一条道后，他们才疾驰而去，逃到了美国大使馆。

第二天，媒体围着那两辆车拍个不停——尼克松坚持要让大家都看看这两辆车，以便记录下他们可怕的旅程。尼克松总统离开大使馆，去参加政府举办的午宴时，记者们还自发地鼓起了掌。向来坚忍克制的帕特，也禁不住热泪盈眶。在尼克松夫妇回国前，执政的军政府给了休斯一些手榴弹，以防万一。但是，休斯不小心把一个落在了后座上，帕特上车后，不得不小心翼翼地绕开它。坐下来后，她小心翼翼地拿起手榴弹递给他，并说：“我觉得这应该是你的。”

尼克松夫妇回国后，受到了英雄般的礼遇。艾森豪威尔夫妇以及数千名支持者、一半的国会议员和所有的内阁成员，到安德鲁斯空军基地迎接他们。多年后，已经身为第一夫人的帕特在莫斯科一家大型百货商店里时，突然被一大群苏联的安保人员包围起来，原因是美国媒体团的成员正大声吵闹着想要靠近她和东道主——苏联外交部长的妻子。苏联警方封锁了大楼周围的交通，并开始推搡那些懊恼不已的记者。当时正在一个冰激凌柜台前的帕特，注意到美联社记者索尔·佩特被一个魁梧的保安按在墙上后，便对那个保安说："他是跟我一起的，放开他。"作为一位受过几十年训练、经验丰富的政治家，帕特熟练地把佩特拉到她身边，还给他吃了一口她的香草冰激凌。后来，佩特给她写了一张字条，感谢她的出手相助。"您真是个好心人，"他写道，"还有，冰激凌也特别好吃。"

在尼克松宣布辞职的前一天，他们的女儿朱莉含着泪对她母亲说，一切都结束了。然而，在丈夫于 1974 年 8 月 8 日从椭圆形办公室发表讲话，宣布第二天中午正式辞职之前的那几个月里，帕特却一刻都未放弃过希望。朱莉来到她母亲的卧室时——仍然还是约翰逊夫人居住时的装修——看到母亲正站在门口，她说："爸爸觉得他必须辞职了。"帕特难以置信地问："可为什么啊？"在尼克松辞职三个月前，第一夫人接受过一次采访，说她的丈夫"从来没有考虑过辞职，现在也没有考虑过"。直到 7 月 31 日，她还在考虑要订购什么瓷器。（随后，她给藏品总监克莱姆·康格打电话说："我不能具体解释，克莱姆，但瓷器别买了。取消吧。"）朱莉轻轻地抱住她的母亲，担心张开双臂抱在一起的话，她俩都会开始痛哭。尼克松夫妇曾一起顶住了很多暴风雨的袭击——经历过 11 次大型竞选活动——帕特坚信，这一次他们一家人也能挺过去。1972 年，在丈夫决定升级越南北部的轰炸前，她抱了抱他，然后说："什么都不要担心。"和东翼员工开会时，她几乎每次都会在会议结束时，兴高采烈地以一句"努力向前，努力向上"作为结尾。多年之后，尼克松总统评价妻子时说："她是个会战斗到底的斗士，她是最后一个放弃的人。"在水门事件调查期间，她曾一直公开为丈夫辩护，告诉记者："真相支撑着我，我对我丈夫充满了信心。"有一次，当记者问及水门事件期间，她丈夫的心理状态怎样时，她握着拳头挥了挥胳膊，说："他身体很好，我非常爱他，也很有信心。"她的社交秘书露西·温切斯特说，帕特是一个"百折不挠的女性"。

帕特的大部分东翼员工都只有20多岁或刚刚30岁出头，比如其中的温切斯特、通信主任格温·金和负责通信及日程安排的苏珊·波特·罗斯。水门事件带来的创伤，将这些女性永远地维系到了一起，她们中的许多人至今仍然保持着联系。当时，她们甚至不敢出去吃午餐，担心在拉法叶广场上遇到抗议者，所以只能躲在白宫里吃东西。水门事件中一直拖着，悬而未决，在总统辞职前的八个月里，第一夫人的员工非常担心外界的看法，甚至还为一个雪人焦虑不已。当时，白宫要为外交官的子女举行一场派对，于是，这几个年轻女性被要求在南草坪上堆一个雪人。这些平时穿着裙子的女性裹上厚厚的衣服，用白宫园丁给她们拿来的铁锹和提来的水（为了让蓬松的雪变紧），出去堆了一个雪人。堆好之后，她们又讨论了一下，决定雪人应该背对着白宫，这样的话，人们就不会说总统的雪人是背对公众了。这些女性十分清楚第一夫人所承受的痛苦和巨大压力，所以，无论何时她们收到一条诚挚的信息或一个鼓励的电话，都会转告给她。一天，第一夫人邀请了一些员工乘坐总统游艇"红杉号"，沿着波多马克河去弗农山庄玩，终于离开地堡一样的白宫，出去放松了一下。

和其他人一样，第一夫人的员工也是在看报时，才了解水门事件。1974年8月9日，即辞职那天，尼克松把所有员工召集到东厅，与他们告别。东翼的女性发誓，她们不会哭，因为第一夫人不希望她们这样。从东翼走到大厅时，她们一直竭力控制着自己的情绪，但经过十字大厅，听到海军乐队正在里面演奏音乐剧《旋转木马》（*Carousel*）中的《你永远不会孤独前行》（You'll Never Walk Alone）时，她们再也忍不住了，走进东厅后，所有人的眼里都已噙满了泪水。格温·金回忆说，她看到第一夫人站在台子上，依然镇定自若。“我觉得我看到了一滴小眼泪，”她说，“于是我便躲到了别人身后，我实在受不了那种共情的感觉。”

直到去世之前，帕特也一直坚称无人知道水门事件的全部真相。她的办公厅主任兼新闻秘书康妮·斯图尔特非常爱这位曾经的老板，并把她这种刻意的无知，比作了一个女人假装不知道丈夫长期在外面风流。在理智上，帕特知道丈夫做错了什么，但她不想对自己承认这一点。斯图尔特说，总统并没有把全部真相告诉家人，因为他不想让家人背负他身上已经承载的那些重担。“他们不是盲人，他们可以自己看，也可以自己听。但他们不会说：‘爸爸，你为什么那么做？’”帕特坚决维护丈夫，甚至还把一些报纸上有关别的总统（包括罗斯福总统）在白宫安装了窃听装置的新闻文章剪下后保存起来。她的好友海伦娜·德朗说，帕特认为，她丈夫的那些批评者是想利用水门事件，再从他身上割下“最后一磅肉”。

帕特下楼去要打包用的箱子时，官邸的工作人员才知道这家人要离开了。就在总统宣布辞职前不久，帕特的发型师丽塔·德桑提斯给她做完头发后，还高兴地对她说“明天见”，但帕特只能满眼泪水地抱住德桑提斯。她特别讨厌白宫摄影师奥利·阿特金斯于8月7日（尼克松卸任前两天）在阳光浴室拍摄的那张著名照片，因为她说，“我们的心都碎了，但照片里我们却在微笑”。尼克松说，他可以看出妻子那天晚上很难过，因为走进阳光浴室时，他发现她的脖子又在痛了——只有在压力很大的时候才会痛。“这一次，我能看到她的脖子在抽搐，但看到我后，她还是装得若无其事，”在一次采访中，他回忆道，“她抱住我说：‘他爸，我们都为你感到骄傲。’”在尼克松宣布辞职的前一天晚上，帕特完全无法入睡。收拾家具、相册、书籍和衣服的任务，也全都落在她的肩上。

1974年8月9日，即总统辞职的当天早上，尼克松夫妇挤进电梯里，准备去东厅。到达之后，总统向工作人员发表了一篇感人的告别讲话。帕特穿着一件粉色和白色的连衣裙，因为害怕自己无法控制住悲伤的情绪，还戴了一副墨镜。尼克松的助手斯蒂夫·布尔告诉他们该站在哪里，摄像机会在哪里后，帕特伤心地插话说："迪克，你不能直播这个啊。"但之前根本没有人问过她的意见，所以现在再改变计划，已经来不及了。在东厅的演讲中，总统向帕特表示感谢，不过她的新闻秘书海伦·史密斯说，这可能是因为"他知道帕特能够承受多少——并且在此过程中依然让自己挺胸抬头——其实是有极限的"。

新上任的总统杰拉尔德和第一夫人贝蒂·福特护送尼克松夫妇从白宫出来后，在边上两排军警的注目中，四个人并排走向正在等待的直升机，而帕特和贝蒂则一直紧紧搀扶着对方的胳膊。那天最著名的一张照片，是尼克松总统站在"海军一号"的台阶上，举起双手，摆出了他标志性的象征胜利的双 V 手势，但是帕特和贝蒂在永远改变她们人生的那天互相扶持着对方的样子，也同样让人着迷。贝蒂·福特的新闻秘书希拉·拉伯·维登菲尔德说："她（贝蒂）非常喜欢她（帕特），很是替她难过，因为贝蒂认为她是个好人，却有一段艰难的婚姻。贝蒂喜欢她这个人，事实上，非常喜欢她。"在飞往加利福尼亚的飞机上，尼克松夫妇互相都没有说话，只是隔着一面隔断，各自坐在自己的客舱里。就这样，一切都结束了。芭芭拉·布什回忆说，她和丈夫参加福特的就职典礼时见证的那场过渡，太让人难受了。"我们向尼克松夫妇挥手告别后，白宫的墙上便换上了杰瑞·福特一家人的照片。我们站在直升机旁挥手告别时，他们正在里面换那些照片。"

一家人离开华盛顿后不久，帕特打电话给老朋友露西·温切斯特，说："我有个问题，我今晚想做晚饭。迪克要让我做肉糕。但我的肉糕菜谱在联邦调查局那儿，你还记得怎么做吗？"然后，两个人忍不住开始嘲笑这一切有多么荒谬。温切斯特说，联邦调查局曾一度把他们的东西都收走过，甚至包括尼克松女儿的婚纱。

1974 年 9 月 8 日，也就是理查德・尼克松宣布辞职后一个月时，福特总统“完全、彻底和绝对地”赦免了名誉扫地的前总统。福特的儿子斯蒂夫说，他母亲非常担心公众对赦免的反应，但他父亲担心的是，如果水门事件继续下去，会对国家造成长期的影响。他说，他父母明白，赦免会让他们失去一些人的支持，甚至是输掉下一场大选。贝蒂认为风险太高，曾极力劝阻丈夫不要这么做，因此，后来更是对尼克松痛恨不已，认为是他毁掉了她丈夫通过自己的努力赢得白宫的机会。赦免那天，是帕特一辈子里最难过的一天，因为这标志着她丈夫承认了自己的失败，虽然在她看来，他依然没有什么可道歉的地方。为帕特和贝蒂工作过的苏珊・波特・罗斯说，两人之间从来没打电话聊过赦免。“不，绝对没有。根本不可能发生，谁都不会那么做……现在，如果有人死了，她们可能会通电话。”

帕特・尼克松的通信主管格温・金去圣克莱门特的尼克松家小住，吃完饭后，她端着一杯马提尼，开始向尼克松夫妇讲述她曾服务过的那些总统的故事（她从艾森豪威尔政府时期开始在白宫工作）。理查德・尼克松尤其对约翰逊总统感到好奇，但讲到一半时，金突然停下来，问他:“你没在录这些吧？”房间里一下子安静下来，她自己都不敢相信自己竟然会脱口说出这种话。几秒钟之后，帕特突然大笑起来。总统也笑了，并向她保证，他没有录制他们的谈话。

1984 年，帕特婉拒了为她提供的特工保护（到那时她已经受够了），因为她觉得这是一笔不必要的开支。一年后，尼克松总统也放弃了他的特工保护。帕特躲在自己的世界里，每周最多要读五本书。她还喜欢上了园艺（“我没法在白宫的花园里挖来挖去，因为那里要供公众参观”），开始强迫症似的打理他们那座位于圣克莱门特的一处悬崖上、俯瞰着太平洋的庄园，最终磨破了四副加厚的园艺手套。她知道她丈夫很喜欢玫瑰花，便在他的书房窗户外种了很多玫瑰。他们的生活或许一团糟，但她可以通过花时间打理花园，使那里变得葱郁、美丽。再多的时间也无法恢复她丈夫的尊严。帕特不情愿地同意让著名艺术家安德鲁·怀斯的姐姐亨利埃特·怀斯·赫德为她绘制了正式的白宫画像。虽然她喜欢那幅画，但她说:“画里的我看起来太悲伤了。”

有时发表演讲之前，贝蒂·福特心里会特别害怕，继而向她的助理坦白:“我的上帝，我觉得我快要吐了。”但是在1976年，当她丈夫在选举中败给吉米·卡特后，因为喉炎没法讲话时，是贝蒂代他宣读了败选演讲，而且她干得很是优雅。

入主白宫后，贝蒂日渐变得勇敢起来。一天晚上，在纽约希尔顿酒店举行的一个正式晚宴上，她正要从犹太国家基金会主席拉比莫里斯·赛奇手中接过送给她的一本《圣经》时，赛奇突然在台上晕倒了。贝蒂说，当时现场一片混乱，很多人跑过去帮助赛奇，看到每个人都围上来之后，她只好让到一边，回到自己座位上。但坐下来后，她感到很不安。“我觉得总得有人做点儿什么，”她在回忆录中写道，“我真的相信，如果我能到台上去祈祷祈祷，让所有的人都和我一起祈祷，那我们也许能救赛奇博士的命。”在3200名观众中的那些医生和他的特工忙着救治这位59岁的领袖时，第一夫人拿起了麦克风。“我们必须以自己的方式祈祷，”她看着正在吸氧的赛奇，声音颤抖着说，“会发生什么，一切都要看上帝了。我们都应该有信心。”她请求在场的人都低下头，和她一起祈祷。“亲爱的天父，”她领着目瞪口呆的观众念道，“我们祈求您赐福于这个伟大的人。我们知道您会关怀他。”

人们站起来为她鼓掌后，她示意他们坐下来，然后说，鉴于赛奇的安危未定，活动现在暂时中止。但是送到医院后不久，晚上11点时，赛奇最终被宣布死亡。这个曾经讨厌公开演讲的女人，现在却能掌控宴会厅里所有人的注意力，并且一直让他们保持着冷静。目睹圣人死亡的经历，贝蒂将永生难忘，回到白宫后，还时常会想起它。

另一件让贝蒂恐惧的事是，在短短三周内，福特总统便遭遇了两次暗杀。这两起袭击都发生在加州，行凶者都是女性——而且是有史以来仅有的两个试图刺杀总统的女性。第一次是在萨克拉门托，1975年9月5日，一个名叫勒奈特·“叽叽”·弗洛姆的查尔斯·曼森的粉丝试图枪杀福特，不过她的枪没有打出子弹。17天后，在旧金山的圣弗朗西斯旅馆外，一个名叫莎拉·简·摩尔的45岁中产阶级家庭主妇开枪差点儿击中了总统。

在刺杀发生之前，贝蒂·福特曾站在杜鲁门阳台上向丈夫挥手告别，高兴地看着他走过南草坪，登上了“海军一号”去出访。他第一次遭遇暗杀后，她说:“看着他离开，我心里就会止不住地去想，这次又会发生什么？一直都会担心。”但她却对四个孩子说:“你们的爸爸有一份非常重要的工作，我们不能拿我们对他生命安全的担心去烦他。”斯蒂夫·福特说:“我们都会努力让自己装出笑的样子。”但贝蒂每天还是会非常担心。正如一位白宫助理所说的:“所有的第一夫人都生活在恐惧之中。”

特工坚持让福特总统穿防弹背心，为了搭配他的西装，还专门制作了几件。但贝蒂和孩子们从来不想知道哪套西装有配套的防弹背心——他们不愿意去想他每天要面临的威胁。福特总统对此倒是很有幽默感，在暗杀未遂之后，他回到家里，看到家人都聚在一起后，对妻子说:“贝蒂，那些女人的枪法太差了。”对于那个时刻来说，这句话说得很完美，每个人先是哈哈大笑，接着脸上又再次挂起了微笑。

杰拉尔德·贝恩是1961年至1965年的白宫特勤局负责人，肯尼迪遇刺就是在他任职期间发生的。他说，唯一能真正保护总统及其家人的方法是实行独裁统治，第一家庭离开白宫时，所有人都不能上街。“但在这个国家，哈，总统想要出去，他想去见人民，而人民也想见他。”

即使离开白宫后，安全威胁也会像一片永不散去的乌云一样笼罩在第一家庭的头上。卸任前，约翰逊夫妇去拜访了艾森豪威尔夫妇，玛米告诉约翰逊夫人，有很多游客来他们家位于宾夕法尼亚葛底斯堡的农场参观，非常讨厌。有人偷了一个牌子，虽然他们的围栏加装了铁丝网，但——“显然是个神经病”，玛米说——还是跑进了他们的院子里。“你的家到时候也会这样。”玛米这样告诉她，但是约翰逊一家还有不到六个月就要离开相对舒适和安全的白宫了，这对他们来说，绝不是一个让人安心的想法。

南希·里根的外表会给人一种强硬的感觉。白宫的工作人员说，当为里根夫妇服务时，感觉就像是侍候国王和王后，而非总统和第一夫人。南希想要什么东西的话，几乎只会和总招待莱克斯·斯卡尔顿说——斯卡尔顿就相当于白宫的总经理，后来，南希还为她的爱犬查理士王小猎犬取名为莱克斯。乔治·汉尼是在私人居住区工作的六名男仆之一，他回忆说，为南希·里根服务是件很让人伤脑筋的事。一个人吃饭的时候，要是换成别的第一夫人，可能有餐巾纸就够了，但南希仍然坚持要用真正的餐巾。汉尼笑着说：“如果你有个银制托盘，我不管你是昨天还是一小时前擦过，你要端到南希·里根面前的话，一定要再擦一次。什么都逃不过她的眼睛。”他第一次到二楼工作时，其他的男仆告诉他：“乔治，那个女人很难缠。你一定搞不定她。”他回答说：“没问题的，给我几个月时间，我一定能让她心服口服。”他说，他最终能赢得南希的尊重，是因为她怎么要求，他就怎么做。“没多久，她走在白宫二楼上时，叫的就是我的名字了。”他和同事开玩笑说，“我就说过我可以搞定她的。”

每位第一夫人在白宫时，都会面临巨大的压力，1987 年，南希就曾在公众的目光中，遭遇了一连串会让大多数人崩溃的事。10 月 5 日，在做例行的乳房X光检查时，医生发现了一处可疑的病变，10月17日，她切除了左乳房。十天之后，她心爱的母亲伊迪丝·卢凯特·戴维斯去世。但是，她没法让自己去想手术带来的身体上的痛苦和母亲去世带来的情感上的痛苦，因为再过不到两个月，苏联领导人米哈伊尔·戈尔巴乔夫就将对美国进行历史性访问，她必须为他的到来组织国宴。这次访问的结果是，美苏签署了冷战中最重要的军控协定之一。而经历了这一切的南希，一直都镇定自若。

第一个得知南希母亲去世的人，是里根总统的助理凯瑟琳·奥斯本，在把消息告诉总统前——当时里根正在椭圆形办公室接受电视采访——她让人把所有打给南希的电话都拦了下来。“我怕别人会告诉她，以我对他的了解，我知道他会想亲自告诉她。”总统去告诉妻子消息时，奥斯本让他的医生也陪着他上了楼。第二天，南希飞到了她母亲居住的亚利桑那州，在简·厄肯贝克等几名助理的帮助下，整理了她母亲的遗物。当时，她刚刚做完乳房切除手术，身体还在恢复中。奥斯本回忆说，在飞机上时，她一边问南希希望买什么样的骨灰缸，一边心想：我的天，她十天前才刚刚做了乳房切除手术，现在却在飞机上，准备去亚利桑那州安葬她母亲。

但南希曾经历过比这更艰难的时期。1981年3月30日下午2点25分，她丈夫刚刚担任总统69天时，小约翰·辛克利拿着一支左轮手枪，朝正在华盛顿希尔顿酒店发表演讲的里根总统开了六枪（由于刺杀事件的关系，后来华盛顿人开始把希尔顿称为“辛克利希尔顿”）。南希得知枪击事件时，正在和总招待斯卡尔顿、室内装潢师泰德·格瑞博商量阳光浴室的油漆颜色。油漆工克里特斯·克拉克回忆说，当时，第一夫人的特工负责人乔治·奥普法走进来，示意南希来一下。“随后，他们就离开了。我还在那里调油漆颜色，来搭配里面的布料。”第一夫人被告知，有几个人受伤了，但她的丈夫没有被击中，所以她没有必要去医院。“乔治，”她说，“我要去医院。如果你不给我找辆车，那我就走着去。”白宫的一辆豪华轿车在南门廊接上她，把她送往医院。到了医院外面，各路记者和好奇的旁观者已经把街道挤得水泄不通。第一夫人威胁说要下车，跑向那座灰色的煤渣砖大楼的紧急入口，但奥普法恳求她再等一等。最后，路况好些后，她一下车便跑了进去。总统办公厅副主任迈克·迪福在门口迎上来，告诉她：“他中了一枪。”

“他们告诉我他没有中枪啊！”她震惊地说。

“确实中了。但他们说不严重。”

“哪儿？打在哪儿了？”她要求迪福回答，但他也不知道。她想去见她丈夫，迪福说现在还不能。

“他们了解我们俩的情况。他必须知道我在这里才行！”她恳求道。他告诉她，里根的新闻秘书詹姆斯·布雷迪头部中了一枪，一名特工和华盛顿特区的一名警察也分别中了枪。迪福把她带到一间办公室，她在里面一直不断地重复这几句话：他们正在尽力救治，别挡他们的路；让医生做他们的工作。她那位做外科医生的继父，已经把这些灌输在她的脑海里。她竭力不让自己去想十多年前，她正开车行驶在洛杉矶的一条高速公路上时，听到肯尼迪遇刺的情景，但她的丈夫在医院的那些日子里，她还会一次又一次想起达拉斯。

护士定时向她报告最新情况，但一次比一次更令人不安。她被两次告知摸不到他的脉搏，接着又被告知总统的左肺塌陷了。最后，当她获准去看他时，她看到的情景让她心碎不已：丈夫崭新的蓝细条纹西装被扔在房间的角落里，苍白的身体周围都是绷带和鲜血。2011年，在为公共广播公司制作的一部纪录片接受采访时，南希含着眼泪回忆了那天的情景：“我从来没见过一个人那么惨白……我差点儿就失去他了。”总统当时正通过氧气罩呼吸，但看到她进来后，他摘下面具，翕动着上面的血已经干掉的嘴唇，低声说：“亲爱的，我忘了躲了。”

儿子罗恩赶到乔治·华盛顿大学医院后，见到了他母亲，但他立即想到的是，这个政治强人，在那一刻看起来是那样渺小、孤独。虽然周围有很多的顾问、医生和警察在走动，但在枪击事件发生后那可怕的几个小时里，她却是独自一人。他说："在那样的时刻，你的丈夫生死未卜，你身为妻子，是很孤独的。"他回忆说，他母亲切除乳房后，他看着他父亲时，想到的是同样的感受。"在这一点上，你不是一个公众人物，你不是总统，也不是第一夫人，你只是配偶。"南希告诉罗恩，她当时特别害怕。罗恩说："我知道，妈妈，但坚持住。"丈夫被推进手术室后，她一直坐在等候室，看着错误的报道从电视屏幕上闪过，比如一份关于新闻秘书布雷迪已经去世的公告。但看电视，就算看到的是她明知不属实的头条新闻，也给她提供了一点安慰和正常感。她走到医院的小教堂后，第一次见到了布雷迪的妻子莎拉。"他们都很坚强，"莎拉说，"会挺过来的。"然后，这两位丈夫正在死亡线上徘徊的两个女人拉着手，一起做了祷告。

第二天早上，里根夫妇的女儿帕蒂见到她母亲时，发现她正坐在床上吃早餐，但显然没有胃口，而且前一晚也没睡好。南希本想在医院过夜，但儿子劝她不要——因为这会传递出错误的信息，让公众以为情况很糟糕。帕蒂亲了亲妈妈的脸，然后在床边坐下。"他有好几次差点儿死掉，"南希声音沙哑地说，"他们给他输了很多的血。离他的心脏只有两三厘米——子弹就是这么近。然后，当他们把管子插到他喉咙里——太吓人了——他都吓坏了。"但最害怕的人还是南希；她深爱着这个男人，无法想象没有他的生活。回到白宫后，她走到他的衣橱里，拿了一件他的衬衫当睡衣穿。"我就想有他的一样东西在我身边。"她告诉女儿，虽然她以前和女儿闹得很僵，但女儿现在却与她一起恐惧和痛苦着。"床看起来好空。"

南希每天都会去医院看望总统。她带去了小学生画的画，把它们挂在墙上，想让他高兴起来。房间很阴冷，由于对总统的生命威胁激增，就连窗帘都被钉死了。

69岁的里根，是截至当时在宣誓就职时最年长的一位总统，南希一直担心他的健康，但在暗杀未遂之后，她的担忧逐渐占据了她的大部分精力，并越来越多地参与到围绕丈夫的保护级别中。在接受哥伦比亚广播公司的一次采访时，她告诉迈克·华莱士，每次他公开露面时，她都很担心。“我觉得直到他回家后，我的心才又开始跳。”她越来越被恐惧占据，并把丈夫遇刺之后的一年称为“失去的一年”。她开始变得对丈夫过度保护，甚至坚持让他在下午回官邸来睡个午觉。如果发现他还在办公桌前工作，她会告诉他：“水平方向。我想你水平躺着。”（这成了西翼的一个内部笑话，总统的助理会模仿第一夫人说：“我想你水平躺着。”）她甚至还搬出林登·约翰逊来支撑她的观点，因为她知道约翰逊当总统时会午睡。

作为一种应对方式，南希开始向占星家琼·奎格利请教——这缓解了一些她的焦虑。她采用了奎格利的建议来安排丈夫的日程，包括“空军一号”起飞和降落的最安全时间。她指示副总参谋长迈克·迪福，根据奎格利的建议来调整总统的日程安排。她从来没有提过奎格利的名字，只是称她为“我的朋友”。奎格利的建议变得越来越重要，以至于日历后来都开始用颜色来标记了（绿色代表好日子，红色代表坏日子，黄色代表“不确定”），员工可以照着日历来安排总统的最佳出行时间。（巴拉克·奥巴马在当选后举行的首场新闻发布会上，曾被问到他是否会向前总统寻求建议，他说：“我跟所有还健在的那些前总统都聊过……不过我不想搞南希·里根那种降神会。”当天晚些时候，奥巴马打电话给南希，为这句随口说出的话向她道歉。她取笑他，然后提到了希拉里·克林顿与埃莉诺·罗斯福的关系：“你把我和希拉里搞混了。”）

里根总统这次与死神擦肩而过，对妻子造成的影响似乎远远超过了对他的影响。理查德·艾伦是里根的国家安全顾问，枪击案发生后，他必须向里根总统汇报国家安全事务。艾伦告诉他五岁的女儿金伯利，总统回白宫后的第一天，他就得去向总统汇报工作。“是吗？”她问，然后就去幼儿园上学了。放学后，她拿回来一堆班上同学亲手制作的“早日康复”祝福卡片。艾伦把它们放在他的简报文件夹里，觉得总统也许会想拿几张看看。

“总统先生，我们今天有一期国家安全事务的简报。”艾伦说。

“好。”总统回答说，声音依然软弱无力。

“完了，您已经听完国家安全事务简报了。祝贺您，总统先生。”

两人都笑了起来。“等一下，等一下，那里面是什么？”里根指着那鼓鼓囊囊的简报文件夹，问道。

“总统先生，这些是阿灵顿橡树岭小学幼儿园孩子写给您的祝福卡片。”“我看看。”艾伦把文件夹递给他，总统一一看了每张卡片。艾伦说一共有25张。

“哪一张是你女儿的？”总统问。“这张。”艾伦递给他一张卡片，上面写着：“里根总统，请早日好起来！爱您的，金·艾伦。”总统先生要了一支笔，在这句话下面写道：“亲爱的金，请原谅我在你的卡片上写下我的回答，但我想让你知道，我非常感谢你的祝福和你可爱的卡片。爱你的，罗纳德·里根，1981年4月15日。”

枪击事件发生后，南希不再憎恨那些无论何时都在场的特工。“如果不是他们，我就没有丈夫了。”她说。

南希把自己封闭在白宫里，特别是在那次暗杀事件之后。1996年，看到南希在共和党全国代表大会上说起她丈夫和他的阿尔茨海默病时，助理简·厄肯贝克给她打了一个电话。这是南希第一次独自参加代表大会，她非常难过。厄肯贝克告诉她：“看到你那样哭，真是太好了，因为那才是真正的南希·里根，以前从没人见过的南希·里根。”南希回答道:“是啊，简，在白宫时，我在自己周围筑起了一道墙。那是我能存在的唯一方法。”

很少有人能看到第一夫人的脆弱一面，尤其是南希·里根。白宫门卫弗雷迪·梅菲尔德去世几十年后，南希仍然记得接到电话，听说他去世的消息时，她非常“震惊和悲伤”。演员凯瑟琳·赫本是南希的母亲以前演戏时认识的好朋友，后来，赫本选择结束了和南希的友谊，让她受到了深深的伤害。“我很忙，”赫本告诉南希，“而且，我也不知道我们该说什么。毕竟，你是坚定的共和党人，我是坚定的民主党人。”艺术家埃弗雷特·雷蒙德·金斯特勒为里根总统画肖像时，南希注意到他的工作室墙上有好几幅赫本的肖像画。她若有所思地告诉他:“她是我最年长、最亲爱的朋友。”金斯特勒提出给赫本打个电话，但是他把电话递给南希时，她把它推到了一边——对那位大明星还是有所畏惧——说:“不要，你先和她说吧。”

第一夫人在全国和世界各处跑，似乎过着光鲜亮丽的生活。但在一瞬间，他们的特工就可能告诉她们，快躲起来，赶紧逃跑。1978年，意大利总理阿尔多·莫罗遇刺后，正在意大利威尼斯旅行的罗莎琳·卡特和女儿艾米，便不得不穿上了防弹背心。罗莎琳很不开心，因为背心又笨又沉，而且看着幼小的女儿要在她那件小小的蓝风衣下穿防弹背心，也一定让她很害怕。

由于第一家庭的安全保卫工作在很大程度上都要秘密进行，所以即使是第一夫人，有时候也不知道她为什么被要求做某些事。特工会提一些奇怪的要求，比如要求夏威夷的一个宴会厅在第一夫人进门之前，把所有沉重的玻璃烟灰缸从餐桌上撤走，或者要求艾奥瓦的一个农家把家具都推到客厅的一边。罗莎琳回想起艾奥瓦那次在最后一刻重新摆家具的事时，说:“我一直都不明白为什么，而且要不是我的一个媒体先遣记者在回家的飞机上提到这件事，我还根本不知道呢。”1986年，美国轰炸利比亚的几周后，南希·里根去了马来西亚的吉隆坡，由于当时马来西亚与利比亚关系很密切，特勤局的一名官员还告诉厄肯贝克，他们会带尸体袋上飞机，以防万一。厄肯贝克说：“我真希望我当时腿断了，或者有什么能让我不用去出访。”轰炸过后，大批愤怒的利比亚人曾走上街头高喊：“打倒美国！美国人都去死！”但是，老爱忧虑的南希，还是勇敢地去了马来西亚，继续在全球范围内推动她的“坚决说不”反毒品运动。

安全问题是一个没完没了的关切点，而且早在入主白宫之前就已经开始了。获得党内提名后——有时还会更早——主要的候选人和他们的配偶，便会被安排特工保护。这是自1968年罗伯特·肯尼迪在加州竞选时被暗杀后开始建立的惯例。

特工会告诉候选人及其家人，他们和人握手时，应该轻轻碰一下即可，不要用力握，以防有人抓住他们的手，把他们拉下台，拉到人群中。如果有人递给他们一份礼物或一张字条，他们必须马上把它交给助理。入主白宫，他们唯一没有特工保护的时候，是他们在二楼、三楼时。当他们离开这两层楼，从电梯走出来，就会有一名特工来“接他们”，护送他们到办公室去。如果是在戴维营，特工则会尽量在不打扰他们的情况下警戒。有一次，罗莎琳·卡特和她母亲一起在戴维营满是落叶的美丽土地上安静地散步。

“这个周末还有谁在这儿？”她母亲问。

“没有人。”她说。

她母亲顿了很久，然后睁大眼睛看着她说：“我知道还有人在这儿，因为有人在跟踪我们。”她听到树叶在身后沙沙作响。那是罗莎琳的特工。

“别回头看就行了，妈妈，你会慢慢忘记他们也在这里的！”她丈夫抱怨总统车队的车有四十多辆时，罗莎琳也是这么和他说的。

达里尔·威尔斯是芝加哥市中心的范克里夫美发沙龙的合伙人，米歇尔·奥巴马从高中毕业后就一直在他那里做头发。他回忆说，她丈夫赢得艾奥瓦州党团会议后，她第一次来沙龙时，特工先她一个小时来到沙龙，检查场地，寻找出口。“最近的消防局在哪儿？”他们问。“问这个做什么？”“以防炸弹爆炸。”他们告诉他。虽然米歇尔不喜欢一直被特工跟着，但不请自来的客人混入他们夫妇举办的第一场国宴后，让她异常愤怒，也明白了为什么他们需要特工的保护。前奥巴马顾问阿妮塔·邓恩回忆说，闯入事件发生后，米歇尔曾质问：“这是怎么发生的？我和女儿们住在这里啊。”米歇尔以前常常偷偷溜出白宫，但自从 2011 年和 2014 年发生了一系列安全失察事件后，她就不再冒险跑出去了。一位不愿透露姓名的奥巴马政府官员说：“我不会说她经常偷偷溜出去，但你不需要经常溜出去，也可以让你的头脑保持清醒。”当被问及她会去哪里的时候，这位工作人员说他不能说，因为这会限制她的自由。他不想让她更加觉得自己像个囚犯。

2011 年，一名白宫女佣第一个注意到了破损的窗户和掉落在杜鲁门阳台上的白水泥块。由于她的发现，特勤局调查并认识到，几天前，有人朝官邸至少开了七枪。（特工处知道发生了枪击，不过却错误地认为只是敌对帮派发生交火，目标并非白宫。）枪击事件发生时，米歇尔的母亲玛丽安和奥巴马的小女儿萨莎正在官邸中。总统的高级助理决定先告诉总统，然后让他再转告妻子。但当时总统正在外地，第一夫人在家，所以她不高兴被蒙在鼓里。从招待雷金纳德·迪克逊那儿听到这个消息后（迪克逊以为她已经知道了），可以想象，她有多愤怒。她把当时的特勤局局长马克·苏利文叫去白宫，来讨论这次巨大的安全失察时，声音非常大，以至于在走廊里都能听到。2014 年 9 月 19 日，又发生了一件更令人难以置信的事故：一名持刀男子翻过白宫的护栏，跑过北草坪，躲闪过几名特勤局人员，进入白宫里面，然后又经过通往二楼的楼梯，跑进了东厅。最终，闯入者在绿厅门口被一名已经下班的特工制伏。这让第一夫人感到后怕，如果这个人要是更熟悉白宫布局的话，很可能不会去东厅，而是直接跑上楼梯，来到二楼的家庭居住区。

丈夫一开始讨论竞选总统时，家人的安全是米歇尔最担心的事之一。2007 年，《60 分钟》的记者斯蒂夫·克罗夫特问米歇尔，她是否担心丈夫会被“一个持枪的疯子”打死。“我不会为此失眠，”她说，“因为现实是，巴拉克是一名黑人，他去加油站都有可能遭到枪击……你不能凭着恐惧和有可能发生什么来做决定。我们从小接受的教育就不是这样的。”

她的家人已经逐渐习惯了无时无刻不存在的特工，以至于他们的女儿萨莎和玛莉亚都管特工叫“秘密人”。前白宫新闻发言人比尔·伯顿说，总统的安全是第一夫人最担心的事。“我第一次和总统一起坐直升机时，朝窗外看了看，发现旁边还有两架诱饵直升机和我们一起飞。”起初，伯顿还惊叹于坐在直升机编队里的感觉太棒了。“但我随即意识到，还有其他直升机，是因为有人想杀死坐在你旁边的人。所以想象一下，那个人要是你丈夫的话，你会是什么感觉吧。”他说，每次与总统在全国各地旅行时，这个想法都会冒出来。“你可以看出来，他也知道自己随时可能有生命危险，但他已经接受了这一点，而且不允许自己受到影响……他的命运，在一定程度上，并不掌握在他手中，但对他来说，这不是什么可怕的事，只是他的生活现实罢了。”

对于总统和第一夫人来说，即使是一顿简单的露天晚餐，也不可能简单。曾为总统和第一夫人服务过几百次的前男仆领班乔治·汉尼说：“总统在杜鲁门阳台上时，我们会在柱子后面为他服务，这样就没有人能看到他了。第一夫人也一样。他们在一起的时候，要各自坐在两头。”如果在南草坪尽头的大门附近人太多，男仆会请总统和第一夫人到里面吃饭。白宫一直都很暴露。罗伯特·肯尼迪遇刺后，约翰逊夫人和女儿琳达傍晚时坐在杜鲁门阳台外，想在这个让人痛苦地回想起五年前杰克·肯尼迪遇刺的日子里，呼吸一点儿新鲜空气。突然间，约翰逊夫人意识到，人们从附近华盛顿饭店的楼顶和餐饮露台上，完全可以看到她们。她在日记中写道："倒不是说我自己什么时候害怕过。对我，甚至对林登来说，这样的感觉都很陌生。但或许，肯尼迪家族的人当时也没有感觉到。"

三名前官邸员工——电工长比尔·克莱伯、男仆领班乔治·汉尼和招待沃辛顿·怀特表示，他们对奥巴马一家的安全深感担忧。他们说，为了省钱，白宫开始越来越依赖那些兼职员工，也就是所谓的"协议服务"人员（service by agreement），简称"SBA"。他们说，这些员工不像全职员工那样，曾经过漫长且全面的安全审查。调查全职员工的背景，可能会耗时达六个月，其中包括特工亲自走访他们的家庭，与他们的朋友和家人，甚至是牧师面谈，以确保他们永远不会意图伤害第一家庭。此外，特工还希望能确保这些潜在的雇员没有涉毒或者卷入过其他任何可能让他们成为敲诈目标的事。但对于协议服务人员来说，根据前员工的说法，审查可能只需要几周的时间。

这些前官邸员工说，越来越多的合同工和总统及第一夫人同处一室，或者可以在全职工作员工做饭时出现在厨房里，让他们担心得睡不着觉。怀特说，协议员工穿上燕尾服后，看起来和其他员工一样，所以特工完全不知道谁是全职，谁只是在那天晚上帮忙。他说，像维修工、电工这样的全职员工，以及其他在国宴这类大型活动中自愿来帮忙的员工，倒是可以留意那些协议员工，但问题是，在这类活动中，现在根本没有足够的全职员工。克莱伯说，让全职员工警觉的是，那些协议员工经常会询问一些有关总统和第一夫人的私人问题。有一个厨房的洗碗工被发现贩卖毒品后，就被辞退了。克莱伯说："如果你在生活里干过什么坏事，那别人就可以利用你来干别的事。”从布什政府末期开始，被雇用的协议员工越来越多，根据怀特和汉尼的说法，在奥巴马政府期间，在国宴上服务的协议员工人数几乎已经超过了全职员工。

第一家庭的成员，一般喜欢身边都是他们已经认识的人，部分是为了方便，部分也是因为这会让他们感到安全，他们很喜欢和在家庭居住区工作的男仆闲聊。第一家庭希望出现在二楼、三楼的人尽可能地少，每天在那儿工作的男仆和女佣都是熟脸的话，总统和第一夫人也会安心些。“但现在里面到处都是 SBA，”汉尼说，“这很危险。”

在人们看来，身为第一夫人，这些女性就应该勇敢，无论是身体上还是情感上。她们经常去慰问受伤的退伍军人、那些被杀害的孩子的父母和那些父母在工作中殉职的孩子——而且还不能情感外露。罗莎琳·卡特回忆说，第一次去一家医院看完那些有智力障碍的儿童时，她止不住地流眼泪。医院院长把她拉到一边，关上门，温和地对她说：“卡特夫人，我今天早上观察了一下您，有件事我不得不说。大多数有智力障碍的人其实很幸福。他们并不知道他们应该难过。如果你想要帮忙的话，就必须接受这一点，不能再流眼泪了。”第一夫人必须拿捏好尺度：既要展示自己的人性，但又不能显得软弱。对于正在竞选下一届美国总统的希拉里·克林顿来说，情况更是如此。在希拉里担任第一夫人和国务卿时曾为她工作多年的高级演讲撰稿人丽莎·马斯卡廷说，登上全国舞台要面对诸多现实，但无论你是男人还是女人，有一个现实很简单：“你必须能控制你的情绪。”

马斯卡廷回忆说，陪同当时还是第一夫人的希拉里访问罗马尼亚时，她们去看望了一些患了可怕疾病的孩子。“我们走到外面的小操场上之后，我记得我们所有的员工，大概三四个人吧，都到角落里哭去了。那简直是你这辈子见过的最可怕的事之一。”坐到车上后，马斯卡廷问希拉里——她不想让人看到自己流泪，所以戴了墨镜——“你这么冷静是怎么做到的？”希拉里回答说：“我就一遍遍地提醒自己，对于这些孩子来说，生活本来就很糟糕了，我不能哭，为他们的境况伤心流泪，只会让情况变得更悲惨。我一定不能把事情搞得更糟。我就这么一直告诉自己，让自己冷静下来。”希拉里担任第一夫人时的新闻秘书尼尔·拉提莫回忆说，访问孟加拉国时，希拉里、她的办公厅主任梅兰妮·维维尔和随行的一群记者，参观了一家专门为疟疾患者提供治疗的医院。很多病人病得非常厉害，所以只能睡在橡胶床上，以方便为他们清理，而在他们的床上，还放着垃圾桶，以防他们呕吐。“其间，我环顾四周，发现只剩下了我、梅兰妮和克林顿夫人。”记者们都出去了，因为里面难闻的气味和大量的重症病人，让他们有些不知所措。“但她没有退缩。”

小布什总统和第一夫人劳拉·布什会定期前往沃尔特·里德国家军事医疗中心，看望在伊拉克和阿富汗受伤的士兵。他们不会带媒体去，但通常会有一名员工陪同。副新闻秘书托尼·弗拉托说：“我一次都不想错过；尽管去了之后会觉得难受、伤心，但你会觉得你想和他们在一起。”他说，这些士兵给了总统和第一夫人力量，所以即便某个军人或军属会当面批评总统，他也总是期待去那里访问。“他们有权向总统表达自己的意见。但神奇的是，一些士兵总会让他开心起来，鼓励说他是个很棒的最高统帅。”布什的新闻秘书达娜·佩里诺说，这样的互动非常感人。某次访问中，总统遇到了一个士兵的父母，他们的儿子已经快不行了，那位母亲冲他大吼大叫，质问他为什么她儿子要死了，而布什的孩子们却安然无恙。“她丈夫试着让她冷静下来，但我注意到总统并不着急离开。”佩里诺在回忆录中写道，“他先是安慰了几句，然后就站在那里，默默地忍受着这一切。就好像他已经预料到会这样，而且需要听到他们的痛苦一样。”坐直升机返回白宫的路上，一滴泪从总统的脸上滑了下来。不过，在这些让人撕心裂肺的访问中，劳拉却表现得十分严肃和坚忍。对于这种角色的转换，一名助理指出：

“他很容易在公共场合激动，她则更克制。她从来都不习惯在公开场合表露自己的情绪。”但她心烦意乱时，官邸员工和她身边的人都能看出来：她会默默地摆弄背后衣服上的褶皱。

奥巴马总统每天起床后会抽一支烟，每晚睡觉前还会抽一支，到他第一个任期结束时，才终于戒烟。一名官邸员工会带他到白宫的屋顶——上面有狙击手和一个小温室——因为他的吸烟工具都在那里放着。这个小包裹是由他的贴身男仆准备的，里面有两盒香烟、两包火柴，还有几个打火机。奥巴马经常会对他的烟瘾大加自嘲，但相比于他广为人知的抽烟习惯，劳拉·布什对抽烟的渴望就没多少人知道了。为了缓解担任第一夫人的压力，她几乎每晚都会到二楼大楼梯对面的条约厅去，坐在这间舒适的办公室里和丈夫在维多利亚风格的大吊灯下抽烟。晚饭后，劳拉抽的是香烟，布什总统则是雪茄（一名官邸员工甚至还找人在得克萨斯专门制作了一个雪茄的保湿贮藏箱，装到了布什总统二楼浴室旁边的壁橱里）。条约室的门要是关着，所有工作人员都知道，这意味着他们很可能正在里面吸烟。布什夫妇会打开装有防弹玻璃的窗户，再打开电扇，然后坐在沙发上抽。有时候，员工需要让总统看什么“仅供过目”的机密文件，但门却关着时，情况就会有些尴尬。“我的眼睛会一直盯着地板，”一名员工说，“我不能告诉你他们到底在做什么，但屋里总是烟雾缭绕。”

官邸员工非常担心窗户一直开着，以及总统和第一夫人离开办公室时，有时会忘记关窗户的情况，所以专门向特工处提了一下这件事。后来，特工每天晚上都会安排检查窗户的程序。他们会一直等到布什夫妇上床睡觉后，然后派一名招待或者特工小心翼翼地把窗户关上。到卸任之前时，布什夫妇已经开始少抽烟，还试着彻底戒烟，因为第一夫妇不想把这个坏习惯带回得州。

Epilogue: Ladies, First 尾声——夫人，第一

没有日程的束缚——哪怕就几天——也确实棒极了——你不觉得吗？

——约翰逊夫人在 1987 年 7 月 31 日写给

贝蒂·福特的私人信件中如是说

第一夫人属于世界上最小也最精英的姐妹会。她们一面要生活在白宫这个鱼缸里，一面要成为美国女性的象征。在幕后，她们面对着巨大的压力，表现出了令人难以置信的勇气和决心。她们中的大多数都曾为丈夫卖力竞选——芭芭拉·布什曾经一个月有 27 天都在参加竞选活动，走访了 16 个州的 37 个城市（当时她丈夫是里根总统的竞选伙伴）。1977 年离开白宫时，贝蒂·福特十分难过。她终于找到了自己的声音，但只过了两年半时间，她便被迫把这一切又留在了身后。玛米·艾森豪威尔是明白贝蒂正在经历什么的少数几个女性之一。福特总统输掉选举后，玛米写信给她说："你的朋友们无法用语言表达，但你总可以说'上帝，我已经尽力了'，阿门。"约翰逊夫人回到得克萨斯后，只看到堆积如山的行李，却再也看不到规模庞大的白宫工作人员时，叹了口气，说："马车又变回了南瓜，所有的老鼠也跑掉了。"

离开白宫对杰姬·肯尼迪来说尤为艰难，在余生中，她都一直为丈夫的可怕谋杀而痛苦挣扎。1968 年，在肯尼迪遇刺五年后，杰姬与亿万富翁、希腊航运业巨头亚里士多德·奥纳西斯在他的私人岛屿蝎子岛举行了一场小型的结婚仪式。他们的婚姻受到了媒体的攻击，头条上叫嚣着："杰姬，你怎么可以这样？"以及："杰克·肯尼迪今天第二次死去了。"1963 年时曾和杰奎琳一起坐在车队里，并且目睹她忍受了太多的心痛的约翰逊夫人，则更有同情心。在日记中，约翰逊夫人写道:“想起了参加鲍比·肯尼迪的葬礼时她（杰姬）的眼神，我觉得，这样完全与过去决裂，对她也许有好处。”奥纳西斯给杰姬提供了一种避开公共生活的机会，以及隐私感和安全感（在他们的私人婚礼上，奥纳西斯安排了自己的快艇和保安)。不过，两人的婚姻生活并不幸福，他在1975年去世时，杰姬也不在他身边。奥纳西斯去世后，杰姬回到纽约，先是在维京出版社，后在双日出版社做图书编辑，并且与钻石经销商、金融家莫里斯·坦普斯曼开始了一段漫长的恋爱关系。1982年，坦普斯曼搬进了她位于第五大道上、共有十五个房间的公寓。(他们俩一直没有结婚，因为坦普斯曼只是和他妻子分居了，但因为她信仰正统犹太教，因此无法和他离婚。）1994年，杰姬因癌症去世，享年64岁。直到去世前不久，她还每周要在纽约那间堆满了书的办公室工作三天。

同样，对帕特·尼克松来说，离开白宫后的那些岁月有时也过得很不容易。她一直都想远离公众生活，安安静静和家人在一起，但一直被水门事件和丈夫被迫离开华盛顿的耻辱所困扰。在自我放逐中，帕特的大部分时间都花在了着了魔似的打理太平洋宫的花园上——太平洋宫是他们一家位于加利福尼亚圣克莱蒙特的西班牙风格庄园，占地近1.2万平方米——就连最艰难的工作也是自己做，比如爬到屋顶上清理棕榈树叶——反正只要能避开记者和公众的目光就行。1980年，在加利福尼亚生活了五年半之后，为了离女儿们更近，尼克松夫妇搬到了纽约市。不久之后，他们在新泽西北部的马鞍河购置了一所房子，在那里，尼克松撰写了回忆录，享受着天伦之乐。1991年，帕特的身体状况越来越不好之后，他们搬到了帕克里奇附近一个封闭式住宅小区中的一所带电梯的房子里。1993年，帕特死于肺癌，享年81岁。在帕特的葬礼上，尼克松用手帕捂着脸失声痛哭。尼克松最小的弟弟埃德回忆说，帕特的死，让尼克松很难接受。“我以前从来没见过迪克这么痛苦，他真的不知所措了。”埃德说，草坪上的仪式结束后，他回到里面，走到正前方，像个啦啦队员那样，对那些还没有离开的人说：“我们现在得向前看了，但我们永远不会忘记这位女士，以及她对我们所有人的意义。”十个月后，尼克松去世。

经历了在白宫那些光鲜迷人的岁月后，南希·里根的生活惊人的艰难。她用自己对丈夫那深切而持久的爱，在丈夫患病期间一直照顾他，陪他度过了一段漫长而令人心碎的告别。2002 年，福特夫妇给里根夫妇写了一封信，祝贺他们结婚 50 周年。“南希，我想不出还有谁能如此完全地践行了圣保罗的教诲：‘凡事包容。凡事相信。凡事盼望。凡事忍耐。’”

但有时候，离开白宫就像是坐了很久的牢之后被拿掉枷锁一样。没完没了的茶话会、午宴、晚宴和拍照都消失了，一些前第一夫人终于可以专心投入到她们关心的种种事业上去了。这些第一夫人的寿命长得惊人，而且通常都要比丈夫长寿：贝蒂·福特去世时已经 93 岁，罗莎琳·卡特现年 90 岁，南希·里根去世时 94 岁，芭芭拉·布什现年 92 岁。(贝丝·杜鲁门是最长寿的前第一夫人，去世时已 97 岁高龄。)

1973 年 1 月 22 日，约翰逊总统因心脏病发作去世，当时，他和约翰逊夫人已经结婚 39 年。而她又继续活了 34 年，直到 2007 年去世，终年 94 岁。退休后的约翰逊郁郁寡欢，一直焦虑、纠结于自己的遗产都被越战毁掉了，并且曾说过，在他的家族里，男人一般都活不过 65 岁。结果，他真的在 64 岁时就去世了。离开白宫后，约翰逊无视医生的嘱咐，开始吸烟和暴饮暴食。在他去世的那个寒冷的 1 月早晨，约翰逊夫人没有发现任何异样，于是决定开车去奥斯汀购物。在路上，她的车载电话接到了特工从农场打来的紧急电话，告诉她立马掉头回来。后来，她告诉一位助理：“这次我们没能成功。林登去世了。”在丈夫的葬礼上，她表情十分平静；尼克松夫妇陪同她去国会大厦的圆形大厅时——她丈夫的遗体停留在这里——她伤感地说，以前她经常会在参议院的门口等他。

经常把小瓢虫·约翰逊亲昵地称呼为 J. 夫人的前助手雪莉·詹姆斯说："约翰逊夫人过着两种人生。毫无疑问，那之后她张开了翅膀。"在为丈夫的幸福付出了近四十年后，约翰逊夫人开始关心自己的幸福，到处旅行，享受天伦之乐。约翰逊总统变化无常的情绪和他想留在得州的愿望，曾使她的生活变得很复杂，虽然她很想念他，并且也经常在私人信件中提起他，但她一直都想去好好看看这个世界，而在他去世后，她终于如愿了。约翰逊的社交秘书贝丝·阿贝尔说，她曾经开玩笑地说约翰逊夫人有一小盒子的卡片，里面装满了她想做的事情，"她后来都做了"。

在这十位第一夫人中，贝蒂·福特在白宫的时间最短，但她留下的遗产，却是其中最持久的。离开白宫后，贝蒂·福特遇到了一个曾经被视作个人的耻辱，同时也非常现代的问题，但通过公开承认自己对酒精和药物上瘾后，她让许多人摆脱了这种耻辱和偏见的束缚。她的女儿苏珊说："有时候，我觉得人们更多会想起她，而不是我父亲。"福特的摄影师和朋友戴维·肯纳里说，福特的作家代理人决定把他们 1977 年出的书捆绑在一起销售，这样就没有人会知道他们的回忆录各自赚多少钱了——因为她的书可能会卖得更多。确实，贝蒂的书《我生活的时代》(*The Times of My Life*)，要比她丈夫的卖得好。不过，在这一点上，福特总统倒是看得开——贝蒂在他生日时，甚至还送过他一件上面写着"我的书比你的卖得好"的 T 恤，而福特则承认："因为她比我有意思多了！"

1982 年 10 月 3 日，贝蒂·福特中心在艾森豪威尔医疗中心的一片精心修剪过的绿洲上建成。这座位于棕榈泉东南 17 公里处的中心，秉承的是“匿名戒酒互助会”12 步计划信条，包括伊丽莎白·泰勒和切维·蔡斯在内的名人，都曾在这儿寻求过治疗。不过，那些不出名的普通人也从这里得到了帮助，而且贝蒂·福特还和她救助过的一位女性变得非常亲密。

20 世纪 80 年代末，洛林·奥耐拉斯二十多岁时认识了贝蒂·福特。当时，奥耐拉斯是万豪酒店的一名厨师，她的雇主出面干预后，她去了贝蒂·福特中心。奥耐拉斯回忆说，她正和一群病人围成一圈，坐在中心里时，贝蒂·福特走了进来。除了洛林外，别人都站了起来。她说，她不认识这位前第一夫人，而且她当时正处于人生低谷，也不在乎这是谁:“那时的我迷失了方向，精神也崩溃了。”贝蒂立刻注意到洛林，走到她身边，然后伸出手，说:“嗨，我是贝蒂·福特。”

贝蒂也曾经有过精神崩溃的经历。1977 年，芭芭拉·沃特斯在白宫采访了福特夫妇，当时，贝蒂说话时常会慢下来，并且变得很不利索。最终，沃特斯决定，将大部分内容都减掉了。贝蒂的私人助理南希·福斯特说，第一夫人的员工曾要求沃特斯推迟采访，但他们的请求“似乎没什么用”。十年后，贝蒂告诉沃特斯，承认她自己酗酒是很困难的一件事。“对我来说，‘酒鬼’这个词的意思就是乱七八糟、酩酊大醉这些。所以我怎么可能是酒鬼？”这位前第一夫人，后来几乎每天都要去以她名字命名的中心看一看。

认识不久之后，贝蒂告诉洛林，自己正在找私人厨师，她应该再去他们家面试一下。当洛林见到福特夫妇后，感觉多年以来，她第一次渴望有一个更光明的未来。被聘用后，贝蒂告诉她，她不仅仅是一名员工，还将成为福特大家庭中的一员。洛林想，好吧，你可以这么和我客气，但我还是你的员工。然而，她很快就发现，贝蒂并没有夸大其词。洛林是有诵读困难的人，连高中都没毕业，但在此后的七年里，她几乎每个节日都是和福特一家一起度过的，而且有什么话都会告诉贝蒂。洛林说，虽然贝蒂身上有一种成熟的气质，但其实内心也很消沉沮丧。“只有我和她待在那座大房子里的时候，我当时感到很孤独，而且一直都有这种感觉，而她也给我同样的感觉，她在内心深处很孤独。”一开始时，洛林仍在挣扎着戒除她的酒瘾，在那儿工作两周后，她把贝蒂拉到一边，说:“我觉得这份工作不适合我。”但是贝蒂不想放弃，她说:“我们再等两个星期看看。”几个星期变成了几年。为福特夫妇工作时，洛林曾复发过一次酒瘾，她告诉贝蒂后，前第一夫人让她先在客厅的沙发上坐下。洛林说:“如果你愿意，可以解雇我。”“绝对不会，”贝蒂告诉她，并把手放在洛林的膝盖上，“你永远不用再一个人面对了。”

93 岁时，贝蒂·福特去世。2011 年 7 月 12 日，她的葬礼在加州棕榈沙漠举行，罗莎琳·卡特、南希·里根、希拉里·克林顿和米歇尔·奥巴马都出席了葬礼。研究美国总统的历史学家理查德·诺顿·史密斯，是为贝蒂致悼词的人之一，他回忆说，站在台子上俯视全场时，他看到罗莎琳正在哭。回忆起 1976 年总统大选中吉米·卡特击败杰拉尔德·福特后的痛苦，他说:“30 年前，谁会想到故事的结局是这样？”罗莎琳在致悼词时，亲切地回忆了她这位曾经的对手和后来建立起了亲密友谊的朋友。“她的诚实每天仍然在帮助别人。”

第二次世界大战之后，卡特夫妇是唯一回到家乡的第一夫妇。到佐治亚州的普兰斯后，罗莎琳一直致力于振兴这个工人阶层的城镇，改造了当地的旅馆，还增建了一个蝴蝶花园。不过，让卡特夫妇名声在外的，还要属他们在亚特兰大的卡特中心所做的工作，每年有 51 个星期，他们都会在这里工作（剩下的一周，他们则献给了仁人家园）。卡特中心拥有 6 亿美元的捐赠基金，负责监督世界各地的选举。该中心还资助了数百万患有各种疾病的人，通过促进人权和民主的发展，改善了八十多个国家的人民生活。罗莎琳从中心成立伊始，便积极参与其中，而且每年都会和丈夫去非洲几次。谈起参观过一个小村庄时，她的情绪激动起来。那个村庄的麦地那龙线虫病——1986年，全球共有350万人还饱受这种导致人身体虚弱的病虫侵害——在卡特中心的不懈努力下，最终被消灭了。“看着他们脸上的希望，明白一切都会好起来，那种感觉太美妙了。我不是有意要激动。”

在卡特总统于2015年8月宣布自己罹患癌症之前——切除肝脏肿块时，发现癌细胞已经扩散到了大脑——他依然还像以前那样精力充沛地在行动，有时他走得特别快，甚至都没有注意到妻子都快走不动了。在新闻发布会上宣布诊断结果后，他说：“我现在出奇地放松，比我妻子轻松多了。现在，一切都掌握在上帝的手里，我已经为任何可能发生的事情做好准备了。”2015年12月初，卡特宣布，经过积极的治疗，他的癌症已经消失。

芭芭拉·布什有很多理由为离开白宫而难过。其中一个非常私人的原因是，知道克林顿夫妇会清理掉布什夫妇在白宫游泳池旁设立的马蹄铁场地。总统和儿子马文有时每周会和官邸的员工玩两三场比赛。他们对待比赛非常认真，甚至还会进行选拔赛。“吃午饭的时候，你可以听到马蹄铁叮叮当当的响声。”芭芭拉回忆说，“那里很适合作为家来住。”当老布什总统的图书馆在得克萨斯大学的学院站落成后，工作人员还受邀在外面的场地玩了扔马蹄铁。

芭芭拉是活得最开心的前第一夫人之一。她喜欢做母亲和奶奶，有一群约翰逊夫人曾深情聊起过的“孙子辈”。但在搬出白宫后，她承认，没有了一大群女佣、男仆和厨师可用，她曾经历过一段艰难的时光。第一家庭会变得与现实极度脱节，比如里根总统曾打趣说，离开白宫后，他可能连台灯都不会开。1992年的连任竞选期间，老布什总统看到超市的扫描仪后大呼惊讶，结果被广为嘲讽。卸任后不久，老布什第一次去了山姆俱乐部，并且在那里买到了芭芭拉认为的“世界上最大罐的意大利面酱和一些意大利面”。他坐下来看晚间新闻后，前第一夫人开始做饭——很可能是多年以来第一次——却不小心把罐子碰到地上摔碎了。那天晚上，让她很感激的是，竟然发现比萨可以直接送到家门口。

芭芭拉很清楚，即便在离开白宫20年之后，自己仍然有很大的影响力。2013年，当她被问及儿子杰布是否应该竞选总统时，她说，“我们已经有够多的布什”在白宫待过了。两年后，杰布宣布参选。他的妻子哥伦巴是个很害羞的人，而且非常担心家人的安全。(2012年，安·罗姆尼也曾担心她那一大群家人的保护工作。当时，特勤处已经开始讨论如果她丈夫、共和党总统候选人米特·罗姆尼赢得选举的话，需要增加更多人手的问题。）芭芭拉·布什承认，当17岁的预科生杰布从墨西哥旅行回来后，告诉家人，他爱上了哥伦巴，一个不会说几句英语的墨西哥姑娘时，出身名门望族的布什一家都惊呆了。芭芭拉回忆说:“我不会骗你说我们当时很激动。”

2016年的总统大选之前，劳拉·布什向弟妹提了一些建议。她告诉哥伦巴，她有一个很好的故事要讲，并且鼓励她好好练习演讲，寻找些优秀、忠诚的员工。劳拉嘱咐她:“想办法把你的故事讲出来。”不过，芭芭拉却有意没有给她提意见。“她是个娇小、害羞、心肠很好的女人。我尽量不给我的媳妇提建议，这样她们才会和我的儿子们一起来看我。”但事实并非完全如此。劳拉说，芭芭拉曾经给过她一个她们的偶像约翰逊夫人从没遵守过的建议。“永远不要批评你丈夫的讲话，”芭芭拉对劳拉说，“这只会导致争吵。”

米歇尔·奥巴马很期待做一位前第一夫人的生活。她的助理说，她很可能会关注她自己关心的事业，然后通过出书和演讲来赚钱。（希拉里的回忆录《亲历历史》获得了 800 万美元的预付款。）顾问说，离开白宫后，奥巴马夫妇就会着重关注那些影响少数族裔的问题，比如枪支暴力。如果愿意的话，奥巴马夫妇可以终身享有特工的保护，而总统每年还会获得约 20 万美元的养老金。他们一家人很可能会搬到纽约，不过应该会等到萨莎在华盛顿的西德威尔友谊学校高中毕业之后。（她们的父亲任期结束时，萨莎将是一所高中二年级的学生，而姐姐玛莉亚将会上大学。）

米歇尔显然没有过希拉里那种从大门外天真地凝视白宫的感觉，她迫不及待地想冲破那些大门。克林顿夫妇非常不情愿搬出白宫，放弃总统的特权。最后一个周末时，他们在戴维营为工作人员举办了一系列通宵派对；在小布什的就职典礼前一夜，他们在白宫的电影院熬夜看《欲望小镇》一直到很晚，以至于劳拉·布什说，在她丈夫发表就职演说中，她看到克林顿总统在打瞌睡。在就职典礼当天早上，克林顿还向布什夫妇承认，他一直拖到很久才打包收拾东西，到最后，“他干脆拿着抽屉，把他们的东西直接往箱子里倒”。相比之下，布什夫妇却轻装上阵，只带了一抽屉的东西和一些照片；劳拉很期待在马里兰的储藏场所里踅摸些东西。（劳拉后来告诉卡洛琳·肯尼迪，她使用的写字台，就是她母亲曾经放在白宫办公室里的那张。）

克林顿夫妇搬出去那天，还发生了一些混乱，后来他们被批评在离开时带走了价值 19 万美元的瓷器、地毯、电视、餐具和其他礼物。最终，克林顿夫妇同意为那些礼物支付 8.8 万美元，另把价值 2.8 万美元的家具寄回了华盛顿——他们误以为这些都是送给他们的私人礼物，但其实，所有的礼物都是白宫的永久收藏品。在最后那段日子里还发生了很多公共丑闻，这只是其中之一，其他的还包括，有报道称，政治员工在白宫搞破坏，甚至撬掉了很多电脑键盘上的“W”

键。不过，克林顿夫妇并不是唯一把白宫家具带回家的人。离任五年后，小布什重新装修自己在休斯敦的办公室时，惊讶地在两个书架的背面发现了“白宫财产”的贴条。布什夫妇让一位助理开着 SUV，把家具送回了华盛顿。

前第一夫人通过与总统图书馆的合作，来将丈夫的遗产保存下去。在筹划丈夫的图书馆之前，约翰逊夫人参观了所有的总统图书馆，并承诺他的图书馆将会让其他所有图书馆都相形见绌。泰勒·阿贝尔回忆说，约翰逊总统去世很久以后，他和妻子贝丝曾去约翰逊农场住过一个星期。当时，约翰逊图书馆馆长哈里·米德尔顿决定，是时候给约翰逊夫人看一下约翰逊在追求她时给她写过的那些求爱信了——图书馆工作人员在捐赠给图书馆的文件中发现的。由于视力已经很差，约翰逊夫人没法自己读，所以米德尔顿便大声地把信读给她听。在那一周的时间里，约翰逊夫人和米德尔顿会跑到农场上一个偏僻的小图书馆里读信，每隔一段时间，阿贝尔夫妇就能听到紧闭的大门后传来约翰逊夫人的笑声。她很喜欢再次听她丈夫的情话。

没有哪个女人比南希·里根更珍视她丈夫的遗产。她的一个朋友说:“南希，你真幸运，因为罗尼把图书馆留给了你。你可以忙这个，在某种意义上，和他继续在一起。”她的朋友说得很对。南希说:“我从来没有这样想过，但好像确实是这样。我经常会去图书馆或为图书馆工作，因为那是罗尼的图书馆。我是在为罗尼工作。”她把里根图书馆变成了一个文化和政治中心。在最近的几次总统选举中，她亲自邀请了每位候选人到离洛杉矶有 45 分钟车程、位于西姆谷的图书馆。在退出公众视线之前（她的最后一次采访在 2009 年 7 月，当时她差不多 88 岁），她一共为图书馆筹集了超过 1 亿美元，招纳了一批富有的捐赠者，并且还请来了很多著名人物发表演讲，包括泰德·肯尼迪和英国前首相玛格丽特·撒切尔。在里根总统去世的周年纪念日，人们经常可以看到她静静坐在图书馆外小山坡上她丈夫的墓地旁，除了保护她的特工外，再无他人陪伴。

这些现代第一夫人的个人遗产包括：倡导健康饮食、消灭文盲、警惕毒品、历史和自然保护等重要事业，以及做丈夫最伟大的保护者和知己。有时，她们甚至可以决定谁可以成为丈夫的内阁成员，并且帮助丈夫制定政策。无论是在白宫，还是离开很久之后，她们都拥有巨大的影响力。我们希望，她们能够继续相互支持，建立深厚而长久的友谊，理解对方的快乐、挫折和悲伤。她们所经历的非凡生活，将她们绑到了一起，在目前这种极化的政治环境中，她们卓尔不群，因为她们的友谊与政党无关。

杰姬·肯尼迪曾明确表示，她对帕特·尼克松安排她和家人安宁地返回白宫参观非常感激，她写道："我一直害怕的那一天，结果却是我和孩子们一起度过的最珍贵的一天。"杰姬和帕特堪称对立政党的榜样——在1960年的总统选举中，丈夫输给肯尼迪后，帕特甚至提出过重新计票——她们的性格和兴趣截然不同，但所有这些在她们作为妻子、母亲以及最独特的第一夫人而产生的人类联系面前，都只能排第二。

致　谢　*Acknowledgments*

他们说每个伟大的男人背后都有一个伟大的女人，但也可以说，每个伟大的女人背后都有一群伟大的女人。每位第一夫人的背后，都有一大群忠诚员工的支持，而其中大部分是女性。她们中的许多人，慷慨地在这本书中分享了她们的故事。其中包括：小瓢虫·约翰逊的社交秘书贝丝·阿贝尔和行政助理雪莉·詹姆斯，贝蒂·福特的新闻秘书希拉·拉伯·维登菲尔德和私人助理南希·切顿·福斯特，为希拉里工作的丽莎·马斯卡廷、梅兰妮·维维尔、雪莉·萨格瓦，劳拉·布什的办公厅主任阿妮塔·麦克布莱德，米歇尔·奥巴马的第一任办公厅主任杰姬·诺里斯。苏珊·波特·罗斯曾惊人地为三位第一夫人工作过，她对其中每位夫人那种明确、持久的钦佩感，让我也十分感动。而另一些女性，则在帕特·尼克松的丈夫辞职前的几个月里，一直站在她身后：露西·温切斯特、康妮·斯图尔特、乔妮·斯蒂文斯和格温·金。

我之前与罗莎琳·卡特、芭芭拉·布什和劳拉·布什的对话，是决定我写这本书的原因——我想更多地了解这些女性以及她们之间的关系。我很幸运地两次采访到了罗莎琳·卡特，而这都要感谢不知疲倦的杰瑞·拉夫森。

很高兴能和我在为自己的第一本书《白宫往事》（*The Residence*）做前期调研时认识的那些官邸员工继续保持联系，他们包括：前招待沃辛顿·怀特、前行政管家克里斯汀·利默里克、前总招待斯蒂芬·罗尚、前电工长比尔·克莱伯和前男仆领班乔治·汉尼以及他的妻子雪莉。我很感激露西·约翰逊、苏珊·福特和斯蒂夫·福特，以及罗恩·里根分享他们母亲的故事。我也很感激很少接受采访的古斯塔沃·普雷迪斯同意和我讲述有关他母亲普罗维登西亚的回忆，她是杰姬·肯尼迪的密友之一。

如果没有罗斯·永恩代理公司的霍华德·永恩和盖尔·永恩，我永远不可能做到这一切。几年前我们第一次见面喝咖啡时，霍华德对我的主意很有信心，给了我一个机会。当时，我告诉他，我想写一本关于那些默默无闻的男仆、女佣、花卉师、厨师和其他让白宫每天正常运转的员工的书。从那之后，他便一直是我工作上最棒的盟友和值得信赖的朋友。特别要感谢才华横溢、亲切友善的编辑盖尔·温斯顿，以及哈珀柯林斯的迈克尔·莫里森和乔纳森·伯纳姆。罗杰·拉伯利用他的清新和缜密的编辑能力，为这本书增色不少，索菲亚·格罗普曼为手稿提供了专业级的指导意见，罗宾·比拉尔德洛用她的封面设计再次让我惊讶不已。感谢蒂娜·安德烈迪思、卡特·戴斯蒙德和贝丝·赛尔芬，他们都非常精通各自所做的事情；感谢卡尔·摩根和蒂姆·达根，在不同阶段陪我参与了这场狂野的旅程。

茱莉亚·利夫申是一位坚忍的研究员，用她自己证明了职业母亲是劳动力中最有效率的成员这一理论。我也很感激香农·希尔德布兰德，她翻阅了约翰逊总统图书馆的大量信件；感谢理查德·尼克松基金会的乔纳森·莫夫罗迪斯；感谢尼克松的前助理鲍勃·博斯托克；感谢福特总统图书馆的约翰·奥康纳和肯·哈飞里；感谢里根总统图书馆的迈克尔·平克尼；感谢雷金斯特勒、沃尔特·蒙代尔、阿妮塔·邓恩、比尔·伯顿、玛丽·安·坎贝尔和克拉格·海因斯。

我的丈夫布鲁克深深地爱着我们两个美好、幽默的孩子格拉姆和夏洛特，他是我最好的朋友。在这些方面，我对他感激不尽。我母亲瓦莱丽·安德森说她是一个不错的第一读者，但在现实中，她其实远不止如此。她是一位天才——有时也冷酷无情——的编辑，最终让这本书得以成形。我的父亲克里斯托弗·安德森是一位才华横溢的畅销书作家，他每天都为我和我的好妹妹凯利加油鼓劲。他和我母亲是真正的队友。我也很高兴能得到南希·布劳尔、米纳奎尔家族的友谊和支持。

当然，我最要感谢的还是这些第一夫人，她们是复杂、充满智慧的女性，她们之所以有趣，恰恰是因为她们身上的不完美。写这本书，让我对自己的女性朋友感到更加珍惜，也让我想到了我母亲，她为我和妹妹的牺牲，或许我们永远都不可能知道。我一直都怀疑她一点儿都不知道自己是多么令人敬佩，现在，我希望她可以知道了。

译名对照表

说明：本对照表仅收入了普通人名的译名对照，著名人物或可查询到的译名未收入。

阿拉斯泰尔·格兰维尔·福布斯	Alastair Granville Forbes
阿丽·史密斯	Allie Smith
阿丽莎·马斯特罗莫纳科	Alyssa Mastromonaco
阿伦·席克乐	Aaron Shikler
阿妮塔·邓恩	Anita Dunn
阿妮塔·麦克布莱德	Anita McBride
埃德温·梅西	Edwin Meese
埃弗雷特·雷蒙德·金斯特勒	Everett Raymond Kinstler
艾达·麦金利	Ida McKinley
艾芙琳·林肯	Evelyn Lincoln
艾米·卡特	Amy Carter
艾米丽·卡宁汉姆	Emily Cunningham
安·卡伦	Ann Cullen
安·康普顿	Ann Compton
安德烈·葛罗米柯	Andrei Gromyko
安德烈·马尔罗	Andr é Malraux

安德鲁·怀斯	Andrew Wyeth
安迪·鲍尔	Andi Ball
安娜·菲尔斯特	Anna Fierst
奥利·阿特金斯	Ollie Atkins
奥利弗·诺斯	Oliver North
芭芭拉·贾玛瑞肯	Barbara Gamarekian
邦妮·安吉路	Bonnie Angelo
鲍勃·科拉切洛	Bob Colacello
鲍勃·斯坎伦	Bob Scanlan
贝蒂·提尔森	Betty Tilson
贝琪.赖特	Betsey Wright
贝丝·阿贝尔	Bess Abell
比尔·波顿	Bill Burton
比尔·莫耶斯	Bill Moyers
比尔·普朗特	Bill Plante
比利·格雷厄姆	Billy Graham
查尔斯·“贝贝”·雷博佐	Charles “Bebe” Rebozo
查尔斯·巴特莱特	Charles Bartlett
查尔斯·费科林	Charles Ficklin
查尔斯·科尔森	Charles Colson
查尔斯·罗伯	Charles Robb
查尔斯·斯鲍丁	Charles Spalding
查理·兰赫尔	Charlie Rangel
达里尔·威尔斯	Daryl Wells
达娜·佩里诺	Dana Perino
戴维·艾森豪威尔	David Eisenhower
戴维·休姆·肯纳里	David Hume Kennerly
黛安娜·莫塞斯扬	Diana Mowsesjan

德斯蕾·罗杰斯	Desir é e Rogers
迪迪·迈尔斯	Dee Dee Myers
迪恩·拉斯科	Dean Rusk
蒂娜·陈	Tina Tchen
厄尔·沃伦	Earl Warren
弗吉尼亚·凯莉	Virginia Kelley
弗莱彻·奈贝尔	Fletcher Knebel
弗莱德里克·“弗莱迪”·梅菲尔德	Frederick “Freddie” Mayfield
弗兰克·怀特	Frank White.
弗兰克·加农	Frank Gannon
弗农·乔丹	Vernon Jordan
富兰克林·皮尔斯	Franklin Pierce
盖伊·坎贝尔	Guy Campbell
盖伊·万斯	Gay Vance
哥伦巴·布什	Columba Bush
格温·金	Gwen King
古斯塔沃·普雷迪斯	Gustavo Paredes
哈里·米德尔顿	Harry Middleton
哈丽特·莱恩	Harriet Lane
哈利·登特	Harry Dent
哈罗德·伊克斯	Harold Ickes
海伦·史密斯	Helen Smith
海伦·托马斯	Helen Thomas
海伦娜·德朗	Helene Drown
汉密尔顿·乔丹	Hamilton Jordan
赫尔曼·汤普森	Herman Thompson
赫斯特·普罗文森	Hester Provensen

黑尔·博格斯	Hale Boggs
亨利·弗朗西斯·杜邦	Henry Francis du Pont
亨利·韦克斯曼	Henry Waxman
亨利埃特·怀斯·赫德	Henriette Wyeth Hurd
H. R.“鲍勃”·豪德曼	H. R. “Bob” Haldeman
吉姆·凯彻姆	Jim Ketchum
吉姆·克莱伯恩	Jim Clyburn
简·厄肯贝克	Jane Erkenbeck
简·怀曼	Jane Wyman
简内特·特拉韦尔	Janet Travell
杰姬·诺里斯	Jackie Norris
杰奎琳·赫什	Jacqueline Hirsh
杰奎琳·肯尼迪·奥纳西斯	Jacqueline Kennedy Onassis
杰拉丁·费拉罗	Geraldine Ferraro
杰拉尔德·贝恩	Gerald Behn
杰里米·伯纳德	Jeremy Bernard
杰瑞·拉夫森	Jerry Rafshoon
杰瑞·鲁本	Jerry Rubin
卡尔·罗夫	Karl Rove
卡洛琳·贝赛特-肯尼迪	Carolyn Bessette-Kennedy
卡琪·霍克史密斯	Kaki Hockersimith
凯蒂·麦考密克·莱利维尔德	Katie McCormick Lelyveld
凯瑟琳·奥斯本	Kathleen Osborne
凯瑟琳·凯德	Katherine Cade
康妮·斯图尔特	Connie Stuart
考琳·奎尔	Corinne Quayle
柯琦·罗伯茨	Cokie Roberts
克拉格·海因斯	Cragg Hines
克拉拉·鲍威尔	Clara Powell

克莱姆·康格	Clem Conger
克里斯·艾莫里	Chris Emery
克里斯·马修斯	Chris Matthews
克里斯汀·戈尔	Kristin Gore
克里斯汀·坎普	Christine Camp
克里斯汀·利默里克	Christine Limerick
克里特斯·克拉克	Cletus Clark
克林特·希尔	Clint Hill
肯尼思·杰伊·莱恩	Kenneth Jay Lane
肯尼斯·斯塔尔	Kenneth Starr
拉里·坦普尔	Larry Temple
莱克斯·斯卡尔顿	Rex Scouten
莱思莉·斯塔尔	Lesley Stahl
朗恩·佩恩	Ronn Payne
劳顿·柴尔斯	Lawton Chiles
劳拉·博奎斯特·内伯尔	Laura Bergquist Knebel
劳伦·贝赛特	Lauren Bessette
雷吉·洛夫	Reggie Love
雷金纳德·迪克逊	Reginald Dickson
雷尼·戴维斯	Rennie Davis
李·阿特沃特	Lee Atwater
理查德·“桑迪”·奎恩	Richard “Sandy” Quinn
理查德·艾伦	Richard Allen
理查德·克莱伯格	Richard Kleberg
理查德·麦克索利	Richard McSorley
丽莎·卡普托	Lisa Caputo
丽莎·马斯卡廷	Lissa Muscatine
丽兹·卡朋特	Liz Carpenter
利蒂希娅·鲍德里奇	Letitia Baldrige
莉莉安·卡特	Lillian Carter

刘易斯·鲍威尔	Lewis Powell
露丝·玛丽·伍兹	Rose Mary Woods
露西·贝恩斯·约翰逊	Luci Baines Johnson
露西·温切斯特	Lucy Winchester
罗伯特·哈特曼	Robert Hartmann
罗伯特·吉布斯	Robert Gibbs
罗伯特·施特劳斯	Robert Strauss
罗恩·里根	Ron Reagan
罗杰·埃尔斯	Roger Ailes
罗莎琳·卡特	Rosalynn Carter
罗伊·尼尔	Roy Neel
罗伊德·本岑	Lloyd Bentsen
洛丽亚·斯泰纳姆	Gloria Steinem
洛林·奥耐拉斯	Lorraine Ornelas
洛伊尔·戴维斯	Loyal Davis
马克·阿德格雷夫	Mark Updegrove
玛格丽特·赫克勒	Margaret Heckler
玛格丽特·萨利文	Marguerite Sullivan
玛丽·博伊兰	Mary Boylan
玛丽·霍伊特	Mary Hoyt
玛丽·皮尤	Mary Pew
玛丽·普林斯	Mary Prince
玛丽·斯汀伯根	Mary Steenburgen
玛丽安·波罗斯	Marian Burros
玛丽安·罗宾逊	Marian Robinson
玛丽安·珀诺德	Marianne Pernold
玛丽亚·唐斯	Maria Downs
玛莉亚·奥巴马	Malia Obama
玛莎·贝利	Marsha Berry
迈克尔·德福	Michael Deaver

迈克·迪福	Mike Deaver
迈克尔·里根	Michael Reagan
迈克尔·“拉尼”·弗拉沃斯	Michael “Rahni” Flowers
迈克尔·史密斯	Michael Smith
麦吉·威廉姆斯	Maggie Williams
麦克乔治·“麦克”·邦迪	McGeorge “Mac” Bundy
麦克斯·克里兰	Max Cleland
梅兰妮·维维尔	Melanne Verveer
梅丽莎·温特尔	Melissa Winter
弥尔顿·弗雷姆	Milton Frame
米米·阿尔福德	Mimi Alford
莫德·肖	Maud Shaw
莫里斯·赛奇	Maurice Sage
莫里斯·坦普斯曼	Maurice Tempelsman
莫利·赛弗	Morley Safer
莫琳·里根	Maureen Reagan
纳尔逊·皮尔斯	Nelson Pierce
纳什·卡斯特罗	Nash Castro
南希·郝伊	Nancy Howe
南希·雷诺兹	Nancy Reynolds
南希·切顿·福斯特	Nancy Chirdon Forster
南希·塔克曼	Nancy Tuckerman
尼尔·拉提莫	Neel Lattimore
帕里什小妹	Sister Parish
帕特·卡德尔	Pat Caddell
佩蒂·戴维斯	Patti Davis
佩里·伍尔夫	Perry Wolff
皮埃尔·钱柏林	Pierre Chambrin
皮埃尔·塞林格	Pierre Salinger

珀莉·德拉诺夫	Polly Dranov
普雷斯顿·布鲁斯	Preston Bruce
普雷斯科特·布什	Prescott Bush
普罗维登西亚·普雷迪斯	Providencia Paredes
乔·卡利法诺	Joe Califano
乔·珀什	Joe Pursch
乔迪·鲍威尔	Jody Powell
乔迪·坎特尔	Jodi Kantor
乔恩·卡尔	Jon Karl
乔尼·斯蒂文斯	Joni Stevens
乔治·奥普法	George Opfer
乔治·汉尼	George Hannie
乔治·舒尔茨	George Shultz
琼·奎格利	Joan Quigley
热内·威尔登	René Verdon
瑞亚·柴尔斯	Rhea Chiles
萨拉·麦克伦敦	Sarah McClendon
萨拉·威丁顿	Sarah Weddington
萨姆·卡斯	Sam Kass
萨莎·奥巴马	Sasha Obama
塞勒斯·万斯	Cyrus Vance
莎拉·戈尔	Sarah Gore
师丽塔·德桑提斯	Rita de Santis
斯蒂芬·罗尚	Stephen Rochon
斯蒂夫·布尔	Steve Bull
斯蒂夫·福特	Steve Ford
斯皮罗·阿格纽	Spiro Agnew
斯坦利·特雷提克	Stanley Tretick

斯图尔特·斯宾塞	Stuart Spencer
苏珊·波特·罗斯	Susan Porter Rose
苏珊·福特	Susan Ford
苏珊·玛丽·阿尔索普	Susan Mary Alsop
苏珊·舍尔	Susan Sher
苏珊·托马西斯	Susan Thomases
苏西·汤普金斯·布艾尔	Susie Tompkins Buell
塔米·怀内特	Tammy Wynette
泰德·格瑞博	Ted Graber
汤姆·麦克雷	Tom McRae
汤姆·维克	Tom Wicker
唐·雷根	Don Regan
唐·休斯	Don Hughes
唐娜·沙拉拉	Donna Shalala
特拉菲斯·布莱恩特	Traphes Bryant
特蕾莎·海因兹·克里	Teresa Heinz Kerry
特蕾西亚·尼克松·考克斯	Tricia Nixon Cox
特瑞·斯卡沃	Terri Schiavo
托马斯·梅尔	Thomas Maier
托尼·奥兰多	Tony Orlando
托尼·弗拉托	Tony Fratto
瓦莱丽·嘉瑞特	Valerie Jarrett
威尔逊·杰曼	Wilson Jerman
威廉·“比尔”·克莱伯	William “Bill” Cliber
威廉·克拉克	William Clark
威廉·卢卡什	William Lukash
威廉·伦奎斯特	William Rehnquist
威廉·沃尔顿	William Walton
维姬·卡尔	Vikki Carr

文森特·福斯特	Vincent Foster
沃恩·米德	Vaughn Meader
沃尔特·沙伊伯	Walter Scheib
沃尔特·詹金斯	Walter Jenkins
沃辛顿·怀特	Worthington White
西奥多·怀特	Theodore H. White
希拉·拉伯·维登菲尔德	Sheila Rabb Weidenfeld
希拉·泰特	Sheila Tate
小亚瑟·施莱辛格	Arthur Schlesinger Jr.
辛迪·亚当斯	Cindy Adams
休·罗德姆	Hugh Rodham
休·西迪	Hugh Sidey
雪莉·萨格瓦	Shirley Sagawa
雪莉·詹姆斯	Shirley James
亚历山大·黑格	Alexander Haig
伊迪丝·宝琳·哥尔特·威尔逊	Edith Bolling Galt Wilson
伊迪丝·罗斯福	Edith Roosevelt
尤金·艾伦	Eugene Allen
约翰·肯尼思·加尔布雷斯	John Kenneth Galbraith
约翰·罗兹	John J. Rhodes
约翰·米切尔	John Mitchell
约翰·泰恩	John Thain
约瑟夫·阿尔索普	Joseph Alsop
泽弗尔·莱特	Zephyr Wright
詹姆斯·贝克	James Baker
詹姆斯·杰弗里斯	James Jeffries
詹姆斯·瓦特	James Watt
詹妮弗·弗拉沃斯	Gennifer Flowers

珍妮弗·菲茨杰拉德	Jennifer Fitzgerald
珍妮特·李·布维尔·奥金克洛斯	Janet Lee Bouvier Auchincloss
朱莉·尼克松·艾森豪威尔	Julie Nixon Eisenhower
朱莉亚·格兰特	Julia Grant

The Grace and Power

of

America's

Modern First Ladies